Jean-Pierre Tardieu

RESISTENCIA DE LOS NEGROS
EN LA VENEZUELA COLONIAL

Representaciones y planteamientos semiológicos

TIEMPO EMULADO
HISTORIA DE AMÉRICA Y ESPAÑA

La cita de Cervantes que convierte a la historia en "madre de la verdad, émula del tiempo, depósito de las acciones, testigo de lo pasado, ejemplo y aviso de lo presente, advertencia de lo porvenir", cita que Borges reproduce para ejemplificar la reescritura polémica de su "Pierre Menard, autor del Quijote", nos sirve para dar nombre a esta colección de estudios históricos de uno y otro lado del Atlántico, en la seguridad de que son complementarias, que se precisan, se estimulan y se explican mutuamente las historias paralelas de América y España.

Consejo editorial de la colección:

Walther L. Bernecker
(Universität Erlangen-Nürnberg, Nürnberg)

Arndt Brendecke
(Ludwig-Maximilians-Universität München)

Jaime Contreras
(Universidad de Alcalá de Henares)

Pedro Guibovich Pérez
(Pontificia Universidad Católica del Perú, Lima)

Elena Hernández Sandoica
(Universidad Complutense de Madrid)

Clara E. Lida
(El Colegio de México, México D. F.)

Rosa María Martínez de Codes
(Universidad Complutense de Madrid)

Pedro Pérez Herrero
(Universidad de Alcalá de Henares)

Jean Piel
(Université Paris VII, Paris)

Barbara Potthast
(Universität zu Köln)

Hilda Sabato
(Universidad de Buenos Aires)

Jean-Pierre Tardieu

RESISTENCIA DE LOS NEGROS EN LA VENEZUELA COLONIAL

REPRESENTACIONES Y PLANTEAMIENTOS SEMIOLÓGICOS

Iberoamericana - Vervuert - 2013

Derechos reservados

© Iberoamericana, 2013
Amor de Dios, 1 – E-28014 Madrid
Tel.: +34 91 429 35 22
Fax: +34 91 429 53 97

© Vervuert, 2013
Elisabethenstr. 3-9 – D-60594 Frankfurt am Main
Tel.: +49 69 597 46 17
Fax: +49 69 597 87 43

info@iberoamericanalibros.com
www.ibero-americana.net

ISBN 978-84-8489-787-3 (Iberoamericana)
ISBN 978-38-6527-333-3 (Vervuert)

Depósito Legal: M-31399-2013

Impreso en España

Diseño de cubierta: Carlos Zamora

Ilustración de cubierta: *Los precursores* (1972-1973), mosaico de César Rengifo. Detalle del primer elemento del tríptico. Foto de Jean-Pierre Tardieu (Caracas, avenida de los Próceres).

Este libro está impreso íntegramente en papel ecológico sin cloro.

ÍNDICE

INTRODUCCIÓN 11

PRIMERA PARTE
La rebelión del rey Miguel (1552). Semiología intertextual

Introducción: marco metodológico 15

Capítulo primero
Los primeros textos del siglo xv 19
    1. Documentos archivísticos 19
        1.1. Relación anónima (1555-1556) 19
        1.2. Información de la ciudad de Segovia (1561) 20
        1.3. Testimonio del capitán Diego Fernández de Serpa 23
    2. Textos épicos 27
        2.1. *Los actos y hazañas valerosas del capitán Diego Hernández de Serpa* (1563-1564) de Pedro de la Cadena 27
        2.2. *Elegías de varones ilustres de Indias* (1589) de Juan de Castellanos 32
    Anexo 37

Capítulo segundo
Las crónicas de los siglos xvi, xvii y xviii 41
    1. Los textos 41
        1.1. El hipotexto 41
        1.2. Los hipertextos 43
        1.3. El ciclo narrativo 44
    2. La evolución hipertextual de las relaciones 46

Capítulo tercero
Resurgimientos literarios del siglo xx 69
    1. La antropología 70
    2. La poesía 71

3. Ensayos	82
4. La cuentística	87
5. La novela	91

Capítulo cuarto
Brotes artísticos del siglo XX 103
  1. Obras pictóricas 103
  2. Coreografía y música 112
  3. El cine popular 118

Capítulo quinto
Avatares ideológicos del siglo XXI 121
  1. La "gesta heroica" del Rey Miguel 121
  2. La enseñanza popular 124
  3. La deuda para con África 127

Conclusión: De la construcción a la deconstrucción
y a la reconstrucción 129

SEGUNDA PARTE
La protesta del capitán Manuel Pereyra (1670-1691).
Semiología de una neurosis

Introducción: "Del rey abajo ninguno…" 139

Capítulo primero
Los orígenes de Manuel Pereyra 143
  1. La juventud en Cartagena de Indias 143
  2. Primeras actuaciones en Caracas 147
  3. La sed de reconocimiento 153

Capítulo segundo
Medrar en la sociedad colonial 157
  1. El gran proyecto de Manuel Pereyra 157
  2. Preparación del proyecto 164

Capítulo tercero
Reacción de la sociedad colonial 173
  1. Frente a las reivindicaciones personales de Pereyra 173
  2. Frente al proyecto de Manuel Pereyra 183

3. La detención de Manuel Pereyra 191
4. La condenación de Manuel Pereyra 195

Capítulo cuarto
La lucha por el honor 201
1. Circunstancias de la proscripción 201
2. La actuación de Manuel Pereyra 205
3. Los memoriales 211

Capítulo quinto
El debate entre cabildo y Consejo 217
1. Nuevas protestas del cabildo de Caracas 217
2. El problema de la reducción de San Carlos 220
3. Proposiciones del fiscal del Consejo de Indias 228

Capítulo sexto
¿Hacia un epílogo? 233
1. La intervención del comisario de la Inquisición 233
2. Las circunstancias de la huida 236

Conclusión: Historia de un desengaño 239

CONCLUSIÓN GENERAL 247

BIBLIOGRAFÍA 251

Introducción

En la documentación archivística de los repositorios hispanoamericanos quedan desgraciadamente pocas huellas escritas de la palabra del esclavo negro[1]. Cuando éste, aprovechándose a duras penas de la antigua legislación castellana de las *Siete Partidas* de Alfonso X el Sabio, conseguía hacerse oír de la justicia, se interponía la mediación de abogados, procuradores y procuradores síndicos cuyo discurso muy a menudo estereotipado poca cosa dejaba entrever de la psicología del siervo, de su sentir, aunque no faltan alegatos muy conmovedores, y, en contadísimas ocasiones, testimonios directos de un gran patetismo, principalmente a fines del siglo XVIII y a principios del XIX, a raíz de la real cédula de 31 de mayo de 1789[2].

En los siglos XVI y XVII, las cédulas reales no dejaban a los negros reacios a los esquemas serviles la oportunidad de explicar su motivación[3]. Cuando, por realismo, la Corona se vio obligada a negociar con

---

1. Véase: Alejandro de la Fuente (coord.), "Su único derecho. Los esclavos y la ley", *Debate y perspectivas. Cuadernos de Historia y Ciencias Sociales* 4, Madrid: Fundación MAPFRE/Tavera, diciembre 2004.
2. Consagramos un estudio a este tema: Jean-Pierre Tardieu, *El negro en la Real Audiencia de Quito. Siglos XVI-XVIII*, Quito: Ediciones Abya-Yala/IFEA/COOPI, 2006.
3. Los castigos de los cimarrones se hacían de un modo expeditivo, como hemos subrayado en nuestros trabajos sobre el tema. El 14 de septiembre de 1619, Felipe III despachó una real cédula al respecto que reza lo siguiente: "Porque en casos de motines, sediciones, y rebeldías, con actos de salteamientos, y de famosos ladrones, que suceden en las Indias con Negros Cimarrones, no conviene hacer proceso ordinario criminal, y se debe castigar las cabezas exemplarmente, y reducir a los demás a esclavitud, y servidumbre, pues son de condición esclavos fugitivos de sus amos, haciendo justicia en la causa, y excusando tiempo, y proceso: Mandamos a los Vireyes, Presidentes, Gobernadores, y a las Justicias a quien toca, que así lo guarden, y cumplan en las ocasiones que se ofrecieren" (Libro VII, Título V, Ley XXVI, en: *Recopilacion de leyes de los reynos de las Indias*, t. 2, Madrid, 1791, edición facsímil Madrid: Centro de Estudios Políticos y Constitucionales/Boletín Oficial del Estado, 1998, p. 368.

las principales comunidades cimarronas que amenazaban la paz colonial, las autoridades locales no pudieron menos de concederles un territorio, pero las oligarquías se las arreglaron para negarles la palabra. Incluso los líderes más prestigiosos se quedaron sin ella.

Uno de ellos, el rey Miguel, vino a ser un personaje transtextual de la historiografía venezolana e incluso hispanoamericana. No pocos entre los estudiosos de la esclavitud enfatizaron la arenga dirigida por el cabecilla a sus seguidores con motivo de las sevicias impuestas por los mineros de Barquisimeto en 1552. Dicho discurso, de un humanismo muy adelantado para la época, hizo de Miguel un personaje emblemático de la protesta del hombre negro frente a la codicia y a la prepotencia de la sociedad dominante. Ahora bien, la misma, a partir de esta reivindicación, y en conformidad con la evolución de su propia mentalidad, plasmó a un personaje quimérico y burlesco, brindando a la posteridad una inversión destructiva de la imagen.

Librándose de la deformación ideológica, unos literatos y artistas venezolanos del siglo XX y de los primeros años del XXI se esforzaron por devolver al rey Miguel una sicología posiblemente auténtica. Esta reconstrucción, que requería previamente la completa deconstrucción del personaje elaborada por los siglos anteriores, acabó por enmarcarse en la evolución política del país.

En la misma provincia donde actuó el rey Miguel, casi 120 años después, tomó la palabra otro negro, el capitán Manuel Pereyra. Muy celoso de sus derechos de hombre libre y de los privilegios debidos a un comportamiento heroico en contra del enemigo inglés, premiado por la propia Corona, se lanzó en un desafío respetuoso de la legalidad, transformándose en mediador de sus congéneres para la reivindicación de la dignidad del hombre negro. Hasta ahora, que se sepa, no se ha estudiado este discurso cuya exigente coherencia nunca desvió de su finalidad, pese a los obstáculos levantados por los esclavistas con la complicidad de los gobernantes. La determinación pertinaz de Pereyra desembocó en un largo proceso (1580-1591) en que no cesó de argüir dando pruebas de una excepcional visión política. Estaba a punto de lograr lo suyo, cuando, harto de tanta animadversión de parte de la oligarquía y de las autoridades locales, prefirió eludir sus obligaciones o escoger otra manera de luchar[4].

---

4. En este trabajo, se respetaron la grafía de los manuscritos presentados personalmente por el autor y la de los textos citados por los historiadores evocados.

PRIMERA PARTE

La rebelión del rey Miguel (1552)
Semiología intertextual

Introducción: marco metodológico

Gonzalo Fernández de Oviedo consagró el capítulo IV del tercer libro de *Historia General y Natural de las Indias* (1535)[1] a la represión de la primera rebelión servil de La Española, o sea, al levantamiento de los esclavos de la hacienda azucarera de Diego Colón, el hijo del descubridor, en las Navidades de 1522. Escenificó los acontecimientos a la manera de las novelas de caballería, según esquemas mentales característicos de la época, acudiendo a reminiscencias de la guerra de Reconquista en la Península Ibérica, con, por ejemplo la intervención de la Providencia Divina.

Pero a mediados del siglo XVI, cambiaron las cosas con el surgimiento de palenques en Tierra Firme, Panamá y Nueva España, encabezados por líderes carismáticos: el rey Miguel, el rey Bayano, el rey Yanga, seguidos por otros tan famosos como Benkos Bioho en 1603[2] o Juan Andresote en 1732[3]. Nos hemos interesado ya por varios de estos personajes que dieron muchas preocupaciones a la sociedad esclavista en las haciendas, estancias y minas del Nuevo Mundo[4].

---

1. Gonzalo Fernández de Oviedo (1478-1557), *Historia General y Natural de las Indias (1535)*, Libro III, cap. IV, Madrid: Biblioteca de Autores Españoles (BAE), 1992, t. 1, pp. 98-100. El suceso inspiró un grabado de Teodoro de Bry, ilustración de la obra de Girolamo Benzoni, *Historia del mondo nuovo*, publicada en Venecia en 1565. Véase: *América de Bry. 1590-1634*, Madrid: Siruela, 2003.
2. Palenque de La Matuna, 1603. Véase: Nina S. de Friedemann y Jaime Arocha, *De sol a sol. Génesis, transformación y presencia de los negros en Colombia*, Bogotá: Planeta Colombiana, 1986, pp. 148-156. De un modo general se consultará: María del Carmen Borrego Plá, *Palenques de negros en Cartagena de Indias a fines del siglo XVII*, Sevilla: Escuela de Estudios Hispano-Americanos/CSIC, 1973; Richard Price (comp.), *Sociedades cimarronas*, México: Siglo Veintiuno, 1981.
3. Leslie B. jr., *The African experience in Spanish America, 1502 to present day*, Cambridge: Cambridge University Press, 1976.
4. Jean-Pierre Tardieu, *Cimarrones de Panamá. La forja de una identidad afroamericana en el siglo XVI*, Madrid/Frankfurt: Iberoamericana/Vervuert, 2009; *Resistencia de los negros en el virreinato de México (siglos XVI-XVII)*, de próxima publicación.

Sin embargo, el rey Miguel merece una especial atención en la medida en que, del siglo xvi al xviii, de él hablaron ampliamente varios cronistas en sus referencias a la historia de la formación de lo que iba a ser Venezuela[5]. A este respecto, el historiador Reinaldo Rojas nos muestra el camino afirmando que "en toda guerra y confrontación una es la historia que cuenta el vencedor y otra el vencido":

> Así pasó con el acontecimiento de Miguel. No sólo fue historia real, en su sentido de acción política contra un estado de cosas. Es, fundamentalmente, historia conocimiento que ha llegado a nosotros como acontecimiento narrado, construido por el cronista en el tiempo, porque ni Aguado ni Simón fueron testigos directos de aquel evento. Así, el suceso fue transformado en acontecimiento pero dentro de un discurso histórico elaborado por el cronista español como una irregularidad, como un accidente, frente a otras historias que aún desconocemos pero a las cuales podemos acercarnos a partir de la tradición oral diseminada por sus propios actores y transformada en mito y leyenda que es, tal vez, la más permanente de las historias, porque es la historia de los de abajo[6].

Por este motivo, varios autores venezolanos del siglo xx, en literatura y en otros dominios de las Bellas Artes, se interesaron por el personaje, intentando reconstruirle con sus propios medios pese al transcurrir del tiempo.

No se tratará en este estudio de volver sobre el trabajo de Ricardo E. Alegría[7] o de presentar nuevos aportes históricos. Nuestra finali-

---

5. El primer historiador en haberse interesado por el negro Miguel, inspirándose en Antonio de Herrera (véase más abajo) fue José Antonio Saco en: *Historia de la esclavitud de raza africana en el Nuevo Mundo*, en *Historia de la esclavitud desde los tiempos más remotos hasta nuestros días*, t. IV, La Habana: Editorial "Alfa", 1937, p. 198.
6. "La rebelión antiesclavista del Negro Miguel", Lección magistral dictada por el Dr. Reinaldo Rojas en el acto de inauguración de la X Jornada Nacional sobre Investigación y Docencia en la Ciencia de la Historia, Barquisimeto, 23 de julio de 2003, <www.simon-bolivar.org/bolivar/negro_miguel.htlm> (1/4/2012).
7. Ricardo E. Alegría, "El rey Miguel. Héroe puertorriqueño en la lucha por la libertad de los esclavos", *Revista de Historia de América*, 85, enero-junio 1978, pp. 9-26. Se remite a este artículo para el contexto de los sucesos. Se consultará también para los cimarrones de Venezuela: Federico Brito Figueroa, *Las insurrecciones de los esclavos negros en la sociedad colonial*, Caracas: Editorial Cantaclaro, 1961; íd., *El problema tierra y esclavos en la historia de Venezuela*, Caracas: Ediciones Teoría y Praxis, 1982, pp. 222-224; Miguel Acosta Saignes, *Vida de los esclavos negros en Venezuela*, La Habana: Casa de las Américas, 1978, pp. 178-199. Nieves Avellán de Tamayo resume lo que

dad es muy diferente: consiste en analizar la evolución transtextual de la representación del personaje desde las primeras evocaciones hasta hoy en día y preguntarnos por la motivación ideológica de sus transformaciones.

---

se sabe de la rebelión del negro Miguel en: *La Nueva Segovia de Barquisimeto*, Caracas: Biblioteca de la Academia Nacional de la Historia 214, 1984, t. II, pp. 311-314. La historiadora adopta la hipótesis de Lucas Fernández de Piedrahita, *Historia general de las conquistas del Nuevo Reino de Granada*, Bucaramanga: Carvajal, 1986, t. 1, p. 484, según la cual "Miguel era nativo de Guinea". Los términos "Guinea" o "ríos de Guinea", en los primeros tiempos de la trata, correspondían a los puertos de embarque de los esclavos en la costa del África occidental. Volveremos a los orígenes de Miguel más adelante.

Capítulo primero

Los primeros textos del siglo xvi

El hipotexto que constituirá el eje de esta parte de nuestro estudio, o sea, la referencia de fray Pedro Aguado a la rebelión del negro Miguel, se inspiró posiblemente en las informaciones recogidas por su correligionario fray Antonio Medrano, sin que lo sepamos de un modo taxativo. Pero no se puede descartar que el franciscano, o sus émulos, tuvieran conocimiento de las relaciones escritas por varios motivos a las autoridades locales o metropolitanas por los responsables de la represión del movimiento contestatario. Quedan pocas huellas de los sucesos en la documentación depositada en los archivos y en particular en el Archivo de la Nación de Madrid o en el Archivo General de Indias, de Sevilla, como señala Guillermo Morón en el estudio preliminar a su edición de la *Recopilación Historial de Venezuela*, remitiendo en particular a los apuntes sacados de este depositario por el hermano Nectario María.

1. Documentos archivísticos

1.1. Relación anónima (1555-1556)

El primer documento pertenece al Archivo Histórico Nacional de Madrid. Se trata de una muy corta relación, anónima y sin fecha, escrita en 1555 o 1556 al parecer de su editor Antonio Arellano Moreno. El texto evoca de una manera rapidísima la evolución de Venezuela desde el gobierno de los Belzares hasta la rebelión del negro Miguel. En la región de El Tocuyo –no se precisan las condiciones– se alzaron 250 negros que huyeron a la Nueva Segovia. Eligieron a un rey, siendo su propósito matar a los cristianos y casarse con sus esposas. Vino socorro de El Tocuyo

> y aquel día que llegaron los cristianos luego en la noche dieron en el pueblo los negros con lanzas y mataron cinco o seis cristianos y un clérigo, y los cristianos mataron mucha cantidad de negros ; y por la mañana vino Diego de Losada con 40 hombres y halló que los negros que se habían escapado aquella noche que estaban en una fiesta, y fue tras ellos con la gente que traía, y con la más gente que tomó del pueblo, y fue donde ellos estaban y los mataron a todos salvo a las negras[1].

Como se ve, no se demoró el autor en las circunstancias del acontecimiento que, sin embargo, ocupa una parte no desdeñable del texto. Le impresionaría el suceso resumido con gran fidelidad, como veremos luego. Lo único que no se encuentra en los textos posteriores es la referencia a la fiesta, manifestación de la alegría de los fugitivos inconscientes de lo que les estaba esperando.

1.2. Información de la ciudad de Segovia (1561)

Otro documento, mucho más detallado, corresponde a un informe presentado a la Corona por la ciudad de la Nueva Segovia (o más bien "Segovia" en el texto) a petición de su procurador general Cristóbal Gómez, redactado en 26 de noviembre de 1561, siendo Diego de Montes teniente de gobernador de la ciudad y el licenciado Pablo Collado gobernador de Venezuela. Se titula "Información de la ciudad de Segovia" y pertenece al legajo 221 de la sección de Santo Domingo del Archivo General de Indias[2]. Su finalidad es exponer la pésima situación de la ciudad, situada al noreste de la cordillera de Mérida. Remonta el informe hasta su fundación en la orilla del río Buría[3] por Juan de Vi-

---

1. Antonio Arellano Moreno (recop.), *Relaciones geográficas de Venezuela*, Caracas: Biblioteca de la Academia Nacional de la Historia 70, 1964, pp. 59-62. El documento original se sitúa en el Archivo Histórico Nacional de Madrid (Cartas de Indias n° 127).
2. El hermano Nectario María recopiló la Información en ob. cit., pp. 393-395.
3. Los historiadores no consiguieron ubicar con precisión las minas de Buría. J. M. Herrera Salas asevera que "constituyeron la principal fuente de enriquecimiento

llegas, teniente de gobernador de Venezuela, quien salió de El Tocuyo, sito entre la cordillera y el pueblo fundado más tarde. Le acompañaron "muchos hombres honrados de los más antiguos de la gobernación" que descubrieron las minas de oro cuya explotación se enfrentó con la hostilidad de los naturales "belicosos" de la comarca. Desde el principio hasta la fecha fue necesario asegurar la protección del real contra sus expediciones que mataron a varios españoles y a muchos trabajadores, indios sometidos o esclavos negros. Lo malsano de la tierra obligó a los vecinos, después de la muerte de buen número de ellos y de sus servidores indígenas, a elegir otro sitio para edificar un nuevo asiento, nombrado Barquisimeto[4], lo cual acarreó grandes pérdidas. Los testigos, escogidos entre los primeros pobladores, confirmaron el delicado estado en que se encontraba la ciudad. Según Diego de Escorcha, quien participó de la fundación del primer pueblo y del descubrimiento de las minas, con la mudanza "perdieron los vecinos todo lo que tenían edificado". Este y otros, como Juan de la Torre, Diego de Herrera o Juan de Zamora, formaron parte de la compañía que intentaba pacificar la comarca y proteger el asiento de minas. Asegura el segundo que "a la continua es menester gente de guarda a cuya causa los vecinos pasan mucho trabajo y costas". Corrobora sus dichos el tercero afirmando que "es menester sienpre que aya gente de guarniçion en las dichas minas a costa de los dichos vecinos". La existencia de los esclavos negros padecería de tales condiciones: no sólo las exigencias de sus amos se harían más apremiantes y las condiciones de vida serían muy difíciles de aguantar, para cubrir los gastos, sino que incluso corrían el riesgo de perder la vida en manos de los indios indómitos para satisfacer la sed de lucro de los vecinos.

Los mismos testigos suministran en el informe unos datos en cuanto a la rebelión de los negros, suscitada en parte, a nuestro parecer, por las circunstancias arriba evocadas. Según el método clásico en semejante documento, las preguntas hechas a los testigos exponen la situación que habían de confirmar o no.

---

    para los españoles en toda la región centro-occidental de la Venezuela de mediados del siglo XVI"; ob. cit., p. 102.

4. Del nombre del río Barquisimeto; véase más abajo el plano cuadriculado de la nueva ciudad en 1579 con sus 31 solares y sus cuatro calles sacado de "Relación geográfica de la Nueva Segovia de Barquisimeto, año de 1579", en: A. Arellano Moreno, ob. cit.

El alzamiento de los negros, que alcanzaban el número de ochenta, se produjo cuando todavía no se había acabado el pueblo[5]. Su propósito, según el informe, era "matar y destruyr todos los vecinos de la gobernación". O sea, que, de tener éxito su empresa, los esclavos habrían intentado generalizar el alzamiento[6]. Con este propósito eligieron a un rey a quien se sometieron. Al llegar a las minas, procedentes del real, hirieron a un español ("un cristiano") y mataron a un negro que intentó avisar a los amos. No se tuvo noticia de otro español, a quien también habrían matado. Frente a la agresión no les quedó otra solución que la huida al pueblo a los pocos españoles que permanecían en el asiento.

---

5. Si los primeros esclavos mineros acompañaron las expediciones de los Welser, según Reinaldo Rojas, sirvieron más bien de soldados. Se apoya el historiador en una carta al rey del obispo de Coro, Miguel Jerónimo Ballesteros, fechada en 20 de octubre de 1550: "…jamás se ocuparon de descubrir minas, sino que por vía de soldados, seguían en las entradas". En la misma carta, el prelado solicita treinta esclavos para que "descubran minas y secretos de las tierras". En caso de encontrar minas, propone Ballesteros que se les prometa la libertad (*Relaciones Geográficas de Venezuela*, Caracas: Academia Nacional de la Historia, 1964, p. 33, citado por Reinaldo Rojas, *La rebelión del Negro Miguel y otros estudios de africanía*, Barquisimeto: Zona Educativa del Estado Lara/Fundación Buría, 2004, pp. 29 y 75).
6. Entre los españoles reinaba una psicosis de levantamiento. En el mismo año de los acontecimientos referidos, ocurrió un suceso significativo en las minas de Chiroa. Por querer defender a una india azotada por Cristóbal, esclavo de Francisco de Villegas (¿un pariente del teniente de gobernador Juan de Villegas?), el portugués Juan Gonçales se vio agredido por el negro. A duras penas se consiguió separarles. Juan de Alarcón oyó decir a Cristóbal: "…christianos apareja las lanças y caballos". Siguió el testigo: "e destas palabras infirieron que lo decía por que se avian de alçar el e los otros negros e para que los fuesen a buscar o porque se avian de desvergonçar en el dicho asiento contra ellos e que todos los del dicho asyento de minas están rrecelosos de que se alçen negros mediante estar y rresidir en el dicho asiento el dicho christoval…". Concluyó el testigo: "es tanta la libertad e desverguença del que no osan castigar los señores de los negros a sus hesclavos por temor que no se alçen mediante la conversación de el dicho christoval e este testigo hes vno de los que no lo osan hazer a los que tiene a cargo por que en otras cosas e palabras hescandalosas que le an oydo decir los hespañoles de las minas e este testigo al dicho christoval estando hablando con los negros que de fuera parte vienen hes que les dize questa tierra no hes tierra donde a los negros les hagan servir por fuerça por ques tierra larga y que no falta de comer entre indios….". Otras declaraciones corroboraron lo que dijo Juan de Alarcón. Véase: *Juicios de residencia en la provincia de Venezuela, t. II, Juan Pérez de Tolosa y Juan de Villegas*, recopilación y estudio preliminar de Marianela Ponce y Letizia Vaccari de Venturini, Caracas: Biblioteca de la Academia Nacional de la Historia 145, 1980, pp. 254-259. Jesús María Herrera Salas evoca el caso del negro Cristóbal en *El negro Miguel y la primera revolución venezolana*, Caracas: Vadell Hermanos Editores, 2003, pp. 97-98.

Unos diez días después de estos primeros hechos –el lapso de tiempo hace patente la indecisión de los vecinos o su incapacidad de reaccionar–, los rebeldes asaltaron la ciudad de noche, quemando algunos bohíos, edificios cubiertos de paja. Durante la pelea hirieron al centinela y a un clérigo y mataron a un vecino. Los españoles consiguieron ahuyentar a los insurrectos, matando o prendiendo a siete u ocho de ellos. Los negros tuvieron el tiempo de hacerse fuertes en los montes[7] antes de que, unos ocho o diez días después, una expedición les desbaratase luego de acabar con su rey.

Al levantarse los negros, Gerónimo Alama se hallaba en el real de las minas. Le hirieron los esclavos y, durante el ataque del pueblo, recibió otra herida en su defensa. Diego de Escorcha estuvo presente en la expedición de represión: "...se halló en matar al negro rrey", aunque no se demora en evocar su actuación. También participó de ella Juan de la Torre, quien insistió en las pérdidas de los españoles: "sabe que los vecinos desta çibdad perdieron harto en aquel alçamiento en negros que les mataron y otras cosas de sus haciendas". Diego de Herrera se contentó con decir que se halló "en desbaratarlos".

1.3. Testimonio del capitán Diego Fernández de Serpa

Al fin y al cabo, el informe, siendo su propósito más amplio, se limitó a generalidades. Pasemos ahora a otro documento, algo más prolijo por necesitar su autor valorizar sus servicios para solicitar algún premio de la Corona. Se trata de la "Relación de servicios del capitán Diego Hernández de Serpa"[8]. El extracto que nos interesa viene a continuación en el cuadro comparativo.

Informa primero sobre la identidad y los hechos del capitán Diego Fernández de Serpa. Partió de España en 1524 para el Nuevo Mundo. Al escribir su probanza, ya llevaba cuarenta años en las Indias. Se

---
7. Este lugar correspondería a Curduvaré que, en idioma local, significaría "libre como la liebre"; véase J. M. Herrera Salas, ob. cit., p. 107.
8. Archivo General de Indias (AGI), Sevilla, sección Patronato, legajo 156. La relación de servicios del capitán Diego Fernández de Serpa es ampliamente explotada por E. Alegría. El texto se encuentra también en Hno. Nectario María, *Historia de la fundación de la ciudad de Nueva Segovia de Barquisimeto*, Biblioteca de Cultura Larense, Edición conmemorativa del IV Centenario de la ciudad de Barquisimeto, Caracas: Editorial Ávila Gráfica, 1952, pp. 256-257, con una grafía modernizada y algunos errores.

quedó siete años en las islas de Santo Domingo y de Margarita. En la de Cubagua prestó su ayuda contra los piratas franceses y los indios caribes antes de seguir al gobernador Diego de Ordaz en el descubrimiento del río Marañón y del río Via Pari. En el Nuevo Reino de Granada, se dirigió hacia Venezuela, donde participó de los sucesos evocados en estas líneas. Luego, en 1568, ajustó capitulación con el rey Felipe II para la conquista y la población de las provincias de Guyana y Caura, futura gobernación de Nueva Andalucía. Obtuvo el puesto de gobernador y de capitán general por tres vidas con un salario de cuatro mil ducados anuales procedentes de los frutos de la tierra. Se le concedió también el título de adelantado y pasaría a ser alguacil mayor con motivo de la creación de la primera Real Audiencia. Gozaría del privilegio de reservarse para él y sus descendientes 30 leguas cuadradas con los indios que la poblaran[9]. Las instrucciones impartidas en 15 de mayo de 1568 le dieron el permiso de llevar en cuatro navíos a 400 hombres de guerra y 100 labradores. Unos días más tarde, o sea, el 27 de mayo, obtuvo licencia para llevar a la provincia de Nueva Andalucía a 500 esclavos negros[10]. Y de esclavos, algo sabía como veremos ahora, volviendo a la probanza.

Encontrándose con su gente en el puerto de Maracapana, en la costa de Venezuela, decidió dirigirse hacia El Tocuyo, fundado por Juan de Villegas y distante 200 leguas. Acompañado por 70 hombres, emprendió el camino con los caballos y las armas necesarias, llevando también mucho ganado. Los hombres sufrieron no pocos trabajos y se perdió gran cantidad de caballos y yeguas. Llegado a destino, contribuyó a la "pacificación" de la tierra, reduciendo a obediencia a los naturales, por la cual gastó gran cantidad de oro y de ganado. Hecho esto, emprendió de nuevo el camino con su gente para fundar otra ciudad. Así se descubrieron las "muy ricas minas de oro" que llamaron de San Pedro, lo cual justificó la creación de la Nueva Segovia. La *Relación* pasa por alto la mudanza a Barquisimeto, llegando muy pronto al levantamiento de los esclavos de las minas de San Pedro.

De creerle, Diego Fernández no dejaba de animar a sus hombres a instalarse en el nuevo pueblo, dada la riqueza de las minas, situadas a

---

9. AGI, Patrimonio 26, R2, en *Colección de documentos inéditos relativos al descubrimiento, conquista y organización de las antiguas posesiones españolas en América y Oceanía*, 1865, t. IV, pp. 462-466.
10. AGI, Caracas 2, en: ob. cit.

siete leguas de la ciudad, donde trabajaban 200 esclavos negros[11]. Vivían en un real con tan sólo unos 15 o 20 españoles, entre los cuales se encontraba el capitán Fernández.

Un lunes, al dirigirse a las minas, 150 de ellos volvieron al real para agredirlo. Enterándose de su rebelión –no se sabe de qué manera–, y de la elección por los insurrectos del negro Miguel como capitán, Fernández decidió poner manos a la obra. Reunió a los pocos españoles y al clérigo del real, les repartió las armas que halló, y después de mandar avisos a la ciudad, se dirigió hacia los rebeldes. Éstos recibieron a los españoles con tan "gran ímpetu" que se dieron a la fuga. Rodeado por cuatro criados, Fernández se defendió con ánimo. Herido, uno de sus compañeros cayó en sus brazos donde los negros le acabaron con una lanzada. El relato, evocando las proezas del capitán, adopta un tono épico digno de las novelas de caballería:

> y estando con ese coraje el dicho diego hernandez peleando como valeroso capitan y esforçado y fatigado de los golpes que avia reçibido despues de auer durado el conbate la mayor parte del dia y no pudiendo los dichos negros sujuzgar ni matar al dicho diego hernandez y visto que les hazia gran daño se le rretiraron…

No renunciaron por ello a su propósito, y prendieron fuego al real después de saquearlo. Habrían matado a algunos españoles y a los indios que se habían quedado en él, de no llegar Fernández a tiempo. Consiguió salvarles la vida y llevarles a la ciudad.

Pocos días después, de noche, los insurrectos atacaron Nueva Segovia, donde entraron hasta la plaza, quemando casas, con la ayuda de "un escuadron de indios naturales"[12]. Otra vez la *Relación* hace hincapié en el comportamiento heroico del capitán, que contribuyó no poco a la derrota de los esclavos, los cuales se vieron obligados a huir.

---

11. Repárese en la diferencia con el informe de la ciudad citado más arriba, el cual habla de 80 negros. Es lógica la explicación del Hno. Nectario María, según la cual, si los trabajadores eran 80, el número de 200 correspondería al conjunto de los esclavos con sus familiares; ob. cit., p. 157.
12. Se trataba de los indios jirahares (o jirajares) que poblaban las serranías de Nirgua, donde se encontraron las minas de oro de Buría. J. M. Herrera Salas, apoyándose en los trabajos de Nectario María, Michael Taussig y Fidel Betancourt Martínez, afirma que, esclavizados, los jirahares trabajaban al lado de los esclavos negros. Ob. cit., pp. 44 y 102.

Fernández prendió a muchos de ellos y persiguió a los otros por media legua hasta desbaratarlos. Los indios de la comarca acabaron a los que consiguieron escapar.

El énfasis de la evocación pasa por alto muchas de las circunstancias expuestas por las crónicas contempladas a continuación, haciendo caso omiso, por ejemplo, de la intervención de los tocuyanos y del capitán Losada, del ataque del palenque de los rebeldes y de la muerte del rey Miguel:

> ...en lo qual el dicho hernandez liberto a aquella gouernaçion que la tirania destos negros y anaconas [los indios sometidos] no la destruyesen y asolasen y siruio en ello y en lo demas que esta dicho a su magestad con su persona y hazienda sin que fasta agora aya sido galardonado.

Además de la *Relación*, se encuentra en el AGI la probanza de Diego Fernández[13], que no examinaremos detalladamente por ser muy parecidas las preguntas hechas a los testigos al texto de la *Relación*. Nos contentaremos con citar las preguntas VI, VII y VIII:

> VI-Yten si saben que labrandose las dichas minas de san pedro con mas de dozientos negros esclauos sucedio que los dichos esclauos se rrebelaron sobre los mineros y soldados y jente del dicho capitan diego hernandez que a la sazon se hallo en las dichas minas el qual con los pocos mineros y jente que alli tenia peleo con los dichos esclavos que avian quemado el rreal de las minas donde auia mas de quarenta casas.
> VII-Yten si saben que sino fuera por el dicho capitan diego hernandez que rresistio la furia de los negros con quatro criados suyos no dexaran los negros hombre de las minas biuo porque estando en el conbate huyeron todos y el dicho capitan los rrecoj(i)o a todos y los truxo a la cibdad.
> VIII-Yten si saben que despues de lo suso dicho los dichos esclauos vinieron sobre la dicha cibdad de segouia a media noche y truxeron consigo vn esquadron de indios naturales los quales entraron echando fuego a la cibdad y ganaron la plaça y la iglesia y mataron al vicario della el qual se llamaua toribio rruiz y a otro vezino de la dicha cibdad que se dezia christoval lopez y el dicho capitan acudio contra ellos en fauor de la cibdad y con la jente della y los desbarato y prendio muchos dellos y siguio el alcance de los que huyeron en lo qual el dicho capitan fue en mucha parte y todo para fauorecer a la dicha cibdad y vecinos della.

---

13. Consultamos el documento en el AGI. En este trabajo, utilizaremos el texto copiado por el Hno. Nectario María, ob. cit., pp. 260-267.

Presentan sin embargo las preguntas algunas referencias que no aparecen en la *Relación*. Así, nos enteramos de que el real de minas constaba de 40 casas y durante el enfrentamiento en la Nueva Segovia mataron los esclavos al vicario Toribio Ruiz y a Cristóbal López. Uno de los testigos suministró una información que no carece de interés para nuestro propósito: "...y por caudillo dellos se levanto vn negro biafara que se nombraua e nombro el rrei miguel...". De modo que, si tenemos en cuenta el calificativo "biafara", sería oriundo Miguel de una tribu de los ríos de Guinea, más precisamente de la Guinea Bissau actual. Otro aludió al hecho de que los indios alistados en la tropa de Miguel se tiñeron la cara: "...entonces vido este testigo que vinieron con los dichos negros muchos naturales indios de la comarca embixados con las caras negras como los negros...". Los cronistas posteriores no se olvidarían de este detalle.

Al fin y al cabo, la documentación archivística más antigua disponible o no se demora en el asunto, pese a su gravedad, o lo utiliza, entre otras referencias, para valorizar la actitud de los jefes de la represión o la situación posterior de Barquisimeto.

2. Textos épicos

2.1. *Los actos y hazañas valerosas del capitán Diego Hernández de Serpa* (1563-1564) de Pedro de la Cadena

En lo que concierne a la biografía del poeta Pedro de la Cadena, remitimos al estudio preliminar redactado por el historiador Pablo Ojer para la edición que hizo con Efraín Subero del poema épico[14]. Conoció el autor a Diego Fernández de la Serpa en la ciudad minera de Nueva Zamora, en el Ecuador actual, donde fungía como tesorero de la Real Hacienda. El capitán le escogió en 1564 como testigo para su relación de servicios. Se valió el tesorero de las informaciones recogidas así como, de un modo lógico, de las que obtendría oralmente para escribir *Los actos y hazañas valerosas del capitán Diego Hernández de*

---

14. Véase: Pablo Ojer/Efraín Subero, *El primer poema de tema venezolano*, Caracas: Ministerio de Educación, 1973.

Serpa[15]. La obra, que no se distingue por su gran valor poético, se refiere a los hechos del capitán desde 1528 en Cubagua hasta la muerte del tirano Lope de Aguirre en 1561. Consagra dos actos, el XV y el XVI, a la rebelión de los esclavos de las minas de Buría.

La inspiración poética no alejó al autor de los datos suministrados por la *Relación de servicios* presentada por Diego Fernández. Los adoptó fielmente, tomando prestadas incluso gran número de expresiones, como lo demuestra el cuadro comparativo que viene más abajo. Tan sólo se notarán algunas exageraciones acerca del comportamiento de los españoles dirigidos por Diego Fernández:

> Mas como el capitán Diego Hernández
> allase ante sus ojos el estrago,
> él con algunos de esta ciudad propia
>
> dan en los enemigos con tal fuerza,
> y trábase el conbate tan sangriento,
> que a fuerça de su ánimo e destresa
> vinieron a rrendir los enemigos
> e achar negros e indios de su pueblo.

En este poema, ni una palabra sobre Miguel, a quien evoca sin embargo la *Relación*, aunque muy brevemente; o sobre el capitán Losada, que, es verdad, no aparece en la *Relación*. Al fin y al cabo, en las dos obras, el héroe había de ser Diego Fernández de Serpa, su único inspirador. Obviamente, la obra de Pedro de la Cadena se destaca más por su clara finalidad turiferaria que por su dimensión épica.

---

15. Ob. cit., pp. 53-157.

LOS PRIMEROS TEXTOS DEL SIGLO XVI

CUADRO COMPARATIVO

Relaçion de los seruicios que el capitan diego hernandez de serpa a hecho a su mag de quarenta anos desta fecha sacada de las prouanças que lleua. AGI, Patronato 156, Ramo 1, ff. 16 a-r, 17 a)	Cadena, Pedro de la. **Los actos y hazañas valerosas del capitán Diego Hernándes de Serpa (1563-1564).** En: Ojer, Pablo, Subero, Efraín. *El primer poema de tema venezolano.* Caracas: Ministerio de Educación, 1973, pp. 263-271.
	Acto XV
Estando pues el dicho diego hernandez mirando la lauor de las dichas minas y animando a sus soldados que se perpetuasan en aquella çibdad	Estando el capitán Diego Hernándes en las minas que digo descubiertas, animado y diciendo a sus soldados que se perpetuasen en la tierra,
pues estaua guarnecida de mucha gente y las dichas minas con dozientos negros esclauos para la labor dellas suçedio que un lunes de mañana como las dichas minas estuviesen	pues era la ciudad bien guarneçida de gentes y rriquesas y desclauos que en labor de minas se ocupauan sucedió, pues, un lunes de mañana como el rreal de minas estubiese
apartadas de la çibdad siete leguas y en ellas solos quinze o veynte hombres salieron los dichos esclauos a labrar las dichas minas y en el camino apartados del dicho rreal se juntaron	fuera de la çiudad por siete leguas, y allí estuviese solo con veynte honbres salieron los esclauos a las minas para continuar la labor dellas. Y desque todos juntos se hallaron,
y se rreuelaron y alçaron çiento y çinquenta negros dellos y asi juntos con mano armada rreboluieron sobre el dicho rreal donde a la sazon estaua el dicho diego hernandez con aquellos pocos españoles que auia y entendido por el como los dichos esclauos venian rrebelados al dicho rreal y **trayian por su capitan a un negro dellos llamado miguel**	ellos se rrevelaron breuemente que abría ciento e sinquenta, poco menos. Y así con nueua furia, y mano armada, dieron sobre el rreal de sobresalto; y como el capitán esto entendiese,
luego que el dicho diego hernandez lo entendio rrecogio los pocos españoles y el clerigo que alli estauan y les rrepartio las armas que pudo hallar en aquel rreal y despues de auer despachado la nueua a la çibdad salio con la dicha gente que alli estaba al campo a esperar los dichos negros.	y el daño que el asalto avía causado, y questa poca jente avía huydo, fue a los rrecojer por varias partes y así los mouió y truxo a la pelea, y con palabras arduas les anima a mostrar el esfuerço despañoles, y les dió de algunas armas que tenía. Partió con ellos, y él salió delante, despues de aver enbiado a la çiudad el auiso del hecho y aleçamiento,

Cuadro comparativo (CONTINUACIÓN)

Luego que llegaron arremetieron a los españoles con grandisimo inpetu lo qual visto por los españoles que con el dicho diego hernandez estauan le desanpararon y huyeron no pudiendo resistir el gran inpetu de los dichos negros y asi el dicho diego hernandez quedo solo peleando con los negros con grande animo	y así estando ellos en su orden vieron venir los negros con gran furia y su escuadrón formado a la batalla y al tiempo de afrontarçe aquestas hases donde era menester mayor esfuerço todos los españoles le huyeron por no sufrir el ynpitu contrario, y ansí el buen capitán, viéndose solo, con gran heruor y ánimo y destreza comiença a conbatir con los contrarios,
y estando en el dicho conbate con solos quatro criados suyos que con el auian quedado le hirieron tan malamente a uno de ellos que vino con el a abraçar donde teniendole abrazado consigo le acabaron la vida los enemigos con una lançada que le tiraron	y con él otros quatro sus criados que con él de verguença avian quedado, al uno de los quales le hirieron tan malamente que le fue forzado abrasarçe con él en este trançe por guareçer la vida en aquel punto. Y así estando con él, vino una lança que dió al criado, y fue muerto en sus brazos. Desque esto, començó nueuo coraxe, nueuo esfuerço, y valor y fieros golpes
y estando con este coraje el dicho diego hernandez peleando como valeroso capitan y esforçado y fatigado de los golpes que avia reçibido despues de auer durado el conbate la mayor parte del dia y no pudiendo los dichos negros sujuzgar ni matar al dicho diego hernandez y visto que les hazia gran daño se le rretiraron	ya que duró el conbate casi un día, hiriendo, rresistiendo y esperando. Y así viendo esta jente tan yniqua la gran resistençia quél mostraua, se rretiraron y huyeron todos,
e yendo rretirandose por el dicho rreal le pusieron fuego e quemaron las casas que en el avia y rrobaron lo que pudieron y mataron a algunos que alli avian quedado con los demas yndios e yndias si el dicho diego hernandez no sobreviniera a los socorrer y defender hasta que al fin los lleuo y puso en la dicha çibdad de segouia a todos los dichos españoles	y de huyda fueron al rreal al qual le dieron fuego, saco, y rrobo, y mataron algunos ascondidos si el capitán no fuera en seguimiento desta vitoria suya en aquel punto, y les quitó la presa de las manos, y aquí los naturales y españoles que por allí quedaron derramados los rrecoxió y lleuó a su çiudad donde entró con triunfo y magestad.

LOS PRIMEROS TEXTOS DEL SIGLO XVI 31

Cuadro comparativo *(continuación)*	
	Acto XVI
despues de lo qual desde a pocos dias vinieron los dichos negros sobre la çibdad la qual entraron por fuerça de armas hasta la plaça y como los çibdadanos no pudieron rresistir este ynpetu por auer quemado çiertas casas y traer como trayan otro escuadron de yndios naturales con ellos que los ayudaron el dicho diego hernandez con algunos de la çibdad peleo tan fuertemente en la dicha plaza contra los dichos negros e yndios que despues que vuieron hecho los dichos daños	E conclusa esta vitoria, y rrecoxidos en su çiudad, como es ya rreçitado, suçede que de ay a pocos días aquesta gente oscura que nonbrado vinieron con más número de jente, con armas y dos gruesos esquadrones, uno de naturales, y otro dellos, y entran por la çiudad dándole saco y aziendo los más daños que podían, y allí dan luego fuego a la çiudad, por cuya causa los vezinos della rresistir no pudieron esta entrada, y allí los enemigos la talaron hasta canpear vanderas en la plaza
afin los rrindieron en que fue gran parte para ello el dicho diego hernandez y en este rrequentro prendio muchos dellos	y hazer otros daños que no cuento matando sacerdotes y vezinos. Mas como el capitán Diego Hernándes allase ante sus ojos el estrago, él con algunos de esta çiudad propia dan en los enemigos con tal fuerza, y trábase el conbate tan sangriento, que a fuerça de su ánimo e destresa vinieron a rrendir los enemigos e echar negros e yndios de su pueblo
y siguio el alcance esa noche media legua hasta que del todo desbaratados	constreñidos a fuerça de su espada. Y prendiéndose a muchos de este encuentro siguieron la victoria aquesa noche hasta quen los alcances acabaron de deshazer el campo denemigos,
los pocos negros que quedaron los acabaron de destruyr y matar los yndios de aquella prouinçia en lo qual el dicho hernandez liberto a aquella gouernaçion que la tirania destos negros y anaconas no la destruyesen y asolasen y siruio en ello y en lo demas que esta dicho a su mag con su persona y hazienda sin que fasta agora aya sido galardonado.	y allí como quedasen divididos, yendo huyendo por diversas partes, los naturales los mataron todos y dejaron sin miedo aqueste pueblo el cual y su provincia dezir puede quel dicho capitán la libertó en lo qual nueua gloria consiguió.

2.2. *Elegías de varones ilustres de Indias* (1589) de Juan de Castellanos

En su crónica rimada, *Elegías de varones ilustres de Indias* (primera parte publicada en 1589)[16], Juan de Castellanos, cura de Tunja, pone en escena el combate entre los españoles y el rey Miguel con un enfoque literario.

Antes de ingresar en las órdenes sagradas, Juan de Castellanos había vivido durante una temporada en Santo Domingo y pasado al Nuevo Reino de Granada, donde actuó al lado de los conquistadores cuyas proezas canta en su obra. En su dedicatoria a Felipe II, declaró: "Propuse cantar en versos castellanos la variedad y muchedumbre de cosas acontecidas en las islas y costa del mar del norte destas Indias occidentales, donde yo he gastado lo más y mejor de mi vida…".

Debió de conocer pues a varios de estos conquistadores de la actual Venezuela, cuyos nombres vienen bajo su pluma, como Diego de Vallejo, Diego de Ortega, Luis de Narváez, Damián de Barrios, Juan de Salamanca, Antillano, Pedro de Miranda, Mosquera y Juan Jiménez. No deja lugar a dudas en cuanto a su motivación, o sea, la de descubrir minas de oro. Lleguemos al momento en que, después de enfrentamientos con los indios, volvieron a su pueblo los vecinos de El Tocuyo[17] donde poseían ganados. Buscaron un camino para ir a venderlos en el Nuevo Reino, y con el dinero compraron esclavos negros para sus minas. Damián de Barrios se instaló en 1552 en Las Noaras, cerca del río Buría[18], donde encontró bastante oro. Y se abandonó el primer pueblo de la Nueva Segovia para fundar otro en tierra más sana[19], o sea, en Barquisimeto.

Sin explayarse en las circunstancias, el poeta pasa a la represión del

---

16. Juan de Castellano, *Elegías de varones ilustres de Indias*, Parte II, Elegía III, Canto IV, Biblioteca de Autores Españoles, Madrid: M. Rivadeneyra, 1857, p. 244.
17. Se había fundado El Tocuyo en 1545.
18. El río Buría se llamaba también San Pedro, de ahí el nombre de las minas donde ocurrió la rebelión, según la crónica de Aguado. Este río desciende de las montañas de Nirgua y afluye al río Turbio o río Barquisimeto, que en lengua indígena significa "río de ceniza", por cuya orilla los indios tenían un pueblo del mismo nombre, sitio al cual se movió la Nueva Segovia; véase: Marco Aurelio Vila, *La Venezuela que conoció Juan de Castellanos. Siglo XVI (Notas geográficas)*, Caracas: Biblioteca de la Academia Nacional de la Historia, 1997, pp. 153 y 144.
19. La segunda fundación se efectuó en 1552.

levantamiento de 150 negros, "gente feroz, bien puesta y arriscada" que se habían refugiado en la sierra donde, en una "áspera quebrada", "hicieron una fuerte palizada", o sea, un palenque. Si damos al calificativo "feroz" el sentido de la palabra latina *ferox* ('intrépido, impetuoso, atrevido'), la visión suministrada por Castellanos no se diferencia de los tópicos tan trillados como llevados que corrían acerca de los cimarrones. En cuanto a la palizada del palenque, la harían los fugitivos a imitación de lo que solían hacer sus antepasados en África o de lo que practicaban ciertos pueblos de indios de la comarca. La descripción es de las más escuetas, por no relacionarse con el tema épico. El hábitat, dentro de la palizada, se parecería *mutatis mutandis* al muy rudimentario de Barquisimeto, tal como lo describe la relación de 1579:

> ...dijeron que las casas son hechas a manera de unos pajares, que se hacen en España en algunas partes, donde se encierra la paja para los ganados. Las paredes de las dichas casas están rodeadas de horconcetes de nueve o diez pies de altura fuera de la tierra, y luego la cercan con cañas atadas con un bexuco que se halla en mucha cantidad en la tierra, y que se cría por los montes. Sobre estos horcones se ponen unas soleras [...] Pónense dos horcones en medio de la casa, y allí ponen una viga por cumbrera, y traen unas varas a trecho, de pie y medio la una vara de la otra, y después que (está) toda la casa llena de estas varas, se pone toda ella de cañas (a) cinco dedos unas de otras; y esto va atado con este bejuco que es a manera de atadura, a manera de bimbre, hendida, y después de hecho todo esto, se trae gran cantidad de paja larga y así se cubre que no se moja[20].

Los cronistas posteriores no se demoraron más. Fray Pedro Simón habla de "casas fuertes" y José de Oviedo y Baños se refiere a "fuertes palizadas y trincheras".

Volviendo al texto de Castellanos, los cimarrones sumieron en un gran temor a los pocos y aislados españoles de la comarca, quienes esperaban su acometida. Eligieron como rey a Miguel, "negro valiente", criollo de San Juan de Puerto Rico, procedencia que conocería quizá el autor por haber vivido en la isla[21]. Nombraron también a un lugarteniente. Merced a la llegada de gente del Nuevo Reino, con el propósi-

---
20. "Relación geográfica de la Nueva Segovia de Barquisimeto. Año de 1579", ob. cit., pp. 196-197.
21. R. Alegría alude a esta posibilidad.

to de comprar ganado, como Pedro Rodríguez, que vino de Salamanca "con gente para guerra nada manca", se pudo organizar la represión de la rebelión.

Treinta hombres, con Diego de Losada y Diego García de Paredes, se pusieron en busca de los negros fugitivos, por ásperos caminos y despeñaderos. Diego de la Fuente tomó la delantera, valiéndose como guía de un negro hecho preso. Éste le llevó a un río cerca del cual se erguía el palenque, en un ancón de la quebrada, protegido por una palizada por la parte de la tierra y por una tajada por la parte del arroyo. Dos puertas daban acceso a la ciudadela. Vieron los españoles a unas negras que estaban lavando ropa en la playa, pero no pudieron coger a los cimarrones por sorpresa. Los centinelas desde sus atalayas, al sentir su presencia, dieron el grito de alarma: "¡Arma, arma, que los barbudos vienen!".

Ancón del río

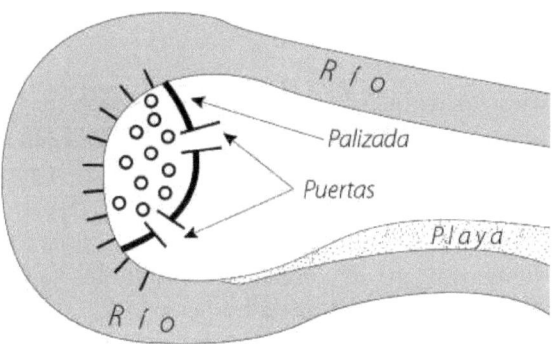

Palenque del rey Miguel

Diego García y Pedro Rodríguez encabezaron el ataque. Al ver a Miguel ("que de león es un trasunto") entre los negros salidos a la defensa, los españoles le gritaron que se rindiese, a lo cual contestó con altivez que tenía "buenas manos / para derramar sangre de cristianos", valiéndose de los almocafres[22] de las minas para deshacer cotas y cela-

---

22. De origen árabe, la palabra, según el *Diccionario* de la Real Academia de la Lengua, designa el "instrumento que sirve para escardar y limpiar la tierra de malas hierbas,

das. Movido por el furor, lanzó una de esas herramientas que traspasó la rodela de Pedro Rodríguez. Durante la pelea, Diego de Escorcha consiguió con su ballesta tirarle una jara que acertó su blanco[23]. Cayó muerto Miguel con la cabeza traspasada de la frente al colodrillo. En el acto sus hombres abandonaron el combate, pudiendo los españoles volver a Barquisimeto sin dificultad alguna.

Y nada más. Ninguna referencia en el poema de Castellanos a la organización del palenque, al ataque de Barquisimeto por la tropa de Miguel. En cambio, aparecen elementos que no se encuentran en la relación de Aguado, que evocaremos más abajo, o que difieren de ella:

-el origen puertorriqueño de Miguel,
-la descripción del aspecto del palenque,
-la identidad de varios caballeros que lucharon contra Miguel (a algunos de los cuales conoció Castellanos, asevera Alegría),
-el requerimiento de los españoles y la respuesta de Miguel,
-la muerte de Miguel provocada por una jara que le atravesó la cabeza y no por una estocada.

La evocación de Juan de Castellanos se inscribe en el ambiente épico de las novelas de caballería. El enfrentamiento, según su visión poética, no distó mucho de cumplir con las normas de la guerra medieval, con requerimiento y reto, que correspondían al respeto mutuo entre adversarios. A decir verdad, la escenificación del honor y del valor del negro Miguel realzaba el comportamiento de los españoles. Dichos elementos, arraigados en la añeja tradición cultural española heredada por el poeta, no podían dejar huellas en la posteridad literaria del personaje. En cambio, varios autores del siglo XX los reanudaron en su empresa de rehabilitación del cabecilla negro.

---

y para transplantar plantas pequeñas". En este caso sería una perforadora de metal para extraer el mineral.
23. En la *Probanza* que hemos contemplado más arriba, Diego de Escorcha –hecho que pasó desapercibido para muchos– no se presentó como el que mató a Miguel.

Anexo

Juan de Castellanos, *Elegías de Varones Ilustres de Indias*, Parte II, Elegía III, Canto IV.
Biblioteca de Autores Españoles, Madrid: M. Rivadeneyra, 1857, p. 244.

-Formación del palenque de Miguel

También esclavos destas vecindades
Antes se levantaron a ser mas,
Haciendo por los pueblos algun daño
Por estar descuidado del engaño.
Ciento y cincuenta negros de guerra,
Gente feroz, bien puesta y ariscada,
Y en áspera quebrada de la sierra
Hicieron una fuerte palizada.
Pusieron en temor toda la tierra
Por ser la nuestra poca y apartada,
Y cada cual guardaba sus asientos
Esperando los negros por momentos.
Porque juraron rey solemnemente,
Puestos en el lugar que les aplico.
Aquese fue Miguel, negro valiente,
Criollo de San Juan de Puerto-Rico.
Y el rey negro nombró lugar-teniente
Creyendo ya valerse por su pico.

-Enfrentamiento

A causa de que bárbaros guerreros
Estaban por de dentro y alli junto,
Vieron al rey Miguel de los primeros,
Miguel que de leon es un trasunto.
Requeríanle nuestros caballeros
Después que llegaron a tal punto.
"Date, date Miguel, de buena suerte,
Si no quieres morir de mala muerte.
El negro: "¡Dar! ¡Oh! ¿Qué?, les respondía.

Es pensar eso necedad notoria.
Antes os digo ser aqueste dia
Un dichoso principio de mi gloria.
Use de semejante cobardia
Quien no tiene por cierta la victoria.
Yo no, yo no, que tengo buenas manos
Para derramar sangre de cristianos.
Aquesas cotas y celadas finas
Desharán almocafres, que provechos
Acostumbraban dar labrando minas.
Mas ya quieren labrar humanos pechos
Y romper las entrañas intestinas
Enastados, agudos y derechos".
…………………………………
Comiénzase la belicosa fiesta
Que no piensa de sangre ser avara.
Arma Diego de Escorcha la ballesta
Que por blanco tomaba negra cara.
En la cureña rasa tiene puesta
Con acerado hierro diestra jara.
Apunta como diestro ballestero
Para hacer su tiro mas certero.
Aunque tiene delante mucha gente,
Procura desarmar en el caudillo.
La punteria fue tan excelente

Que no le lastimó por el tobillo,
Antes fue tal el golpe de la frente
Que traspasó tambien el colodrillo.
La vista de Miguel quedó perdida,
Quedando perdido de la vida.

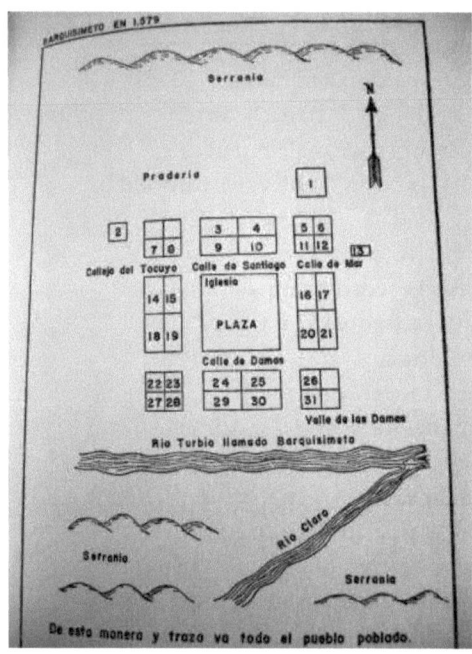

Fuente: "Relación geográfica de la Nueva Segovia de Barquisimeto, año de 1579".

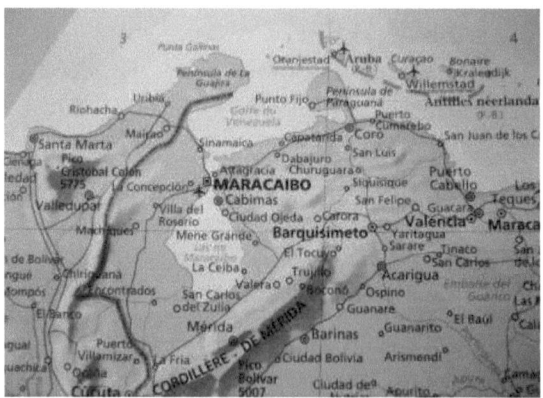

Capítulo segundo

Las crónicas de los siglos XVI, XVII y XVIII

No pensaría Juan de Castellanos, cuando esbozó al personaje a la antigua usanza, que el negro Miguel tendría epígonos tan diferentes hasta una época tan lejana de los hechos como el siglo XVIII. Con el recurso a la prosa, o, mejor dicho, una vez abandonado el enfoque épico que imponía sus normas, todo iba a cambiar, desapareciendo en particular el elemento caballeresco procedente de la novela o del romancero. La proyección de estereotipos literarios se fue sustituyendo paulatina y subrepticiamente por una reinterpretación social del personaje significativa de la evolución de los tiempos. Los estudios sobre el rey Miguel que se publicaron en el siglo XX, debido a una visión sintética, confundieron las fases sin preguntarse por la finalidad de los nuevos aportes. De ahí la necesidad de un riguroso examen comparativo.

1. Los textos

1.1. El hipotexto[1]

El primer cronista en interesarse por la gesta del negro Miguel, esclavo de las minas de San Pedro de Barquisimeto o la Nueva Segovia, fue fray Pedro Aguado, en *Recopilación historial* (¿1573-1585?)[2]. Ahora

---

1. Véase: Gérard Genette, *Palimpsestes. La littérature au second degré*, Paris: Editions du Seuil, 1982.
2. Edición utilizada: fray Pedro Aguado, *Recopilación historial*, Segunda Parte, con introducción, notas y comentarios de Juan Friede, tomo III, Bogotá: Empresa Nacional de Publicaciones, 1956-1957, edición electrónica, capítulo 16: "En el cual se

bien, el mismo franciscano, llegado al Nuevo Reino de Granada en 1562, confesó que, para la elaboración de la obra, se valió de los escritos de su correligionario fray Antonio Medrano, quien "había comenzado este trabajo"[3]. No perderemos de vista que, cuando hablemos de la *Recopilación historial* como fuente de las crónicas referidas a continuación, quizá sería menester evocar también los desaparecidos apuntes de Medrano.

Tratando de levantamientos de negros, interesa precisar que Aguado se demoró aún más en la represión por el general Pedro de Ursúa del palenque del jefe cimarrón Bayano, en la comarca de Nombre de Dios, en la jurisdicción de la Real Audiencia de Panamá[4]. Llegado a Venezuela en 1561, conoció el franciscano a muchos de los protagonistas de la represión, informa R. Alegría[5].

A modo de introducción a su relación del alzamiento del negro Miguel, el cronista trata del gran dinamismo económico de los pobladores de la Nueva Segovia. A un año de su fundación (1552), asevera, ya tenían más de 80 negros esclavos para la explotación de las minas de oro de San Pedro[6], al lado de algunos indios "lavaderos". Algunos españoles, con el nombre de "mineros", hacían de mayordomos: "tenían a cargo de recoger el oro que se saca y tomar y registrar las minas para

---

escribe cierto alzamiento que los negros que andaban en las minas de Barquisimeto hicieron, y cómo fueron desbaratados". Se puede utilizar también la edición de Guillermo Morón: fray Pedro de Aguado, *Recopilación historial de Venezuela*, Caracas: Biblioteca de la Academia Nacional de la Historia 62, 1987, t. 1, pp. 324-329. G. Morón sitúa la redacción de la segunda parte de la *Recopilación historial* entre 1573 y 1585, o sea, durante la larga estadía que efectúo el franciscano en la península antes de volver al Nuevo Mundo. Pero la publicación del texto de Castellanos precedió la de la crónica de Aguado.

3. En: introducción de J. Friede, ob. cit. Murió Medrano en 1569 durante la expedición de Gonzalo Jiménez de Quesada a El Dorado.
4. En mi trabajo titulado *Cimarrones de Panamá*, citado más arriba, me referí ampliamente a su presentación de los hechos en *Recopilación historial* utilizando las ediciones de Jerónimo Bécker, *Historia de Venezuela*, Madrid: Establecimiento tipográfico de Jaime Ratés, 1919, t. II, pp. 183-250, y de *Recopilación historial de Venezuela*, en: *Fuentes para la Historia Colonial de Venezuela*, Caracas: s. e., 1963, t. 2, pp. 599-630.
5. Ob. cit., p. 11.
6. Damián del Barrio descubrió las minas de oro del río Buría, llamadas "minas de San Felipe de Buría". Con este nombre aparecen, como veremos, en la crónica de Oviedo y Baños. Las otras se refieren a las minas de "San Pedro". Pedro, hijo de Damián, era el dueño de Miguel; véase: R. Alegría, ob. cit., p. 13.

sus amos, y azotar a los lavadores si no sacan mucho oro o les traen buen jornal". Da claramente a entender el fraile su papel coercitivo en una época particularmente difícil para la incipiente economía minera de la comarca. Para salir de apuros, requerían los dueños una rápida fructificación de sus diferentes inversiones, en particular en la compra de esclavos, de ahí el recurso a la violencia que no aceptó Miguel y el encadenamiento de los hechos que desembocó en un amplio levantamiento.

1.2. Los hipertextos

El segundo texto, redactado por otro fraile, Pedro Simón, procede de *Noticias historiales de las conquistas de Tierra Firme en las Indias occidentales*[7]. Llegado el franciscano a Santa Fe de Bogotá en 1604, como era costumbre en aquella época, no vaciló en tomar prestado de la obra de Aguado lo necesario para su propia historia de Venezuela, aunque, subraya Guillermo Morín, "adapta a su lenguaje toda la materia"[8].

El tercer elemento de nuestro estudio comparativo lo sacaremos de la obra de un seglar, José de Oviedo y Baños, titulada *Historia de la Provincia de Venezuela*, publicada en 1723[9]. Según G. Morón, autor de la edición utilizada, el historiador gozaba de una amplia cultura, adquirida en parte al lado de su tío, el obispo de Venezuela don Diego de Baños. La atestigua el catálogo de su biblioteca personal que reunía a los autores más conocidos de la época y del Siglo de Oro. Arístides Rojas evidenció las deudas de su *Historia* a la de fray Pedro Simón, afirmando que en ella "hay poco original"[10]. En lo que toca a nuestro tema, veremos que la relación del alzamiento del negro Miguel dista de ser un mero plagio de la versión de Simón, en particular al nivel estilístico.

---

7. *Noticias historiales de las conquistas de Tierra Firme en las Indias occidentales por Fr. Pedro Simón del orden de San Francisco del Nuevo Reino de Granada*, Primera parte, edición hecha sobre la de Cuenca de 1627, Bogotá: Imprenta de Medardo Rivas, 1882. Edición electrónica.
8. Introducción a *Noticias historiales de Venezuela*, Caracas: Biblioteca Ayacucho, 1992, pp. XXIV y XXXVI.
9. José de Oviedo y Baños, *Historia de la Provincia de Venezuela*, 1723, en: *Historiadores de Indias*, t. III, edición de don Guillermo Morón, BAE 107, Madrid: Ediciones Atlas, 1965, pp. 90-92.
10. Estudio preliminar, en: ob. cit., pp. XXV, XL-XLIII.

La cuarta referencia viene de la *Historia general de los hechos de los castellanos en las Islas i Tierra Firme del mar Océano*, de Antonio de Herrera y Tordesillas (1601-1615)[11], que, rompiendo la continuidad cronológica, pondremos en último lugar por tratarse de una crónica general hecha en la península por un cronista oficial. Ello explica una exposición sin ninguna pretensión literaria y muy concisa de los hechos, inspirados en Aguado y en la documentación encontrada posiblemente en los repositorios archivísticos reales[12], que va a lo esencial, prescindiendo de lo anecdótico y más aún de lo subjetivo, a diferencia de los cronistas locales, que experimentan mayor implicación en el tema tratado.

1.3. El ciclo narrativo

Es necesario hacer hincapié en el hecho de que estos diferentes textos respetan *grosso modo* la estructura inicial sacada sin duda alguna por la primera relación de fray Pedro de Aguado de los informes despachados por los responsables de las ciudades de Barquisimeto y de El Tocuyo, quienes dirigieron la represión en contra del levantamiento del negro Miguel. Con la intención de granjearse el interés de sus lectores, estos cronistas adoptaron el esquema clásico del cuento, o, de un modo general de cualquier ciclo narrativo, según la tipología establecida por el estructuralista Claude Bremond en su conocido artículo "La logique des possibles narratifs"[13], inspirado de *Morfología del cuento* del formalista ruso Vladimir Propp[14].

---

11. Antonio de Herrera, *Historia general de los hechos de los castellanos en las Islas i Tierra Firme del mar Océano*, edición y estudio de Mariano Cuesta Domingo, Madrid: Universidad Complutense, t. IV, Década octava, Libro VI, Capítulo XII, pp. 527-528.
12. M. Cuesta Domingo afirma esta filiación en: ob. cit., p. 80.
13. En: *Communication* n° 8, Paris, 1966, pp. 60-69.
14. Vladimir Propp, *Morfologijaskazji*, Leningrad: s. e., 1928.

LA REBELIÓN DEL REY MIGUEL				
SECUENCIAS DEL CICLO NARRATIVO EN LAS CUATRO RELACIONES				
1	1.1. Degradación posible			• Maltratos infligidos a Miguel, negro muy ladino, esclavo en las minas de oro de Barquisimeto
	1.2. Proceso de degradación			• Huida del negro que consigue reunir a varios negros e indios trabajadores de las minas
	1.3. Degradación producida			• Ataque de Barquisimeto por los rebeldes y defensa de los vecinos • Vana persecución de los agresores
2	2.1. Mejoría a obtener	2.1.1. Obstáculo a eliminar		• El palenque del rey Miguel • La compañía de cimarrones y de indios
		2.2.2. Medios		• Posible formación una alianza entre la ciudad de Barquisimeto y la de El Tocuyo
	2.2. Empeoramiento del proceso de degradación			• El segundo ataque de Barquisimeto por los negros y los indios del rey Miguel
	2.3. Proceso de mejoría			• Formación de la compañía del capitán Losada para perseguir a los agresores • Enfrentamiento, derrota de los rebeldes • Muerte del rey Miguel
	2.4. Mejoría obtenida			• Devolución de los esclavos presos a sus amos • Inversión: persecución de los fugitivos por los indios

Los cuatro relatos, pese al transcurso del tiempo entre las diferentes redacciones y por lo tanto el alejamiento de los hechos narrados, respetan las "funciones", o sea, las acciones y los acontecimientos cuya agrupación en secuencias generan el ciclo narrativo inicial, con la salvedad del texto de Herrera, debida a la integración del relato en un conjunto de gran amplitud que excluía la evocación de detalles irrelevantes.

Sin embargo, no se trata por ello de un mero plagio como podía haberse producido. Los cambios distan mucho de carecer de significado pese a su aparente liviandad. Son más bien "indicios", si nos atenemos a la definición de Roland Barthes, que remite "no a un acto complementario y consecuente, sino a un concepto más o menos difuso, necesario sin embargo al sentido de la historia: indicios caracteriales relativos a los personajes, informaciones relativas a su identidad, notas de ambiente, etc."[15].

La forma sinóptica del cuadro de abajo parece adecuada para patentizarlos en sus menores aspectos, presentando proposiciones que llevarán a una conclusión de más alcance. Para facilitar su visualización, van subrayadas las referencias significativas.

2. La evolución hipertextual de las relaciones

Los hipotextos presentados en este trabajo sobre la representación del rey Miguel respetan la diégesis del hipertexto de fray Pedro de Aguado en lo que se refiere a las funciones del ciclo narrativo. Ésta tiene poco en común, al fin y al cabo, con la evocación épica de Juan de Castellanos redactada en la misma época.

Los "indicios" no remiten a una cuestión meramente estilística, aunque ésta no se ha de descartar *a priori*, dada la importancia de la *captatio benevolentiae* frente a la evocación de hechos cada vez más remotos. Se trata también de verdaderas transposiciones, con reforzamientos indudablemente connotativos para afirmar con más tesón los valores de la mentalidad esclavista. Se alejan por lo tanto de la sencilla transmisión informativa para servir de advertencia frente a los descuidos de una sociedad colonial, presa de sus contradicciones, o sea, por una parte, la insuperable codicia suscitada por el oro de las minas y, por otra parte, los temores acarreados por las muy perjudiciales consecuencias de la resistencia de los negros y de los indios esclavizados para su explotación.

El proceso de deshumanización del esclavo, común a los textos referidos, pasa de la clásica demonización del negro Miguel, usada por

---

15. Roland Barthes, "Introduction à l'analyse structurale des récits", en: *Communication* n° 8, ob. cit., pp. 8-9.

LA REBELIÓN DEL REY MIGUEL
INDICIOS DE LA EVOLUCIÓN HIPERTEXTUAL EN LAS CUATRO RELACIONES

	A. Fray Pedro Aguado	B. Fray Pedro Simón	C. José de Oviedo y Baños	D. Antonio de Herrera
1. Los prolegómenos				
1.1. Contexto espacial	Minas de oro de San Pedro en la Nueva Segovia (Barquisimeto)	Íd. (Bariquisimeto)	Minas de San Felipe* de los vecinos de la nueva ciudad de Segovia	Gobernaciones de Santa Marta y Venezuela-Asiento de la Nueva Segovia
1.2. Contexto temporal	Sin referencia precisa	Fines de 1552	"...por el año cincuenta y tres"	1550
1.3. Contexto laboral	"Más de ochenta negros esclavos" "Algunos indios lavadores" "Algunos españoles" que les vigilan"	"Mas de ochenta negros esclavos" "Algunos indios de encomienda enseñados en el ministerio"	"Ochenta negros esclavos acompañados de algunos indios de las encomiendas al cuidado de mayordomos españoles"	Negros
1.4. Miguel	Esclavo de Pedro de los Barrios, "muy ladino en la lengua castellana" "resabido en toda suerte de maldad"	Íd. Íd. "y aun resabido y entendido en bellaquería"	Íd. "Tan ladino en la lengua castellana" "...como resabido en sus maldades"	Sin referencias a Miguel Visión global de los negros "...con su natural soberbia y rustiqueza...", "gente bestial"

* La sustitución de nombre (San Pedro>San Felipe) de las minas, a la que hemos aludido más arriba, se efectuó quizá en honor al príncipe Felipe o como recuerdo del gobernador Felipe de Hutten. Más vale intentar explicar que rechazar con un tono perentorio como lo hizo el Hno. Nectario María: "Nosotros rechazamos esta designación pues en las muchísimas veces que los manuscritos contemporáneos la designan le dan el simple nombre de Real de las Minas de Buría, o aun Buría", o simplemente Minas de Buría"; ob. cit., p. 156, n. 1.

	A. Fray Pedro Aguado	B. Fray Pedro Simón	C. José de Oviedo y Baños	D. Antonio de Herrera
1.5. El castigo	"...determinó no obedecer ni tener sufrimiento..."	"...viendo que lo querían amarrar para azotarlo..."	Íd.	Sin referencias
.6- Reacción de Miguel	"...hallando allí una espada se defendió del minero y se fue huyendo al monte..."	"...arrebató una espada que se topó a la mano, y procurando defenderse con ella del minero...", "...tuvo medio ...de irse al monte..."	Íd.	"...preciando de salir de la esclavitud..."
1.7 Aproximación a los negros y a los indios	"...con *diabólica y depravada intención*, comenzó a persuadir a los demás esclavos..."	"...y hallando ocasión de hablar con los demás esclavos e indios de las minas, *les procuraba persuadir* hiciesen lo mismo que él..."	"...y comunicándose a escondidas con los demás negros que trabajaban en las minas, *procuraba persuadirlos*..."	"...sin otro discurso que acudir al llamamiento, de aquellos de su color a quien tienen en estimación y respeto..."
1.8 Discurso reivindicativo	"...tomasen la *malvada libertad* que él tenía usurpada..."	"...pues de aquella, suerte hallarían su libertad, que tan *tiránicamente (decía él) se la tenía usurpada* los españoles,..."	"...a que sacudiendo el yugo de la *esclavitud*, restaurasen la libertad de que los tenía despojados la tiranía española..."	"...el cual dando intención a todos de hacerlos ricos y señores de la tierra con la muerte de los castellanos..."
1.9 Rechazo de algunos negros	"...hubo algunos que menospreciando los *consejos y persuasiones* del fugitivo Miguel, no quisieron hacer lo que les decía..."	"...algunos de ellos ... echaban de ver el *disparate* a que los quería persuadir ; y no haciendo caso de él, con ánimo pacífico volvían a su labor y servicio de sus amos..."	"...los más, despreciando las *instancias de tan mal consejo*, proseguían en su trabajo, sin darse por entendidos..."	Sin referencias

LAS CRÓNICAS DE LOS SIGLOS XVI, XVII Y XVIII

1.10 El grupo inicial	"...vino a hallar hasta veinte negros que quisieron seguir su opinión..."	"Pero otros, que fueron hasta veinte, con la *dulzura que les representaba de libertad*, determinaron seguirle..."	"...pudo tanto la continuación de su *persuasiva instancia*, que redujo hasta veinte de ellos a que le siguiesen en su fuga..."	Sin referencias

Proposiciones 1
a) *Amplificación por Simón de las referencias negativas suministradas por Aguado a propósito del comportamiento de Miguel.*
b) *Si bien hace caso omiso de la clásica demonización del rebelde, usada por Aguado, anticipa Simón insistiendo en su habilidad discursiva e introduciendo el tema de la tiranía de los españoles, que surge en la arenga posterior. Aparece así una coherencia que mantendrá el cronista a través de su relato.*
c) *Sigue por la misma vía Oviedo y Baños, con el recurso a la metáfora del yugo, que desde ahora, da una dimensión literaria a su escrito.*

2. La primera agresión

2-1 El ataque de las minas	"...vinieron a dar sobre los mineros españoles... a los más de los cuales prendieron y desarmaron, y dando *crueles muertes* a los de quien habían recibido enojo..."	"...mataron a algunos de los mineros españoles que se pusieron a la defensa, prendieron a los demás, de los cuales mataron con *cruelísimas muertes* a algunos con quienes tenían enojo por haberlos azotado..."	"...matando con el *furor* del primer ímpetu algunos de los mineros, aprisionó los demás para que fuese más prolongado *su martirio*, pues quitó la vida con *cruelísimos tormentos* a todos aquellos de quien él y sus compañeros (o por haberlos azotado o por otros motivos) se hallaban ofendidos..."	Sin referencias
2.2 Provocación a los de Barquisimeto	"...soltaron a los demás, enviándolos a dar mandado y aviso a los ciudadanos de Barquisimeto para que con las armas en las manos los	"...y soltando a los demás, les decían que fuesen a dar aviso a los de Bariquisimeto, que les esperasen puestos en armas, porque tenían deter	"...y a los otros dio luego la libertad, quedando *tan soberbio y arrogante*, que les mandó fuesen a la ciudad y de su parte advirtiesen a los	"...el cual [el rey]dando intención a todos de hacerlos ricos y señores de la tierra con la muerte de los castellanos, señalaba a cada uno la

	A. Fray Pedro Aguado	B. Fray Pedro Simón	C. José de Oviedo y Baños	D. Antonio de Herrera
	esperasen porque determinaban ir a despojarles de su pueblo y haciendas y darles crueles muertes, tomando sus queridas mujeres para su servicio…"	minado de ir sobre el pueblo y despojarles de sus haciendas y mujeres para su servicio, y a ellos darles crueles muertes, y que para esto no querían cogerlos desapercibidos, porque *se echase mejor de ver su valentía*…"	vecinos le aguardasen prevenidos, porque esperaba en breve pasar *a coronar con la muerte de todos su victoria* y quería fuese mas plausible con la *gloria* de haberlos avisado…"	mujer de ellos que le había de tocar, y otras semejantes insolencias…"
2.3 Reacción de los de Barquisimeto	"…Los ciudadanos de la Nueva Segovia, admirados de aquel suceso, no dejaron de temer y enviar al Tocuyo a que les diesen auxilio y favor, pero *no para que creyesen y entendiesen que en los esclavos alzados reinase tanto ánimo* que osasen tomar las armas para venir sobre su pueblo…"	"…y aunque *no se podían persuadir* los vecinos (si bien no dejaban de combatir los temores suficientes para estar con cuidado) a que el atrevimiento y ánimo de los esclavos había de llegar a tener osadía de tomar las armas para venir sobre el pueblo, avisaron al del Tocuyo del caso, y que pues *a todos importaba*, les enviasen socorro para estar apercibidos a todo suceso…"	Sin referencias.	Sin referencias

Proposiciones 2

a) Aguado presenta la actuación los negros como una cruel venganza. Simón va más allá, haciendo hincapié en su extrema crueldad que linda con el sadismo. Oviedo y Baños focaliza la atención sobre Miguel, acentuando su comportamiento sádico.

b) Según Simón a la crueldad de los rebeldes se añade la presunción de los guerreros primitivos. Pero Oviedo y Baños, otra vez, prefiere focalizar en Miguel, haciendo de él un personaje psicótico, sumamente engreído, y extremadamente ambicioso. Surge bajo su pluma una significativa semántica religiosa (martirio, tormento).

c) En su petición de ayuda a El Tocuyo, no se mostraron lo bastante convincentes los de Barquisimeto, si creemos a Aguado. Simón admite cierta incredulidad de su parte, la cual no les impidió representar a los de El Tocuyo la gravedad del caso para todos. Oviedo y Baños pasa por alto lo que podría pasar por una prueba de debilidad.

3. La estructuración de la rebelión

3.1 Difusión de la rebelión	"Miguel y sus secuaces *constriñeron* a que los siguiesen [los negros de otras minas] y se juntasen y congregasen con ellos ; y asimismo *forzaron* a otros muchos indios ladinos que con ellos andaban a las minas, de todos los cuales hizo una compañía de hasta ciento y ochenta personas…"	"Viéndose el Miguel con su negra compañía *victorioso y tomando más bríos en su maldad*, dividió su gente enviando negros en diversas partes donde andaban otros y algunos indios sacando oro, a que *procurasen persuadirles* a seguir su opinión en demanda de su libertad. Hacían estas mismas diligencias con los indios ladinos, que no fueron tan en balde, que con ellos no se juntaran entre unos y otros más de ciento ochenta personas…"	"A la fama de este suceso y a *las continuas persuasiones* con que Miguel instaba a los demás negros e indios ladinos le siguiesen, esperando conseguir la libertad a la *sombra de su fortuna*, se le fueron agregando poco a poco todos los que más trabajaban en las minas, de suerte que se halló en breve con ciento y ochenta compañeros…"	"…y se juntaron hasta doscientos y cincuenta…"
3.2 Encumbramiento de Miguel	"…de las cuales era tan acatado y reverenciado y estimado este nuestro tirano, que determinó de hacerse rey, y poniéndolo por la obra	"…de quienes era tan respetado y estimado el negro Miguel, que determinó nombrarse Rey, mandando que como a tal lo reverenciasen	"…viéndose *temido y respetado de su gente, mudó la sujeción en vasallaje*, haciéndose aclamar por Rey…"	"…Hicieron capitanes y nombraron Rey al que con más brío y atrevimiento lo quiso ser"

	A. Fray Pedro Aguado	B. Fray Pedro Simón	C. José de Oviedo y Baños	D. Antonio de Herrera
	hizo que todos aquellos de su compañía le *tuviesen y acatasen y nombrasen* como a tal, y dende en adelante no se decía menos del señor rey Miguel…"	*y sirviesen*, como lo hacían, nombrándole de allí adelante el señor Rey Miguel …"		
3.3 Creación del palenque	"El rey Miguel …. mandó hacer casas en que viviesen, como hombre que pensaba *permanecer perpetuamente*…"	"El rey Miguel ordenó luego en un *sitio fuerte y acomodado* para la vivienda humana, cercado, se hiciesen casas fuertes a su modo, hombre que tenía intentos de *permanecer en aquel sitio, y hacerse señor de toda la tierra*"	"…con los cuales se retiró a *lo más interior de la montaña*, y en el sitio que le pareció más a propósito, debajo de fuertes palizadas y trincheras, edificó un pueblo razonable para *establecer en él su tiranía*…"	"…se habían dejado el asiento que tenían y se habían retirado a una sierra, en sitio fuerte…"
3.4 Creación de una dinastía	"… y a una negra, su manceba, la reina Guiomar, y asimismo tenía un hijo que fue llamado príncipe y jurado por tal."	"… y a una negra su amiga le nombraban la Reina Guiomar, y a un hijuelo que tenía de ella el Príncipe, y lo hizo jurar por tal."	"…y coronar por Reina a una negra, llamada Guiomar, en quien tenía un hijo pequeño que, porque también entrase en parte de aquella *Monarquía fantástica* y fuese luego jurado por príncipe y heredero de los *delirios del padre*."	Sin referencias

3.5 Creación de un gobierno y de una casa real	"Hizo luego el negro rey Miguel sus ministros y oficiales de casa real…"	"Dispuso su casa Real, creando todos los ministros y oficiales que él tenía en memoria había en las casas de los Reyes…"	"Y desvanecido Miguel con los aplausos de la majestad para que la ostentación del porte correspondiese con la autoridad del puesto, formó casa real que le siguiese, criando todos aquellos oficiales y ministros que tenía noticia servían en los palacios de los reyes…"	Sin referencias
3.6 Creación de un poder religioso. La feligresía	"…constituyó y nombró por obispo* a uno de sus compañeros que le pareció *más suficiente* para ello, el cual, usando de su malvada presagia, hizo luego hacer iglesia, y hacia congregar en ella aquellas sus *roñosas ovejas.*"	"…y adjudicándose también la potestad espiritual, nombró por obispo a uno de sus negros compañeros que le pareció más *hábil y suficiente* y de mejores costumbres para ello, el cual en eligiendo (usando de su prelacia), mandó hacer lo primero iglesia, donde hacia recoger aquellas sus negras y *roñosas ovejas* para predicarles."	"…y porque su jurisdicción no quedase ceñida al dominio temporal, nombró también obispo, escogiendo para la dignidad a uno de los negros que le pareció *más digno* y que en la realidad tenía derecho a pretenderla y lo *más andado para conseguirla*, pues por sus *muchas letradurías*, cuando trabajaba en las minas lo llamaban todos *el canónigo*; quien luego que se vió electo, atendiendo como	Sin referencias

---

* Parece que Roger Bastide ignoró esta realidad: «Au Venezuela, il y eut des soulèvements et des républiques de Marrons, appelés *cumbes*, comme celle du roi Miguel au 16e siècle, celle d'Andresote en 1732, celle surtout de la région de Corro en 1795 ; nous savons que ces *cumbes* réunissaient des nègres "sans signal extérieur de la religion catholique" et vivant "comme des barbares dans les montagnes"…». Aparentemente Bastide no conocía bien las crónicas que se referían a la rebelión de Miguel. Ignoraba también que tanto entre los cimarrones de Bayano en Panamá como entre los de Yanga, en Nueva España, había huellas del culto cristiano, que tomaron aspectos particulares que hemos estudiado en otros trabajos. Sólo admite que en el pueblo del Mariscal Castellanos, en Venezuela, se encontró a un negro que hacía de sacerdote. Véase: *Les Amériques Noires*, Paris: Payot, 1967, p. 71.

A. Fray Pedro Aguado	B. Fray Pedro Simón	C. José de Oviedo y Baños	D. Antonio de Herrera
		buen pastor al bien espiritual de su negro rebaño, levantó iglesia, en que celebraba todos los días misa de pontifical y predicaba a sus ovejas los desatinos que le dictaba su incapacidad y producía su ignorancia."	

Proposiciones 3

a) El reforzamiento de la tropa rebelde no podía haberse producido sin el recurso a la coacción, da a entender Aguado. Simón, más realista, pone de realce el poder persuasorio de los enviados de Miguel. Oviedo y Baños se demora en el protagonismo del cabecilla, dándole una dimensión carismática.

b) Lo tiránico del poder de Miguel, afirmado por Aguado, le permite a Simón ir más allá del respeto inspirado por su actuación entre sus hombres, introduciendo una noción de dependencia que desarrolla Oviedo y Baños al hablar de "vasallaje".

c) Simón completa la rápida evocación del palenque por Aguado, aludiendo a su carácter militar. Oviedo y Baños, valiéndose de las informaciones que se habían acumulado con el tiempo hace una descripción clásica. Es de notar la extensión del palenque a través de las tres obras: necesidad de protección en Aguado, ambición de dominio territorial a expensas de la legitimidad española en Simón, anhelo de poder ilegítimo ("tiranía") en Oviedo y Baños.

d) En cuanto a los visos dinásticos de Miguel, Simón sigue muy de cerca los dichos de Aguado. No pasa igual con Oviedo y Baños, que se mofa de un modo burlesco de las pretensiones del cabecilla cimarrón que rayaban con el delirio, dando así un paso más en la construcción de un personaje profundamente sicótico.

e) Simón encuentra una explicación a la formación de una casa real, compensación mimética surgida de las reminiscencias de un esclavo ladino. Oviedo y Baños la adopta, poniendo el acento en lo que se calificaría hoy día de clara tendencia paranoica.

f) Pese a su denuncia de la actitud autocrática de Miguel y su desprecio por los fieles negros, Aguado le concede al jefe de los fugitivos algún acierto en la elección del responsable religioso. Simón se contenta con insistir algo en estos aspectos. En cambio Oviedo y Baños se muestra mucho más severo. Introduce un dato adicional sobre la identidad del obispo que daría a entender que tuvo acceso a fuentes informativas diferentes de la crónica de Simón. Evoca una actuación que linda también con la paranoia, como para Miguel.

4. Los preparativos del enfrentamiento

4.1 Armamento	"...mandó aderezar armas para venir sobre el pueblo de la Nueva Segovia o Barquisimeto, las cuales hicieron de los almocafres con que sacaban oro, enderezándolos y enastando los palos largos como gorguces o dardos, y algunas espadas de las que habían tomado a los españoles..."	"...mandó aderezar armas que fueron para sus indios arcos y flechas de las que siempre habían usado, y para los negros, algunas lanzas con puntas tostadas, y de los almacafres con que sacaban el oro en las minas, enderezándolos y enhastándolos hacían gorguces, que con esto y algunas espadas, que hubieron en el saco, hubo armas para todos."	"...y prevenido de arcos y flechas para los indios y de lanzas que labró de los almocafres para los negros, con algunas espadas que pudo recoger en su diligencia..."	Sin referencias
4.2 Aspectos estratégicos	"...y haciendo entintar de negro todos los indios que consigo tenía con zumo de jaguas, que como he dicho son una manzanas que sirven para aquel efecto a los indios..."	"Mandó el Rey Miguel a los indios que le seguian, se entintasen todo el cuerpo con jagua*, con que pareciese mayor el número de los negros, y con eso más espantables a sus enemigos por las partes donde entrasen."	Sin referencias	Sin referencias

* Según una relación de 1579, los indios de la región de la Nueva Segovia peleaban en cueros "untados algunos con bariqui, que es a manera de almagre, aunque más fina, (de) color, y otros de negro, a manera de tinta". Así que Miguel no habría hecho más que valerse de una costumbre de los naturales. Véase: A. Arellano Moreno, ob. cit., "Relación geográfica de la Nueva Segovia de Barquisimeto, año de 1579", p. 191.

	A. Fray Pedro Aguado	B. Fray Pedro Simón	C. José de Oviedo y Baños	D. Antonio de Herrera
4.3 La exhortación a la tropa				
4.3.1 Escenificación	"…sacó su gente de aquel pueblo o alojamiento que tenía ya hecho, a los cuales, aunque toscamente, hablaba…"	"…sacó de él [el pueblo] su gente Miguel, y en un llano fuera de la empalizada con que lo dejaba cercado, les hizo una plática…"	"…sacó su gente a campaña, y animándola con una exhortación muy dilatada..;"	Sin referencias
4.3.2 El derecho a la libertad	"…incitándoles a que con ánimos llevasen adelante su libertad, pues tan justamente la podían procurar…"	"…diciendo que la razon que les habia movido a retirarse de los españoles, ya sabian haber sido justamente su libertad, que tan justamente la podían procurar…"	"…para, que, llevando adelante lo que tenían principiado, asegurasen con el valor la libertad perdida…"	Sin referencias
4.3.3 La injusticia de la esclavitud	"…porque habiéndolos Dios criado libres, como a las demás gentes, y siendo ellos de mejor condición que los indios, los españoles tiránicamente los tenían sujetos y puestos en perpetua servidumbre, y que solamente en España tenían esta sujeción en los de su nación, y no en otra parte ninguna, porque en Francia ni en Italia y Alemania y en otras partes del mundo, *donde sólo por las condiciones de la guerra que*	"…pues habiéndolos Dios criado libres como las demás gentes *del mundo*, y siendo ellos de mejor condición que los indios, *a quienes el Rey mandaba fuesen libres*, los españoles los tenían sujetos y puestos tiránicamente en perpetua y *miserable* servidumbre, usando esto solo la nacion española, sin que en otra parte del mundo hubiese tal costumbre, pues en Francia, Italia, *Inglaterra* y en todas otras partes del mundo…"	Sin referencias	Sin referencias

	daban los vencidos en alguna subjeción y no eran los negros cautivos..."	
4.3.4 **Las esperanzas**	"...y que si ellos peleasen con la estimación y brío que era razón, que les daría la victoria en las manos, porque demás de ser poco número de españoles el que en Barquisimeto había, estaban confiados en que no les osarían acometer, y por eso descuidados de su llegada, y demás de esto mal proveídos de armas; y hallando en los suyos respuesta de hombres que deseaban verse ya con sus enemigos, siguió su camino."	"...y que tambien lo serian alli si peleasen con el ánimo y brio que era razon en aquella jornada que iban, donde se prometia darles la victoria en las manos, pues además de ser poco el número de españoles que había en Bariquisimeto, estaban descuidados, confiados en que no tendrían atrevimiento a acometerlos, como lo sabian de algunos negros del pueblo, que habiendo alcanzado a saber esto, les habian avisado de cómo todos estaban desproveidos de armas."	Sin referencias

Proposiciones 4

a) *En la evocación de los preparativos aparecen las mayores diferencias entre las crónicas. Simón explicita los pocos datos suministrados por Aguado. Oviedo y Baños escoge lo contrario, sin tratar siquiera del ardid de Miguel para engañar al enemigo sobre el número de sus fuerzas, quizá por ser una prueba de inteligencia.*

b) *Pero es aún más llamativo que el mismo cronista haga caso omiso de la exhortación del cabecilla que presenta Aguado* y *desarrolla Simón. Si los conceptos que pone el primero en labios de su personaje no parecen del todo inverosímiles en la mente de un negro ladino, siempre y cuando*

* F. Brito Figueroa acerca de esta exhortación propone lo siguiente: "En la interpretación de las sublevaciones de los esclavos negros se observan otros elementos sobre los cuales hay que insistir; en las primeras, y las declaraciones de Miguel son elocuentes en este sentido, los negros apelan a principios

	A. Fray Pedro Aguado	B. Fray Pedro Simón	C. José de Oviedo y Baños	D. Antonio de Herrera

disfrute de alguna cultura, ello no impide que le moleste lo incongruente de la situación, de ahí la precisión circunstancial ("aunque toscamente hablaba"). Simón, por el contrario, se demora en una argumentación jurídica, relacionada con el reconocimiento de la libertad de los indios por la Corona, lo cual, al modo de ver de Miguel, hacía aún más injusta la esclavitud de los negros que se estimaban "de mejor condición". A decir verdad, extraña que el cronista no haya descartado esta argucia que encaja difícilmente con la alianza coyuntural entre las dos razas. Sea lo que fuere, no se atrevió a quedarse con la cultísima referencia a los justos títulos de reducción a esclavitud por motivos de guerra que tan sólo un hombre leído podía esgrimir.

Debido a su excesiva abstracción, al modo de ver de Oviedo y Baños, entraba el discurso en obvia contradicción con el carácter sicótico que deseaba plasmarle a Miguel. Se entenderá entonces que la síntesis de Herrera lo ignoró del todo.

5. La guerra				
5.1 El ataque a Barquisimeto	"Llegó a Barquisimeto, y dando en el pueblo por dos partes con su gente dividida, entraba la negrería apellidando 'viva el rey Miguel', poniendo fuego a las primeras casas; y como los españoles, aunque se velaban, estuviesen algo descuidados, cuando acordaron a tomar las armas y retirar la negra comunidad,	"...comenzaron a marchar la vuelta de Bariquisimeto, a donde llegaron de noche, con tanto secreto, que no fueron sentidos, hasta que divididos en dos partes fueron entrando en él y juntamente por ambas pegando fuego a las casas y comenzando a ejecutar su rabia en lo que iban topando; cuando los de	"...marchó para la nueva Segovia con fija esperanza de destruirla, sin más orden militar en sus escuadras que fiar los aciertos de su empresa a los horrores de una noche oscura, entre cuyas tinieblas, llegando a la ciudad sin ser sentido, la acometió a un tiempo por diferentes partes, pegando fuego a diferentes casas ; y	"...e esparció la fama de esta conmoción por las ciudades de las dos gobernaciones y se comenzaron de apercibir para ir sobre ellos, así por excusar que los negros que de las dos gobernaciones hasta entonces no se habían ido, no lo hiciesen, como por atajar el daño que aquellos bárbaros podían hacer; y en este medio los

relacionados con el cristianismo primitivo"; en: *Historia económica y social de Venezuela. Una estructura para su estudio*, Caracas: Universidad Central de Venezuela, 1987, t. IV, p. 1247. Se encuentra la misma explicación en Reinaldo Rojas, *Historia social de la región de Barquisimeto en el tiempo histórico colonial. 1530-1810*, Caracas: Biblioteca de la Academia Nacional de la Historia 229, 1995, p. 292 : el historiador llama la atención en "la justificación ideológica del levantamiento en base a los principios del cristianismo primitivo". No añade nada más J. M. Herrera Salas al asegurar que el "cristianado esclavo Miguel" sacó sus argumentos de la teología católica merced a la evangelización; ob. cit., p. 112.

LAS CRÓNICAS DE LOS SIGLOS XVI, XVII Y XVIII

	ya habían muerto a un sacerdote y quemádoles la iglesia y otras casas…"	la ciudad advirtieron (aunque tenían velas y tomaron las armas) *tenían ya heridos algunos de ellos*, y muerto a un sacerdote y quemado la iglesia y otras casas con lo que había dentro…"	aunque en la confusión de aquel asalto repentino mataron a un sacerdote llamado *Toribio Ruiz y otros dos o tres vecinos*…"	vecinos de Tocuyo como más cercanos, enviaron socorros a la ciudad de Segovia, nuevamente poblada, y la misma noche que llegó, *habiendo de ello tenido aviso los negros, acordaron de prevenir a los castellanos*; y también por no dar lugar a que juntándose mayor fuerza les ofendiesen, dieron sobre los castellanos, a los cuales *mataron cinco o seis y un clérigo*…"
5.2 Defensa de los españoles	"…pero al fin, júntanse los vecinos, que serían cuarenta, con las armas en las manos, acometieron con tanta furia y brío a los negros, que huyendo algunos de ellos y muchos de los indios, los rebatieron y ahuyentaron, de suerte que los echaron fuera del pueblo…"	"…pero juntándose los vecinos, que serían hasta cuarenta, viendo que el negocio iba con más veras que pensaban, les acometieron con tan buen brío, que hiriendo a algunos de los negros y muchos de los indios teñidos, les hicieron huir a todos…"	"…los demás que pudieron con la prisa prevenirse, echando mano a las armas, juntos en un cuerpo hasta en número de cuarenta, hicieron cara a los negros, embistiéndoles con tanta resolución que, matando a algunos e hiriendo a muchos…"	"…pero no les sucedió como pensaban estando sobre el aviso, acudieron al arma y pelearon bien con los negros y mataron muchos…"
5.3 Repliegue de los negros	"…y como cerca estuviesen algunas montañas, donde los negros se recogieron y metieron, no pudieron los ciudadanos y vecinos haber entera victoria, y así cada cual se recogió a su ciudad y república."	"…hasta meterlos en un arcabuco que estaba cerca del pueblo, sin pasar de la boca de él *por no parecerles cordura* meterse dentro de aquellas horas, en sitio donde podía ser mayor el peligro que la ganancia; y así, tomando la	"…los obligaron a *volver con apresurado paso las espaldas*, hasta que, amparados al abrigo de un cercano monte, hicieron alto, y *reparándose los nuestros con recato, no quisieron pasar más adelante por no exponerse a contingen	"…los cuales, viendo que el designio no les sucedía como habían pensado, se retiraron."

	A. Fray Pedro Aguado	B. Fray Pedro Simón	C. José de Oviedo y Baños	D. Antonio de Herrera
		vuelta de la ciudad, los vecinos pusieron más vigilantes centinelas, *determinando luego seguir por la mañana el alcance*, no prometiéndose ningun seguro en sus casas hasta haber acabado con aquellos rebeldes, pues quedándose el Rey vivo y los demás no muy maltratados, se podia temer pasarian adelante con su atrevimiento y temeridad."	cia *de malograr la victoria* con algún accidente no pensado en el engaño de alguna emboscada prevenida."	
5.4 El ataque al palenque				
5.4.1 Preparativos	"Los vecinos de Barquisimeto, tan alborotados viendo el atrevimiento de los esclavos, y que no habían ido tan maltratados que no se pudiesen tornar a juntar, pues el rey les había quedado vivo, enviaron de nuevo a pedir socorro al Tocuyo. El cabildo del Tocuyo, viendo el daño que de aquel alzamiento y junta de los negros también a ellos se	"Pero pareciéndoles lo era también salir a esto con tan poca gente como estaba en la ciudad, siendo necesario quedar parte de ella en su defensa cuando saliese el resto en este alcance, enviaron a pedir socorro al Tocuyo *(que basta allí no lo habían enviado, pareciéndole no ser posible llegar el negocio a lo sucedido)*, avisándoles del	"…pero, desengañados ya con la experiencia, conocieron era preciso acudir con tiempo al castigo para extinguir aquella rebelión, antes que con la tardanza se hiciese impracticable el remedio. Y no atreviéndose a ejecutarlo por si solos, luego que amaneció dieron aviso al Tocuyo de lo sucedido aquella noche y del riesgo que amenazaba a	"El siguiente día por la mañana llegó el Capitán Diego de Losada, con *cuarenta* soldados de la gobernación de Venezuela, y no le pareciendo que se debía perder tiempo, con aquellos y *los demás que estaban en la Nueva Segovia*, fue a los negros, y hallando que se *habían dejado el asiento que tenían y se habían retirado a una sierra*,

les podía seguir, como a sus vecinos, juntaron la gente que pudieron, y nombrando por capitán de ella a Diego de Losada, le enviaron a Barquisimeto, donde también le confirmaron en el cargo de capitán para contra el negro rey Miguel; y dándole allí la más gente que pudieron, entre unos y otros se juntaron cincuenta hombres, con los cuales el capitán Losada salió de la Nueva Segovia o Barquisimeto, y siguiendo con toda brevedad y presteza su jornada, dio en el pueblo de los negros, sin que ellos hubiesen sido avisados de su ida ni lo sintiesen hasta que estuvieron a las puertas de sus casas o juntos en su pueblo."

caso y del inconveniente que también a ellos amenazaba si no se cortaban los pasos con tiempo al alzamiento. *No tomaron tan tibiamente, como al principio los del Tocuyo el aviso*, y escarmentado en cabeza ajena del daño que se les podía seguir como a tan vecinos, juntaron la gente que pudieron, y nombrando por Capitán a Diego de Lozada, lo despacharon a Bariquisimeto, donde también lo confirmaron en el mismo cargo, y se le dieron con los soldados que se pudieron juntar en la ciudad, que entre todos serían *cuarenta*, para que siguiese al negro rey Miguel. Salió con esto el Capitan Lozada y *con buenos guías* y la priesa que le caso pedía,con más brevedad que entendía el negro Miguel, que ya estaba recogido en su pueblo con toda su gente, dio con él de repente sin que les pudiera haber llegado aviso, hasta que se vieron a los españoles a las puertas de su pueblo."

todos para que, enviándoles socorros, pudiesen con más seguridad salir al alcance de los negros; demanda a que correspondieron con tanta puntualidad los del Tocuyo que, juntándose sin dilación la gente que se hallaba en la ciudad, la despacharon cometida a Diego de Losada, a quien, *por mucha experiencia militar y conocido valor*, nombraron también los de la Nueva Segovia por cabo de la suya, e incorporando una con otra, salió tan aceleradamente siguiendo el rastro de los negros, que antes que Miguel tuviese noticia de su entrada se halló sobre las palizadas de su pueblo."

en sitio fuerte, los fue siguiendo…"

	A. Fray Pedro Aguado	B. Fray Pedro Simón	C. José de Oviedo y Baños	D. Antonio de Herrera
5.4.2 El enfrentamiento final	"Los negros, con toda presteza, tomaron las armas, y siguiendo a su negro rey Miguel salieron al encuentro a los españoles, resistiéndoles con coraje la entrada; mas fueron por los nuestros rebatidos y hechos retirar a su pueblo, donde todavía los negros peleaban animosamente, mas siempre nuestros españoles iban ganando tierra, hasta que los arrimaron a una parte o lado del pueblo, donde fue más porfiada la pelea, animando Miguel a los suyos con voces y gritos que les daba, no siendo él de los postreros en el escuadrón…"	"Con la presteza que pudieron tomaron las armas los asaltados negros, y siguiendo a su negro Rey, salieron a hacer frente a los nuestros, intentando resistirles con buen brio la entrada de la empalizada, *pero fue muy poco para el que llevaban los soldados*, pues con facilidad les hicieron retirar dentro del pueblo, donde todavía *porfiaban los negros con algún ánimo* a defenderse de los españoles que siempre les iban ganando tierra, hasta que les vinieron a arrinconar a una parte del pueblo, donde fue más porfiada la pelea por estar más juntos y animar el Rey Miguel a los suyos con grandes voces y gritos que les daba, no siendo él el postrero *ni de menores bríos en el escuadron…*"	"No desmayaron los negros, aunque se vieron acometidos de repente, pues, siguiendo a su rey que, con la voz y el ejemplo, los animaba a la defensa, *hicieron bien dudoso el vencimiento, por el tesón con que peleaban obstinados*…"	"…Y alcanzados, les acometió, y aunque procuraron de resistir poniéndose en defensa, brevemente los deshizo…"
5.4.3 La derrota de los negros	"…mas como por uno de los españoles le fuese dada una estocada de la cual cayó	"…hasta que un soldado se los quitó y la vida de una estocada, con que perdiendo	"…hasta que, rendido Miguel al golpe de *dos beridas*, acabó con su muerte el valor de	"…y mató a todos no dejando sino las negras, con las cuales y algunas indias que

muerto en el suelo, perdieron los suyos el ánimo con ver al rey perdida la vida, y comenzaron a aflojar en su pelea y a no menear las armas con el brío que de antes, lo cual, visto por los españoles, arremetieron a ellos con gran ímpetu y furia, hiriendo y matando a muchos, con que los desbarataron y pusieron en huida y siguiendo el alcance prendieron a muchos, de suerte que por los pocos que vivos quedaron reconocieron haber habido entera victoria de los esclavos."	los demás los que tenían, viendo ya en el suelo y sin vida a su negro rey, comenzaron a pelear con mano más floja, que conocido por los españoles, cerraron con ellos con tanta furia que hiriendo a unos y matando a otros, hicieron a los demás poner en huida, de los cuales prendieron casi a todos, siguiendo el alcance, con que quedó del todo deshecho aquel alzamiento, y los nuestros con la victoria."	sus soldados, pues, perdido el aliento al verse sin caudillo, empezaron a retirarse temerosos, dando lugar a los nuestros para que, matando a unos y aprisionando a otros, pusiesen fin con el desbarato de todos a aquella sublevación que tanto llegó a temerse por haberla despreciado en sus principios..."	llevaban se volvió a Segovia y aquellas personas salieron de un gran cuidado."

Proposiciones 5

a Para Aguado, los españoles se dejaron sorprender por el ataque de los negros, eventualidad que Simón prefiere soslayar para no aminorar las aptitudes militares de sus congéneres. De ahí su insistencia en un comportamiento anormal de los rebeldes ("rabia") y en los estragos que generó. Oviedo y Baños sigue con la escenificación dramática, con un bipálage llamativo ("los borrores de la noche"). La identificación del sacerdote matado por los cimarrones probaría que el cronista tuvo otra fuente de información que el texto de Simón, quizá el fondo documental en el que se inspiró el mismo Aguado. Herrera no respeta la cronología de los hechos con la intención de realzar la determinación de los españoles de reprimir la rebelión de los negros, quienes, al fin y al cabo, habrían intentado tomarles la delantera. Y, por si fuera poco, no admite el descuido de los vecinos de la Nueva Segovia, contradiciendo por su silencio a los cronistas anteriores.

b) Aguado trata sobriamente de la renuncia de los españoles a perseguir a los asaltantes por la sierra. Simón la explica por la prudencia, justificación que Oviedo y Baños le toma prestada, haciendo de los vecinos de Barquisimeto auténticos estrategas.

De creer a Simón les perjudicó sobremanera la despreocupación de los vecinos de El Tocuyo frente a su primera petición, de lo cual no habla Aguado. Es verdad que Simón pone particular énfasis en la gran pericia del capitán Losada. La evocación de Oviedo y Baños roza con lo épico, evidenciando una elaboración literaria que la separa de la de Aguado e incluso de la de Simón. De esta presentación se inspiró quizá Herrera en su reseña.

c) Simón no pone en duda el coraje que animaba a los guerreros de ambos bandos, pero se diferencia de la relación de Aguado dando a entender que los españoles se vieron obligados a la heroicidad. Oviedo y Baños, fiel a su motivación, saca todo el provecho del "suspense" que no aparece en la crónica de Herrera.

d) Por supuesto la muerte de Miguel fue decisiva para la victoria. Pero Oviedo y Baños experimenta la necesidad de hacer del personaje un dechado de ánimo, transformando la estocada en "dos heridas". Sublimando la resistencia del caudillo rebelde, ensalza el coraje de los españoles.

	6. El desenlace	
6.1 La caída del reino	"La reina y el negrito príncipe, con sus damas, se estuvieron dentro en el pueblo a la mira, sin hacer ningún movimiento, con la cierta esperanza que tenían de la victoria. Allí fueron presas y vueltas a su primero cautiverio, y los nuestros se volvieron a la ciudad de Barquisimeto, de donde había salido." "La Reina negra y el Príncipe negrito con todas sus damas (que no eran pocas) se estuvieron dentro del pueblo, a la mira de la batalla, sin hacer movimiento, con mucha autoridad, por las ciertas esperanzas que tenían de la victoria que habían de alcanzar los negros, fueron allí presos y vueltos a su primer cautiverio, con que los nuestros tomaron la vuelta de Bariquisimeto, sin sucederles desgracia con los presos indios y negros que pudieron coger vivos, aunque algunos heridos."	"...y terminando en *tragedia* las que fueron *majestades de farsa*, volvieron la reina Guiomar y el príncipe su hijo a experimentar en su antigua esclavitud las mudanzas de su varia fortuna, *pues se hallaron en la cadena abatidos, cuando se juzgaban en el trono elevados*." Sin referencias

6.2 Reacción de los indios	"Los indios de la tierra, viendo cómo los negros habían sido desbaratados de los españoles, juntáronse y dieron sobre los que quedaron vivos, y matando algunos forzaron a los demás que se volviesen a casa de sus amos, donde fueron presos por la justicia y castigados con las penas que conforme a sus delitos merecían."	"Los indios de la tierra, viendo la victoria de los españoles, y que algunos negros de los que se habían escapado *andaban por sus tierras cimarrones, temiéndose de algún daño*, se juntaron, y dando sobre ellos, mataron a algunos, forzando a los demás que se volviesen a casa de sus amos donde fueron presos por las justicias y castigados conforme a sus delitos ellos y los demás que trajeron presos cuando vinieron los soldados."	Sin referencias	Sin referencias

Proposiciones 6
a) Se complace Simón en subrayar la excesiva confianza que tenían los negros en su victoria, con la actitud de sus mujeres. Oviedo y Baños da en mofarse de los negros acudiendo a la parodia burlesca. Hace hincapié en la rapidez de la caída de sus ínfulas, con la antítesis final ("pues se hallaron en la cadena abatidos, cuando se juzgaban en el trono elevados").
b) La reacción de los indios, después de la derrota de los negros, contribuyó fuertemente, a no poner en duda la represión final, elemento que no le pasó desapercibido a Simón, quien busca una explicación lógica basada en el interés de los indígenas. Para Oviedo y Baños, más valía olvidarse del suceso que amenguaba el acierto de la empresa de los españoles.

N.B.: se mantuvo la acentuación original.

Pedro de Aguado, a la consolidación por Pedro Simón de la coherencia ideológica representativa de la mentalidad esclavista, y luego a la reconstrucción literaria del personaje por Oviedo y Baños merced a la retórica de lo burlesco[16]. Ello desemboca en la visión sintética de Antonio de Herrera, que expone muy escuetamente, como se lo imponía el esquema de su obra, las "funciones" más significativas de la documentación que tuvo a su disposición como cronista oficial de las Indias Occidentales.

Se puede aplicar a nuestros hipertextos lo dicho por Gérard Genette de la ambigüedad del hipertexto, que se puede leer por sí mismo y en relación con el hipotexto[17]. No se puede aquilatar el alcance del texto de Oviedo y Baños sin conocer los de Aguado y de Simón. Nuestra "lectura palimpsestuosa"[18] se inscribe en el estudio de la evolución de las mentalidades en materia de esclavitud en las Américas españolas coloniales.

---

16. Con esta interpretación, vamos más allá de lo que hizo F. Brito Figueroa, quien, sin embargo, habló de caricatura de parte de los colonizadores: "La realidad histórica condicionó el desarrollo de movimientos incipientes en los que la idea de la liberación humana se confundía con un vago recuerdo del pasado, un regreso a formas políticas e instituciones propias de las *comunidades primitivas*, indígenas o africanas, que una historiografía inspirada en los intereses e ideas representados por los colonizadores, identifican con una caricatura o imitación de instituciones características de las sociedades divididas en clases y grupos sociales antagónicos". Véase: *El problema tierra y esclavos en la Historia de Venezuela*, ob. cit., p. 208. Tampoco parece que J. M. Herrera Salas cave lo bastante hondo cuando habla de "la ridiculización y trivialización de la organización política y religiosa de la revolución"; véase: ob. cit., pp. 152-157.

Interesa apuntar aquí lo que dedujo Alain Lawo Sukam en su estudio del elitismo documental de las crónicas frente a los negros y en particular de la estrategia discursiva de fray Pedro de Aguado y de fray Pedro Simón con relación al rey Miguel:

> La formación de una sociedad negra independiente con una estratificación aparentemente idéntica a la española representa para los españoles una farsa y tonta imitación de la corona, similar a los trucos que hacen los monos para imitar a sus dueños.

Alain Lawo Sukam, "Reyes negros e identidad colonial africana en *Historia de Venezuela* de Fray Pedro de Aguado y *Noticias Historiales de las conquistas de Tierra Firme* de Fray Pedro Simón", *Revista Iberoamericana* LXXII (215-216), 2006, p. 579.

17. Ob. cit., p. 452.
18. El neologismo-juego de palabras citado por Genette es de Philippe Lejeune.

Así que, de acuerdo a la teoría de Lucien Goldmann, las obras que acabamos de estudiar no reciben su verdadero significado si no las integramos en el comportamiento de un grupo social[19].Son una señal de una elección ideológica, como propone Roland Barthes[20].

---

19. Para Lucien Goldmann, un escrito viene a ser expresión de la conciencia colectiva en la medida en que la estructura que expresa no es particular del autor sino común a los diferentes miembros que constituyen el grupo social; *Sciences humaines et philosophie* (primera edición, 1952), Paris: Gonthier, 1966, p. 135. Volvió Goldmann sobre el tema diciendo que el comportamiento que permite comprender una obra no es el del autor, sino el de un grupo social; *Le Dieu caché* (primera edición, 1955), Paris: Gallimard, 1955, pp. 16-17.
20. Roland Barthes, *Le degré zéro de l'écriture*, Paris: Seuil, 1953.

Capítulo tercero

Resurgimientos literarios del siglo xx

Demos un salto diacrónico para llegar a nuestra época. Como hemos visto, la rebelión del negro Miguel en las minas de la Nueva Segovia suscitó el interés de no pocos estudiosos, no sólo por su anterioridad en el proceso de formación de la sociedad colonial en la gobernación de Venezuela, sino también por sus reivindicaciones en materia de derechos humanos. Pero, debido quizá a este factor, de una modernidad premonitoria, y a diferencia de lo que pasó con tan ilustres parangones de resistencia negra en otras provincias de las Indias Occidentales, la literatura contemporánea se apoderó del personaje. La distorsión ideológica que acabamos de poner de realce en la evolución temporal del personaje del rey Miguel no podía resistir a la racionalidad del siglo xx. Las búsquedas de los historiadores incitaron a los literatos a interesarse por el héroe histórico con una focalización marcada por los avances en materia de sicología o de antropología.

Tal un nuevo Moisés, encargado de conducir a su pueblo a la tierra de promisión que él mismo no llegó a conocer, el negro Miguel tuvo una prestigiosa descendencia. Inspiró a muchos creadores, de los más conocidos a los más humildes. No intentaremos revisar sus obras, lo cual hizo acertadamente el antropólogo J. M. Herrera Salas en el quinto capítulo de su trabajo *El negro Miguel y la primera revolución venezolana*, titulado "El negro Miguel en el arte y la literatura"[1]. Nues-

---

1. Entre los ensayistas, Herrera Salas cita: Manuel Rodríguez Cárdenas, autor de *El Yaracuy. Semblanzas y recuerdos* (1966) y *Tambor* (1972); Héctor Rivero Cordero, *El caudillo de Buría* (1970); Francisco Herrera Luque, "Historia de San Miguel de Buría" (1981). Entre los cuentistas: José Moreno Colmenares, autor de "Miguel" (1955); Arturo Uslar Pietri, "La negramenta" (1969); Ramón Urdaneta, "Cinco

tro propósito, además de completar algunas referencias o, cuando sea necesario –en verdad muy pocas veces–, matizarlas, consistirá principalmente en interrogarnos de nuevo sobre la semiología de los resurgimientos contemporáneos de nuestro personaje.

Sin duda alguna fueron los vates de la poesía los que, desde los primeros decenios del siglo XX, sacaron al negro Miguel del olvido, integrándole en una visión histórica que alimentaría no sólo a los otros géneros literarios sino también a todas las artes.

1. La antropología

Efectivamente, como no tardaremos en verlo, parece que no fueron los antropólogos quienes se interesaron por primera vez por el personaje. Sin embargo, Juan Pablo Sojo, en un artículo publicado en un número de *El Farol* de 1946[2], tratando del folklore venezolano, planteó debidamente la cuestión de su actitud a partir de las evaluaciones propuestas por el barón de Humboldt acerca de la población del país. A su modo de ver, resultaba sumamente difícil creer que más de 62.000 "africanos legítimos" reducidos a la esclavitud, sobre un total de 800.000 habitantes, no pudieran "mantener en vigencia sus viejos dioses, realizar sus prácticas rituales". Los escritos de Castellanos, Aguado, Oviedo y Baños, aseguró el antropólogo, escenifican la corte del rey Miguel, pero también el papel de "aquel obispo que celebra 'misas' distintas, extrañas al ritual católico, acompañadas de cantos y danzas 'bárbaros' [...] donde los Santos estaban representados en 'toscas' figuras e 'ídolos'".

Ahora bien, si efectivamente tal era la opinión de los cronistas, no brindan detalles tan precisos a propósito de las prácticas religiosas de

---

Diegos para un Miguel" (1988). Entre los poetas: Abelardo Gorrochotegui, "El Negro Miguel" (1917); Juan Liscano, *Nuevo mundo Orinoco* (1953-1958), con las secciones "Los negros" y "Fresco de la muerte histórica"; Alí Lameda, "El Negro Miguel" (1972); Rosario Anzola, *Barro, manos y tierras de Lara* (1988); Eduardo Sanoja, *Tierra larense* (1993). Entre los novelistas: Rómulo Gallego, *Cantaclaro* (1935), *Pobre negro* (1937); Jesús Manuel Pérez y Enrique Lluch, *Negro Miguel, el esclavo rey* (1956); Francisco Herrera Luque, *La Luna de Fausto* (1982); Raúl Agudo Freites, *Miguel de Buría* (1991), Manuel Arroyo, *El Reino de Buría* (1992).

2. Juan Pablo Sojo, "Los abuelos de color. Aportes generales sobre el folklore venezolano por Juan Pablo Sojo", *El Farol*, vol. 8 (85), 1946, pp. 18-22. Caracas: Hemeroteca Nacional, Reel 03-07-CAF 5533, feb. 1945-mayo 1949.

los súbditos de Miguel, que remiten más precisamente a la deducción lógica del antropólogo y a su conocimiento de lo que pasó después. En cambio, sí los suministran las relaciones históricas que tenemos sobre los cimarrones de Bayano en Panamá que estudié hace algún tiempo. A ellos remite Sojo, cometiendo un leve anacronismo, siendo anterior la rebelión de Miguel:

> Primero había sido el levantamiento del negro Bayano, en el Istmo de Panamá, que formó por su propia cuenta su república de indios y negros; también en Venezuela, Miguel se rebelaba a su vez y se coronaba Rey, burlándose del Soberano de una nación donde el sol "no se ponía".

No se tomará al pie de la letra el desafío de Miguel al monarca más poderoso del universo de entonces. Lo que sí anhelaba era acabar de una vez con la esclavitud impuesta por la sociedad colonial incipiente. Pero poco tiempo después, es verdad, la Corona española se vio obligada a admitir la existencia de "la república de zambos y mulatos de Nirgua, con su cabildo, sacerdotes, autoridades y 'gentes de calidad'", otorgándoles, por si fuera poco, "el título de sus fieles y leales súbditos". La muerte de Miguel no interrumpió el ciclo iniciado por su rebelión, de que la "prudencia" del soberano no pudo hacer caso omiso. La poesía desarrollaría más tarde la imagen de la semilla implícita en el texto de Sojo.

2. La poesía

Dos motivos movieron a los poetas venezolanos de la época a interesarse por la personalidad del rey Miguel. Abelardo Gorrochotegui hizo del caudillo cimarrón un profeta de la emancipación nacional. Unos decenios más tarde, en la visión metafísica de la muerte brindada a sus lectores por Juan Liscano, su sacrificio vino a ser semilla de vida.

"El negro Miguel. Poema histórico" (1918) de Abelardo Gorrochotegui

Condicionado por el enfoque histórico del largo poema que dedicó en 1918 a la rebelión de Miguel[3], Abelardo Gorrochotegui se remonta a la

---
3. Abelardo Gorrochotegui, "El negro Miguel. Poema histórico" (1918), en: Vicente Dávila, *Investigaciones históricas*, Caracas: s. e., 1923-1927, pp. 221-226.

conquista para ensalzar la resistencia épica de los indígenas, despiadadamente reprimida. Por falta de mano de obra, el invasor acudió a la trata:

> sin dignidad, Europa, y sin temores,
> hurta al negro infeliz y se lo vende.

Sufrió las mismas desgracias el bozal que el indio:

> Caváronse las tierras sojuzgadas,
> y las fuerzas del indio, amortajadas,
> las revive el bozal para su duelo.

La prosperidad de la colonia se nutrió de los maltratos infligidos a los esclavos:

> Híbrida insensatez combina el crimen;
> aplausos para el amo y para el Clero,
> y la escarpia, la soga y el acero,
> para los negros que en tormento gimen.

La mitología griega suministra al poeta la comparación necesaria para valorizar el suplicio permanente del siervo, obligado a "servir y trabajar a diario / con la resignación de Prometeo". No se explaya sobre la evocación de las raíces africanas de las víctimas del sistema, prefiriendo focalizar en la barbarie de los esclavistas que suscitó la rebelión de Miguel. Representa, de hecho, el personaje a todos sus congéneres hartos de tanta sevicia, esbozada de una manera muy gráfica:

> El látigo chasqueó con torpe estrago
> sobre el endrino rostro, y de la herida,
> brotó una flor de sangre envivecida
> por la intuición viril de un noble hidalgo.

> Del suelo el negro levantó al instante,
> y en tigre zafio convertido, clava
> sobre el pecho infanzón la tosca y brava
> punta de su machete relumbrante.

> Vengado en la despótica figura,
> terror de la paciente y débil tropa,

la rebelión cerril alza la copa,
y brinda al rey de su nación futura.

Se impone el protagonismo de Miguel de un modo natural, como si no lo hubiera pensado de antemano. Haciendo caso omiso de las peripecias, el poeta va a lo esencial, la formación del palenque. Amén de declararle fundador de una dinastía con el nombre de "Miguel Primero", le otorga al cabecilla negro el sumo homenaje que puede rendir un venezolano, con el prestigioso calificativo de "libertador". Sin embargo, para evocar a Guiomar, la inspiración del poeta se aleja un tanto del énfasis artificial a favor de cierto realismo:

Guiomar la esposa infatigable, peina
en la tualet que su destino oculta,
la testa agreste, desgreñada, inculta,
que ha de ceñir el símbolo de reina[4].

Dedica Gorrochotegui una estrofa entera al obispo nombrado por el rey Miguel, no para recalcar lo burlesco del extraño prelado como hicieron los cronistas, sino para poner de realce su rencor, algo paradójico para su nueva misión:

Con ella [Guiomar] va también el leguleyo,
mitrado de la grey, quien por ladino
si ostenta ufano el resplandor divino,
lleva en su entraña el resquemor plebeyo.

---

4. Parece que Guiomar acabó por independizarse de su pareja, el rey Miguel, como se nota en "Poema de Tres Cantos, II-Raza", publicado por Manuel Rodríguez Cárdenas en *Tambor. Poemas para negros y mulatos* (1938):

> El mal está en la sangre, seguramente. En esa
> sangre que nos metieron nuestros antepasados
> entre las curvas venas,
> porque tú tienes mucho de Isabel La Católica
> cuando me das la joya cárdena del pezón
> por verme ser Colón
> del Nuevo Mundo, intacto, de todas tus cosquillas;
> y bastante de aquella margarita de ébano
> que fue Guiomar, la negra rebelde y anacrónica
> (Caracas: Ediciones de la Controlaría General de la República, 1972, p. 95).

Quizá se deba esto a la recuperación del personaje por el culto a María Lionza, en el que desempeña un papel específico como curandera.

Sigue la evocación del ataque de Barquisimeto por los insurrectos y la cruel represión de los amos que consiguieron ubicar el palenque. La estrofa siguiente se destaca por su particular énfasis retórico:

> La magna gesta del Arminio etiope
> cultor de la magnica tragedia,
> pronto y audaz el contendor asedia
> del cerro abrupto en el filado tope.

Ninguna alusión a las circunstancias de la muerte de Miguel fuera de una acumulación paroxística de calificativos:

> .... y en la contienda
> desigual, violatoria, única, horrenda,
> Miguel sucumbe en el traidor sendero.

El palenque se transforma así en "la cumbre / donde moran los mártires vencidos". Es obvia la relación sugerida por Garrochotegui entre la gesta de Miguel y la liberación nacional, alcanzando de cierta manera el cabecilla cimarrón la dignidad de prócer de la patria:

> El prístino arrebol de patria augurio,
> desapareció como meteoro errante
> en la infinita bóveda flagrante
> del universo que enjendró el perjurio.

Bajo la pluma de Gorrochotegui, se integra el negro Miguel en una continuidad histórica que va de la resistencia de los indígenas a la clara alusión a las hazañas de los libertadores. De ahí el necesario recurso a una retórica enfática.

"Fresco de la muerte histórica" (1953-1958) de Juan Liscano[5]

Juan Liscano también, aunque de una manera menos artificial, sitúa a Miguel en una continuidad, la de la lucha de los esclavos frente a

---

5. *Nuevo Mundo Orinoco.* En: *Fundaciones, vencimientos y contiendas.* Caracas: Biblioteca. Ayacucho, 1991, pp. 61-62.

la sociedad dominante[6]. Si su aventura fue efímera y su reino irrisorio, su ejemplo marcó las mentalidades de una impronta imborrable, siendo sus herederos los líderes cimarrones Andresote y José Leonardo Chirinos[7]. Para el poeta, no hubo ruptura en la diacronía de la resistencia. El devenir de los afrovenezolanos pasó por la muerte de Miguel:

> El Rey Miguel organizó tan sólo para un día
> su imperio de conchas y de carabelas secas,
> su imperio de obispos y verdugos
> y al morir entregó a los perros,
> a la tierra antigua, a las palomas mensajeras
> su degollada corona que ciñó Andresote
> huyendo por las calientas costas de su fin.
> José Leonardo Chirinos la recogió una noche
> de filos, incendios y tambores,
> la limpió en la sangre de un infausto combate,
> ....
> Porque no hay muerte sin la vida,
> porque de muerte está hecha la historia.

Se enmarca pues el reinado de Miguel en una visión filosófica del tiempo: el mártir renació de sus cenizas, a través de sus émulos que forjaron la historia y la identidad del país.

En un segundo momento, unos poetas dejaron de enfocar la gesta de Miguel a través de conceptos históricos más o menos ideologizados para interpretar su sacrificio a través de la cosmovisión africana.

"El romance del rey Miguel" de Manuel Rugeles

El rey Miguel plasmado por el poeta Manuel Rugeles (1904-1954) en "El romance del rey Miguel"[8] adquiere una dimensión nuevamente mítica. Para su sensibilidad exacerbada, los gritos de dolor de los escla-

---

6. Juan Liscano, "Fresco de la muerte histórica", *Nuevo mundo Orinoco*, en *Fundaciones, vencimientos y contiendas*, Caracas: Biblioteca Ayacucho, 1991, pp. 61-62.
7. Para la rebelión de Andresote (1732) y del zambo José Leonardo Chirinos (1795), véase: Miguel Acosta Saignes, ob. cit., pp. 189-199.
8. En: Emilio Ballagas, *Mapa de la poesía negra americana*, Buenos Aires: Editorial Pleamar, 1946, pp. 213-215.

vos de las minas de oro de Buría se transformaban en verdaderas flechas que horadaban sus pensamientos:

> Gritos de la negrería
> desde el socavón minero,
> horadan flechas de odio
> tus más negros pensamientos.

La rebelión de Miguel fue la consecuencia del odio suscitado por las sevicias seculares. No podían aceptarlas sus abuelos cuya sangre corría por sus venas. De aventurero llegó a ser un verdadero "demonio" para la sociedad esclavista, y en particular al agredir de noche la ciudad de Barquisimeto:

> Andabas aquella noche
> con el demonio en el cuerpo.
> En tus venas, en tus ojos,
> en tu alma de aventurero
> llamas de odio encendía
> la sangre de tus abuelos.

Con la libertad por fin alcanzada, la tristeza se transformó en alegría:

> Claro amanecer de Buría
> pisando tierra sin dueños.
> Tierra de júbilo y cantos
> ya libre de cautiverios,
> sin los hierros del oprobio,
> sin las trompetas del miedo.

Al fundar su reino, les brindó Miguel la esperanza a sus flamantes súbditos, les permitió, como por milagro, compensar sus frustraciones y padecimientos:

> Tristes esclavos que un día
> príncipes contigo fueron,
> mayorales o soldados
> de tus negros regimientos

que dieron vida al milagro
de tu alucinado reino.

El ritmo de los tambores sublimó las penas y los duelos, liberando el cuerpo de los antiguos esclavos, dando paso por fin a la felicidad:

Sordos tambores de Nirgua
sacuden penas y duelos
con su bárbaro tam-tam
sobre los ocios del viento.
Guiomar en su reino de oro,
sonriendo va entre sahumerio
de palabras y aleluyas
de los esclavos libertos.

Pero era contar sin las fuerzas represivas que, como un alud, pronto se abalanzaron sobre estos ingenuos libertos cuya felicidad les era inaguantable:

Con tizonas y arcabuces,
adelantados y tercios,
gentes de España en América
llegan por todos los cerros.

La tierra se adornó con la sangre de los heridos:

Vetas abiertas en chorros
de sangre y flor de silencios
mana la carne en suplicio
de negros fusilamientos.

A los que pudieron, no les quedó más que huir desesperadamente como locos:

Lejos de roncos tambores
y clarinadas de incendio,
corre la turbe desnuda
cien caminos sin saberlo.

Pero la muerte de Miguel no fue gratuita, pese a sus funestas condiciones. Significó la libertad por fin alcanzada, lejos de las penas y de la humillación:

> Desde la oscura manigua
> lloran los tamborileros
> tu muerte exhausta de sombras,
> libre de llanto y de ruegos.
> Tu muerte en mitad del alba
> sin pájaros ni luceros.

Soñarán los esclavos, sedientos de dignidad, con un nuevo reinado de Miguel en el más allá, donde todo será placidez:

> Ya otro siglo, Rey Miguel,
> perdido acaso en el cielo,
> buscando minas de oro
> para adornar los cabellos
> de tu reina. Ya otro siglo,
> Rey Miguel, rey de los negros.

Parece que Rugeles no ignoraba el sentido de la muerte en el África negra[9]. No representa el fin de la existencia del ser humano, sino su paso hacia el mundo de los antepasados ("los abuelos") que siguen condicionando la vida de sus familiares. ¿No habría intuido el poeta la influencia de la cosmovisión africana en la lucha del rey Miguel? En este sentido, su reconstrucción poética del personaje, alejándose de la visión enfática de Gorrochotegui, no carece de verosimilitud. Nada que ver por supuesto con lo visión burlesca de Oviedo y Baños.

"El negro Miguel" (1978) de Alí Lameda

Alí Lameda le siguió los pasos a Rugeles, dejando definitivamente de lado el énfasis artificial de Gorrochotegui[10]. La dramática ruptura de Miguel con la edénica tierra africana, que ensalza el poeta en la segun-

---
9. Véase: Louis-Vincent Thomas, *La mort africaine. Idéologie funéraire en Afrique noire*, Paris: Payot, 1982.
10. Alí Lameda, "El negro Miguel", en: *El corazón de Venezuela: suma poética*, Caracas: Ediciones del Congreso de la República, 1978, pp. 52-64.

da parte del poema titulada "Origen" no le hizo incapaz de unirse con la naturaleza venezolana en una profunda comunión animista que le devolvía la pureza del Génesis:

> Y vio que era bueno el suelo lustral,
> y vio que era bueno el aire y que era
> buena la peonía de púrpura real,
> y la palmasola y la enredadera.
> Vio que, seno ardiente de cruda techumbre,
> daba el suelo todo para el hombre allí
> donde se expandía preciosa la lumbre
> con su engastadura roja de rubí.

Pero esta unión se la prohibía la esclavitud, "la ley / de muerte, de furia, de luto y de guerra". En un marco tan fértil, evocado con una metaforización nerudiana, le negaba "la yuca que abre su regia blancura / sideral..." y "el grano de trigo con su bordadura perfecta", brindándole "en lugar de miel el garfio que mata". La tercera parte evoca los maltratos impuestos por la servidumbre, con la animalización del látigo:

> Y un látigo ardiente sin reposo zumba
> sobre las espaldas del encadenado.
> Para él no hay sino el dolor que crispa
> como un desgarrado pellejo la boca
> y martirizante salta en una chispa
> de espanto que rasga todo lo que toca.

La existencia en la mina alcanza una dimensión crística:

> Para otro que regios berilos festonan
> el hombre trabaja y sufre en un hueco
> donde agrias espinas negras lo coronan.

Pero la servidumbre envilece al mismo esclavista:

> La bondad ha huido del alma del hombre
> que aquí sin sosiego, sin pesar, flagela
> carne humana.

De esto tomó conciencia Miguel, "oyendo el gemir sombrío y sangriento" de sus compañeros y "llamó / terrible a sus pobres parias enlutados / de lento gemir" a la rebelión. Sin embargo su discurso no fue de odio sino de justicia, siendo la tierra venezolana lo bastante fértil para mantener a todos:

> Miguel a los hombres hablóles, ardiente,
> del recinto azul de la multiforme
> tierra, y al esclavo mostróle el turgente
> fruto de encarnada rizadura que alza
> el suelo esponjoso de amor para el blanco
> y el indio y el negro de pata descalza.
> Pues por igual abre su sólido flanco
> feraz, para todos, el suelo.

Acordándose quizá de Juan de Castellanos, Lameda hizo de Miguel el paladín de la justicia:

> Hacia el día ardiendo con un tallo rojo,
> sobre árida estera,
> llevó su implacable columna furiosa
> Miguel, y bien pronto su mano ardorosa
> cortó una cabeza y otra, pues si fiera
> el de espuela y cota tuvo el alma, tanto
> como él la tenía
> el que sólo tuvo por pan el quebranto.

Para defenderse de la "turbia legión invasora", se transformaron las uñas de los palenqueros en "garras de fuego y de furia", tropo animalizador de gran significación. La focalización crística evocada más arriba hizo del palenque una "fragante colina extasiada". Toda la naturaleza participa del luto por el "pobre rey negro de amor" que quería

> entre toda boca repartir un trozo
> de ocumo, y a todos dar la luz del día,
> y dar las colmenas y dar el corozo,
> y los enterrados metales que guarda
> el tiempo, y los frutos que da, cuando esponja
> su matriz jugosa la pradera parda
> de seno salino, de aromada lonja.

La preocupación esencial del poeta fue, a partir del discurso evocado por Aguado, poner de realce lo humanista del mensaje de Miguel que hacía de él un verdadero profeta, un Cristo negro, sin olvidar por ello las raíces del cabecilla cimarrón. Para muchas civilizaciones africanas, vuelven los antepasados al mundo de los vivos merced al nacimiento de descendientes suyos, creencia de la cual se aprovechó Alí Lameda en la "Apoteosis" final que no deja lugar a dudas en cuanto a sus aspiraciones sociales:

> Y la tierra, Reina de tu dedo grande,
> gime bajo un cielo de negras pezuñas
> chispeantes, y herida su gemido expande,
> hasta que algún día retornen tus uñas
> floridas, tus rizos de carbón, y vuelva
> tu negra doncella y al viento florido
> otra vez en medio de la amarga selva
> resuene tu viejo tambor dolorido!

La poesía regionalista de fines del siglo XX

Los poetas de la tierra larense, aunque de manera subsidiaria, no podían menos de evocar al rey Miguel, por haber dejado una huella imborrable en la mente de la gente de la comarca. Es una verdadera "encrucijada de los cuatro vientos", aseguró Eduardo Sanoja en 1982, diez años antes de la conmemoración del encuentro de tres civilizaciones. Miguel, a la par de Cristo, es venerado en los cultos populares por su espíritu de resistencia:

> Tierra teñida en las tardes
> por un sangriento arrebol
> que es flecha de jirajara
> y espada de español.
>
> Templo cristiano y profano
> amalgama de la fe:
> tierra del culto hacia Cristo
> y al ánimo del negro Miguel.
>
> Oasis de la huella peregrina.
> Cana ancestral
> de sabios y valientes.
> Tierra de la mano amiga.

Tierra de paz.
Tierra de gentes[11].

Unos años más tarde, Rosario Anzola no se olvidó de la significativa metáfora de Sanoja en la presentación de su libro titulado *Barro, manos y tierra de Lara* (1988)[12]. Para ella, Barquisimeto es "una eterna encrucijada". La arcilla de su tierra permitió la fusión de "los elementos primigenios", entre los cuales sitúa de un modo alusivo a Miguel, coronado por sus congéneres sedientos de libertad:

> Barquisimeto es, desde siempre, una eterna encrucijada.
> ....
> El barro testimonia la fusión de los elementos primigenios
> ....
> La mezcla se consolida en la sangre:
> la primitiva dueña de suelos y cielos,
> la que coronó su monarca de Buría.

Como veremos más adelante, el ensalzamiento real del esclavo rebelde por sus compañeros cimarrones, convertido en coronación por el pintor Pedro Centeno Vallenilla en 1956, marcó profundamente las mentalidades. Si nos atenemos a la visión de la poetisa, la tierra larense es tierra de sublimación de las diferencias, de "amalgamas de la fe", como propuso Sanoja.

3. Ensayos

"El misterio de Buría", "Los tambores de Miguel" (1972) de Manuel Rodríguez Cárdenas[13]

Las famosas minas de Buría, que tantas esperanzas habían suscitado entre los codiciosos conquistadores, quedaron abandonadas después

---

11. Eduardo Sanoja, "Tierra larense", en *Oxido. Antología*, Barquisimeto: Los Rastrojos, 1993.
12. Rosario Anzola, *Barro, manos y tierras de Lara*, Caracas: Gráfica Armitano, 1988.
13. *Entonces el pueblo era pequeño*, Caracas: Ediciones de la Controlaría General de la República, 1972. "El misterio de Buría", pp. 149-153; "Los tambores de Miguel", pp. 183-188.

de los eventos estudiados en el primer capítulo. Por último, se olvidó su ubicación y nunca después se consiguió dar con ellas, pese a los esfuerzos. Todo pasaba como si en estas tierras, donde reinaban leyendas relacionadas con María Lionza, algún encanto mantuviera el secreto. De modo que a Manuel Rodríguez Cárdenas se le ocurrió escribir un texto en su libro de memorias *Entonces el pueblo era pequeño* (1972), dándole un título llamativo: "El misterio de Buría". A fines del siglo XIX, un explorador de origen francés, Julián Saint-Supéry, valiéndose de un vago documento, buscó las minas por las orillas del río Buría, pero –¿víctima de la maldición?– cayó enfermo sin lograr concretar su propósito.

Nos interesan en este corto texto las líneas consagradas a Miguel. No se explaya mucho el autor sobre el personaje, siendo más bien su finalidad poner de realce el encanto que protegía las antiguas minas de la codicia de los seres humanos. Así que calla en particular las circunstancias de la rebelión del jefe cimarrón. Tan sólo precisa que escapó "a lo tupido del monte" para formar "una guerra pintoresca". Sorprende algo lo eufemístico del calificativo, que, a todas luces, no resulta de lo burlesco de las crónicas, sino de la polemología adoptada por Miguel, en particular el hecho de teñir de negro a los indios aliados. He aquí la rápida evocación de la historia:

> Miguel hizo su reino, como sabrá el lector y lo sustentó con sangre. En medio de la noche bajó de la montaña seguido por sus negros cimarrones. Con ellos venía Guiomar, redonda y limpia. Quedaron muchos muertos, sobre el cedazo y el azogue de buscar oro.
>
> Eso hicieron los negros. Al poco tiempo el imperio se vino al suelo, pero quedó sembrada la semilla.

En estas pocas pero sugestivas líneas surgen conceptos manejados anteriormente por la poesía, como el de la germinación: la expresión "Guiomar, redonda y limpia" presenta a la compañera de Miguel como la madre de una nueva humanidad llena de esperanza. De ahí el uso del simbolismo de la "semilla" heredado de los poemas estudiados más arriba. Pero enuncia también Rodríguez Cárdenas otro concepto, explotado más tarde por la novela e incluso la música, a saber el de la redención ("lo [el reino] sustentó con sangre").

En otro ensayo del mismo libro, "Los tambores de Miguel", concedió Rodríguez Cárdenas más sitio a la pareja inicial formada por Miguel y Guiomar. Hizo de Guiomar una negra "del Dahomey". De Miguel, quizá con más acierto histórico si nos atenemos a lo que sabemos de él, dijo que llegó también "de la costa de Guinea". Conocería el autor, al escribir estas líneas, los escritos de los africanistas sobre la famosa civilización del reino de Dahomey[14], o más bien del Danhome, la casa de la serpiente Dangbé, venerada en Ouidah en el templo custodiado por el sacerdote dangbenon. La pitón representa la vida y el movimiento. Los fon de Abomey la llaman Aido Hwédo, el arcoíris.

Guiomar pertenecía al culto vodú, la religión de su tierra natal. Lo había bebido con la sangre materna, cuando andaba a horcajadas en el cuadril de las fornidas negras. Olían a leche y vegetales aquellas negras con vientres como cántaras; reían estridentemente, sacudían los senos como Ayida-Ouedo, la diosa del arcoíris y de la lluvia menuda que canta sobre las hojas. Y de la tierra poderosa junto con el fragor de los elefantes, subió a ella el miedo a la serpiente cobra que dispara Dangbé desde la oscuridad y el don adivinatorio de las posesas mágicas.

Esta última referencia a la adivinanza (Ifa) practicada por los fon y los ewe revela los conocimientos científicos del autor, quien sabe también que el politeísmo local no obstaculiza la creencia en Mawu, el dios superior, creador del universo. Por ser inalcanzable, ciertas tribus de la región no le rinden culto. Sin embargo, nuestro autor hace que en una danza, que remitirá al candomblé venezolano, Mawu se apodere del cuerpo de Guiomar:

Los negros seguían la danza, mirando temerosos hacia arriba ... Giraban los pies, sonaban los tambores. Vueltas, sin fin. Hasta que el dios se metía en el cuerpo de Guiomar. Era Mawu, el dios papa, más viejo y fornido que los otros, membrudo como un orangután. Le gustaba el alcázar caliente de venas y nervios temblorosos que era el cuerpo de Guiomar porque le arropaba como una cobija sabrosa, con negra al costado y jugo de yerbas para emborracharse ... Y Guiomar se estremecía como un junco mecido por el viento, cruzaba las piernas, volvía los ojos, mordía la saliva espesa como arena ... Y hablaba, en dialectos bantúes, cengueres y mandingas, bañada por la sangre del perro decapitado.

---

14. Uno de los primeros en interesarse por estas civilizaciones fue Geoffrey Parrinder, *La religion en Afrique occidentale*, Paris: Payot, 1950.

Esta escena de posesión precede la rebelión de Miguel, harto de tantas sevicias debidas a la codicia de los blancos, cada vez más sedientos de oro. Rodríguez Cárdenas, en una analepsis, se inspira también en los historiadores de la trata de negros en África para evocarlas, con la diferencia que en América los negreros no mataban a los esclavos que valían su dinero:

> Los negros empezaron a llegar, a través de la costa, en largas caravanas, amarrados unos a otros por la cadena del cuello. Si alguno moría el capataz desde el caballo le cortaba la cabeza. Y seguía la marcha de la fila. Sobre la arena, entre el polvo, por en medio de la sed...

Insensibilizados por los zumos de plantas locales, los negros bajaron de la montaña hacia el real, encabezados por Miguel, que caminaba con la valentía de un guerrero africano adornado para la circunstancia, "la cabeza rapada, con una inmensa cruz blanca atravesada encima".

Debido a la imposibilidad de saber cómo los compañeros de Miguel se prepararon para el ataque, siendo la historia la versión de los vencedores, el autor, en busca de cierta autenticidad, se valió de sus lecturas sobre las civilizaciones de la famosa Costa de los Esclavos y de sus conocimientos sobre el candomblé venezolano[15]. Los novelistas finiseculares le seguirían los pasos.

"Historia de Miguel de Buría", "La trata de los negros" (1983) de Francisco Herrera Luque[16]

La empresa del psiquiatra y profesor universitario Francisco Herrera Luque se asemeja un tanto a la de Rodríguez Cárdenas. La *Historia afabulada*, asegura el Narrador del capítulo 172, "no es ficción, fábula o fantasía discrecional del autor [...] La creación literaria es la de la Historia Fabulada Escenificada; una manera de decir lo que es impepinablemente cierto". O sea, que de la polifonía entre el autor, el narrador y diferentes voces surge de una manera dialéctica una visión si no auténtica, por lo menos totalmente plausible.

---

15. Si el candomblé es una manifestación tardía que no remonta más lejos del siglo XIX, no era nada imposible que los bozales practicaran bailes auténticamente africanos, como sugiere Sojo, que tendría mucho que ver con los del candomblé.
16. *La historia fabulada*, Caracas: Pomaire, 1983, vol. 1: "Historia de San Miguel de Buría", pp. 50-53; vol. 3, "La trata de negros", pp. 393-397.

En el capítulo 13 del primer volumen, consagrado a la "Historia de San Miguel de Buría", el "Autor" llama la atención de sus lectores sobre el hecho de que, cuando se efectuaron los primeros contactos entre los portugueses y los africanos, la organización social, el desarrollo técnico y la elevada expresión de algunos pueblos no dejaron de sorprender a los recién llegados. Hecho este preámbulo, el "Narrador 1" esboza un retrato algo estereotipado de Miguel, "hombre inteligente y audaz que a duras penas resistía su condición de esclavo y los malos tratos que su amo le prodigaba". El "Autor" y las diferentes "voces" emiten hipótesis en cuanto a los nobles orígenes del rebelde, quien mató al amo, insurreccionó a los esclavos de Barquisimeto y fundó su reino. Debía de ser muy guapa Guiomar para que le eligiera Miguel como reina. Con una pizca de humorismo realista que corrige el énfasis –rasgo por cierto innovador–, el "Narrador" suministra una visión bucólica:

> Los negros vueltos a su libertad, y teniendo por rey a este Espartaco nuestro, disfrutaron sin duda de efímera y profunda felicidad con sus remedos de corte, palacios de paja, coronas de flores y fornidos nobles de calzón corto con el pecho desnudo.

Haciéndose portavoz de la mentalidad popular, una mujer se complace en imaginar la felicidad de estos "primeros reyes" en "su reino de fantasía". De su imaginación surge el negro Miguel, quien evoca escuetamente su desgracia y su añoranza: "Recuerdo mi tierra lejana … La voz de mi padre … la cebra cautiva … la traición del mar". A su lado se pregunta Guiomar si sus hijos crecerán libres y felices. Mandados por María Lionza aparecen los jirajaras en busca de Miguel. Pero no permitieron los españoles que se concretase esta prometedora alianza, concluyendo el "Autor": "y así terminó el breve reinado de nuestro primero y último rey".

El psiquiatra Francisco Herrera Luque dio a este texto polifónico una forma onírica liberadora cuya analepsis implícita ("*nuestro* primero y último rey") corresponderá a una aspiración popular a la felicidad de la gente de hoy en día. En esta medida, anuncia la apropiación evocada más adelante.

En el capítulo 288, "La trata de negros", del tercer volumen, adopta el autor la misma forma dialogada para ir en busca de un pasado que no dio la palabra a los negros: "los vencidos no tienen nombre propio ni historia". Poco importa entonces la verosimilitud de los eventos anecdóticos, siendo lo importante trazar las grandes líneas de la Historia ocultada. No vacila el narrador en inventar a un rey del Dahomey, llamado Ongo, de religión mahometana, lo cual, dicho sea de paso, no era posible para la época y bien lo sabía Herrera Luque. Acabó en la bodega de un navío portugués, como víctima del sistema esclavista de que sacaba antes gran provecho, concluyendo el capitán "El que a hierro mata a hierro muere". Interviene el "Narrador" para pintar las conocidas condiciones (no tan conocidas que digamos por la gente del común) de la travesía y de la venta en los mercados negreros, soltando por fin, pero sin insistir, que este Omar bien podría ser el negro Miguel. No carece de interés esta rápida hipótesis, cuya afabulación corresponde de algún modo a la realidad histórica, por aludir a una posible conversión de un reyezuelo negro, por fin consciente de lo tremendo de su actuación, en cimarrón libertador de sus congéneres esclavizados en gran parte debido a su codicia. El manejo literario de la paradoja valoriza la redención.

4. La cuentística

"La negramenta" (1936) de Arturo Uslar Pietri[17]

Como declara Steven Bermúdez Antúnez, el negro es un personaje muy conocido de la narrativa corta venezolana, que heredó de los tópicos tan trillados como llevados transmitidos por la literatura española. Su expresión tiene mucho que ver con el habla de los negros de los entremeses. Su actuación, la codifican también los esquemas sociales tradicionales: "El negro es ficcionalizado como un sujeto regulado por sus propensiones más primitivas"[18].

Sin embargo, la visión que propone Arturo Uslar Pietri del negro Miguel se destaca de lo convencional de un modo muy llamativo. A nuestro modo de ver, la amplia evocación de los descendientes litera-

---

17. *Red*, Caracas: Élite, 1936. Para este estudio se ha usado la reproducción disponible en <www.lahojaimpresa.com/.../arturo%20uslar%20p> (4/12/2011).
18. Steven Bermúdez Antúnez, "El negro como personaje en la narrativa corta venezolana: nudos ficcionales para la construcción de una visión", <www.crumrev.com/.../10-vol30-bermudez-pdf>, p. 170, (13/6/2012).

rios del negro Miguel expuesta por J. M. Herrera Salas no consiguió aquilatar debidamente las verdaderas intenciones del literato, si nos atenemos a los comentarios del antropólogo:

> Lamentable nos parece, en contraste, la aproximación al movimiento de Buría que se refleja en el conocido cuento de Arturo Uslar Pietri, "La Negramenta" (1969). Ya en el nombre mismo del relato percibimos el tono peyorativo e ideológicamente conservador con que Uslar se refiere a la revolución de 1553. El Negro Miguel es presentado como un tirano y un traidor a su gente[19].

Efectivamente extraña la visión que suministra Arturo Uslar Pietri del rey Miguel en su cuento "La negramenta", sacado de su obra *Red* (1936), principalmente después de leer las evocaciones de las crónicas referidas. El relato diegético hace caso omiso de una gran parte de los datos analizados más arriba.

Todo empieza con un ambiente que pertenecería más bien a las haciendas azucareras del Caribe, con posibles reminiscencias de *Ecue-Yamba-O* (1933) de Alejo Carpentier[20]. En un "cerro horadado de minas" –es una de las pocas referencias al verdadero entorno– se desarrolla un baile de aspecto vudú, aunque no aparece el calificativo bajo la pluma del autor. El ritmo frenético de los tambores infundió entre los negros una "exaltación" que se traduce por la aceleración del soplo, "el zumbido entrecortado y anhelante, espasmo y delirio…".

Se verifica la escena en la noche de San Juan, durante la cual los fieles del culto vudú rinden homenaje al santo africanizado[21] "San Juan Bari Congo", "San Juan Mara", con "velas encendidas":

---

19. J. M. Herrera Salas, ob. cit., p. 252.
20. Uslar Pietri y Carpentier compartieron la experiencia surrealista en París.
21. En el este y el centro de Venezuela, San Juan es el patrono de los negros, cuya fiesta corresponde con el solsticio de verano, época en que se celebran fiestas relacionadas con la fertilidad en África. Con motivo de estos eventos se utilizan tambores parecidos a los de los mina, en Togo. Véase: Angelina Pollak-Eltz, *Cultos afroamericanos (vudú y hechicería en las Américas)*, Caracas : Universidad Católica Andrés Bello, 1977, pp. 242-243. Juan Liscano, en *La fiesta de San Juan el Bautista*, Caracas: Monte Ávila Editores, 1973, p. 47, trató de la evolución de la fiesta en Venezuela, que se olvidó de "su inspiración religiosa para saturarse de ritmo, de poder orgiástico y de embriaguez energética"; citado por Maurice Belrose, *Présence du Noir dans le roman vénézuélien*, Fort-de-France: Editions caribéennes, 1981, p. 123.

Y su luz se quiebra en el latido y en los cuerpos que ondulan, la carnosa caída de sed, los ojos gachos, las cinturas locas, entre un vaho de sudor acre que embriaga.

San Juan se transforma en auténtico oricha[22] :

> San Juan reina entre las llamas, cercado de infierno menudo, bañado de amuletos, vestido de escamas y de conchas, de frutas y de ecos.

El "gran pulpo del tambor cada vez más rápido" se apodera del cuerpo de las "bailadoras calenturientas", sumiéndoles en el trance, mientras a la distancia duermen tranquilamente los amos. Las exclamaciones de los negros exaltados, al rayar el alba, traducen un anhelo de venganza que surge de sus adentros con palabras de doble filo: "¡San Juan mata el día!", "¡San Juan mata el día!, "¡Saca de la mina la noche!". En el clímax de la exaltación llega Miguel, cuya apariencia física no tiene nada en común con el fornido protagonista de las crónicas: "Ha llegado un negro pequeño y cuadrado, cara chata, ojo frío, gesticulador...". Su presencia impone sin embargo un profundo respeto. Bastan algunas órdenes "breves y duras" para pasar al ataque, que se había preparado ocultando armas. La diégesis no se demora en la rápida agresión, haciendo énfasis en la matanza final de que escapó el ama:

> Dentro de la alcoba, entre sábanas revueltas y encajes desgarrados, desnuda la gruesa carne blanca, el ama grita y forcejea bajo una recia sombra que la oculta, la dobla y la vence.

Este Miguel pues no tiene nada que ver con el guerrero caballeresco de Juan de Castellanos. Se aproximaría más bien al cabecilla de

---

En 1937, el novelista venezolano Rómulo Gallegos, en el capítulo I, titulado "Tambor", de *Pobre negro*, evocó el baile de los negros en la noche de San Juan al son de curveta y del mina "por las minas de Buría y de Aroa, donde el negro abrió el socavón; por Barlovento y la costa de Maya, donde el negro sembró el cacao; por las calles de Aragua y del Tuy, donde el negro plantó la caña, bajo el látigo de los capataces:

–Ya viene la noche oscura.
–¡Ya viene, ya!
–La noche del gran San Juan"
(Rómulo Gallegos, *Pobre negro*, Buenos Aires: Espasa Calpe Argentina, 1965, p. 9).
22. En cuanto a las prácticas afroamericanas en Venezuela, consúltese: A. Pollak-Eltz, *Cultos afroamericanos (vudú y hechicería en las Américas)*, ob. cit., pp. 261-268.

Oviedo y Baños por su aspecto burlesco. No vacila Uslar Pietri en ridiculizarle después de la victoria de su tropa con unos toques bien escogidos: "…en el pie derecho un borceguí amarillo, y en el izquierdo, desnudo, un grueso brazalete de plata", "la espesa cabellera […] reunida en un copete monstruoso…". ¿Y qué decir de la "gran brújula de cobre" que le adorna el pecho? En cuanto a su mujer, la reina Guiomar, la transforma el cuentista en una "negra obesa y sin dientes", lo cual explicaría en parte la actitud libidinosa de Miguel al final del cuento.

Ignora Uslar Pietri el discurso libertador que Aguado puso en los labios de Miguel para concederle a su personaje una actitud autoritaria frente a sus nuevos súbditos, que no se atreven a descontentarle. Embriagado por la victoria, da rienda suelta a lo arbitrario, que pronto desemboca en lo monstruoso. El nombramiento del obispo no lo motiva algún atisbo de respeto por la religión de los antiguos dueños, sino la voluntad de rebajarla a una parodia diabólica: "También me falta un obispo. Un obispo que tenga la llave del infierno". Tendrá más de un brujo que de un sacerdote cristiano el asombroso prelado, a juzgar por el atuendo que le depara el cabecilla negro:

> ¡Tú serás mi obispo! Te pondrás una batola teñida de flor de cayena y de sangre de chivo ; en las patas aros de pelo rubio, en las manos pulseras de pelo rubio, en el pecho collares de pelo rubio y dientes, en la cabeza un gorro con ocho estrellas.

No cuesta trabajo entender que parte de dichos adornos corresponde a los despojos de los vencidos.

La libido de Miguel, corriendo parejo con una manifiesta crueldad, alcanza una dimensión sadomasoquista. Después de ordenar la muerte de un pobre negro por haberse atrevido éste a dar prueba de realismo ("¡Reino de un negro no dura sino la luna!"), exige Miguel que le traigan una mujer blanca. Se pone a besarla con ansia, viendo correr la sangre del prisionero:

> La hace sentar en sus rodillas y la aprieta, besándole con ansia.
> Se siente el quejido del prisionero y de pronto el grito de la mujer, a quien ha mordido en la nuca Miguel, y luego su risa salvaje.
> –¡Mátalo ahora!

Irrumpen entonces los soldados españoles, uno de los cuales le atraviesa el cuerpo con la espada.

Entonces, ¿qué? ¿Deseo de parte de Uslar Pietri de desprestigiar el símbolo de resistencia negra? ¡Cómo podría ser! Comprendió el literato que el rey Miguel de las crónicas no parece muy verosímil. Quizá le sugirió la lectura del texto de Oviedo y Baños que la crueldad de la sociedad esclavista podía enloquecer a sus víctimas. Pero si vino Miguel a ser ese monstruo sediento de venganza, la culpa la tenía esta sociedad, escueta pero significativamente evocada por sus "hierros agudos y sus largos látigos". Esta sugestión, que raya con lo implícito, da su sentido a este aquelarre sangriento. La esclavitud deshumanizó al hombre, lo cual no podía admitir ninguno de los cronistas.

5. La novela

No intentaremos aquí evocar al negro en la novela venezolana, remitiendo al conocido estudio de Maurice Belrose[23] y a otros trabajos publicados después, como el de Andrés Bansart, *El negro en la literatura venezolana* (1984) o el de Marvin A. Lewis, *Etnicity and identity in contemporay afro-venezuelan literatura* (1992)[24]. En cambio nos interesaremos por algunas obras del siglo XX, de índole muy diferente, en que el negro Miguel desempeña el papel de protagonista.

Cantaclaro (1935) de Rómulo Gallegos[25]

Empezaremos nuestra revisión de las novelas venezolanas en busca de las referencias al negro Miguel por una del famoso novelista Rómulo Gallegos, a quien ya hemos aludido. Si el negro desempeña un gran protagonismo en *Pobre negro* (1937), todavía no pasa igual en *Cantaclaro*. Sin embargo, llama la atención un diálogo –o más bien una justa verbal– entre Florentino Coronado y el negro Juan Parao en cuya mente sigue vivo el recuerdo del negro Miguel. No explicita el novelista el porqué, y no queda más al lector que emitir hipótesis sobre la

---

23. Ob. cit.
24. Véase: Aura Marina Boadas, "El negro y lo negro en la narrativa venezolana contemporánea", <www.saber.ula.ve/bitstream/.../2/articulos5-pdf>, (13/6/2012).
25. *Cantaclaro*, Caracas: Biblioteca El Nacional, 2002.

transmisión de la memoria popular merced a la tradición oral, a las veladas, a las décimas, y, posiblemente, al culto de María Lionza. No es el único personaje negro en ocupar un puesto de predilección en las vagas reminiscencias de Juan Parao. Le sigue el Negro primero, o sea, Pedro Camejo, el esclavo que mereció por su bravura el grado de teniente en las tropas libertadoras, de ahí el apodo. Murió en la batalla de Carabobo en 24 de mayo de 1821, e inspiró en el siglo XX a artistas como Pedro Centeno Vallenilla. Lo que retuvo Juan Parao, con algún desengaño, es que ambos, al inicio o al final de la colonia, fracasaron en sus intentos de liberación de los esclavos. ¿No representaría el modesto interlocutor de Florentino Coronado, a principios del siglo pasado, la ignorancia de la población negra acerca de su lejano pasado? Dicho esto, interesa la autenticidad de su expresión:

–¿Ah, Juan Parao? ¿Quién jué el primer libertador de los negros?
–¡Gúa, chico! Como que jué el Negro Miguel.
–¿Y el segundo?
–Sería el Negro Primero, que figura entre los libertadores. Pero ninguno logró su orjeto.
–No estaría el tiempo, como tal vez ahora esté. Por algo dice el dicho que a la tercera va la vencía.

Habrá que esperar más de veinte años para que los novelistas digan más sobre el negro Miguel, haciendo de él un verdadero personaje, aunque todavía de un modo ambiguo, a mediados del siglo XX.

Negro Miguel, el esclavo rey (1956) de Juan Pérez Morales y Enrique Lluch S. de Mons[26]

J. Pérez Morales y Enrique Lluch S. de Mons confesaron en su introducción que había sido elaborada su obra para una posible realización cinematográfica. Los hechos, insistieron, eran históricos, los lugares verídicos y el ambiente real. Sin embargo, se podía llamar novela "por la fantasía que iba unida al hecho histórico".

Pese a esta aseveración, los aspectos históricos se ven reducidos a lo estrictamente esencial: la rebelión de Miguel, la creación del palen-

---

26. *Negro Miguel, el esclavo rey. Novela cinematográfica inspirada en un hecho histórico*, ilustraciones de Moreno, Caracas: Estampados Sarda, 1956.

que, la elección del jefe cimarrón como rey, su casamiento con Guiomar, el nacimiento de su hijo, el nombramiento de su compañero El Canónigo como obispo, la alianza con los indios, la represión dirigida por Diego de Losada. Fuera de esto, los autores dieron rienda suelta a su imaginación desbordante, alejándose muy pronto de la verosimilitud reivindicada. Hicieron de Miguel un antiguo capitán al servicio del sultán otomano Solimán II. Fue hecho preso por los españoles en la batalla de Viena junto con El Canónigo. Después de convertirse al cristianismo sirvió algún tiempo en la Península Ibérica hasta que le vendieron a negreros portugueses por cuenta de los banqueros Welser.

En cuanto a Guiomar, también experimentaron la necesidad los autores de reforzar la dimensión exótica del personaje, quizá para excitar el interés del lector, empezando por su nombre, que pasó de Guiomar a "Gui Omar", que sonaba más a nombre musulmán. Habría visto la luz en Córdoba, "la capital morisca", lo cual es del todo inverosímil, por mucho que dijeran los autores, dado que la reconquista de la ciudad se efectuó en 1236. Hubo confusión en su mente con los moriscos de las Alpujarras, cuya rebelión fue posterior a los hechos referidos. Así que Gui Omar no pudo ser vendida como esclava por doña Mencía Quiñones de Albornoz, deseosa de castigarla por haber suscitado la pasión de su primo y prometido.

El argumento poco tiene que ver con los datos suministrados por los textos archivísticos o épicos conocidos, e incluso con las crónicas, empezando por la amistad entre Miguel y el hidalgo don Julián Bravo, mayordomo de las minas, que hacía más llevaderas las faenas de los esclavos, cuya existencia casi rayaba con lo bucólico, a no manifestarse la ojeriza del mayoral don Pedro de Muñiz, enamorado de Gui Omar. Por si fuera poco, Miguel y don Julián le salvaron la vida al gran jefe de los indígenas de la comarca –no se precisa su pertenencia étnica–, de ahí el profundo agradecimiento de éstos. Vale la pena leer las líneas siguientes para justipreciar la distorsión de esta visión:

> Cantos y danzas del África, de América y de España se mezclaron, quizás por vez primera, para dar paso a la sana alegría de indios, esclavos y colonizadores unidos por la noble acción de Don Julián y el negro Miguel. La tolerancia dulcificó la severidad de los castigos, las minas rendían más, los negros trabajaban y cantaban.

El odio de don Pedro por su rival y su codicia frente a la cantidad de oro extraída acabaron con este marco casi idílico, viéndose Miguel obligado a darse a la fuga y organizar la rebelión. La evocación de la formación del cumbé de los cimarrones es de la misma laya. La escena de la coronación en particular resulta muy "rococó". Relucían las dos coronas de oro y piedras preciosas, los azafates estaban repletos de frutas y flores tropicales y de "collares de oro y plata adornados con piedras de múltiples colores". El Canónigo actuó como si se encontrase en una catedral europea. El discurso del flamante rey se alejó del que citan las crónicas para caer en el idealismo más afectado:

> Si Dios nos ayuda en nuestra empresa, lucharemos por la liberación de todos los esclavos para convertirlos en súbditos libres de nuestro naciente reino, que unido a la noble raza india echará del país a los viles esclavizadores.

Dando pruebas de una excesiva generosidad, Miguel concedió la libertad a los presos españoles durante la ceremonia a cambio del juramento por el Sagrado Evangelio que, desde entonces, ya no serían esclavizadores ni enemigos de los negros o de los indios. Les tocaría prevenir a los habitantes de la Nueva Segovia para que, en el plazo de de 20 días, dejasen libres a todos los esclavos.

1. *Negro Miguel, el esclavo rey* (1956)
de Juan Pérez Morales y Enrique Lluch S. de Mons.
Coronación de Miguel y Guiomar.

No iremos más allá de esta evocación cuya fantasía, contrariamente a lo que se afirmó en la introducción, es sumamente contraproducente. Tan sólo queda añadir que el estilo de las ilustraciones *belle époque* de Moreno corren parejo con el texto, rozando lo insulso e incluso el mal gusto. Si las novelas que presentaremos a continuación acuden a la imaginación para amenizar el relato, distan, con mucho, de incurrir en estos excesos de opereta decimonónica que corresponderían a la voluntad de idealizar el pasado: todo lo contrario de lo que veremos en el último capítulo de esta parte.

Miguel de Buría (1991) de Raúl Agudo Freites

En su novela histórica titulada *Miguel de Buría* (1991)[27], Raúl Agudo Freites, a modo de preámbulo, expone las condiciones de llegada al puerto de la Vela en 1548 de la carabela negrera *Nuestra Señora de la Victoria*, en cuya armazón se encontraba "un negro arrogante y fuerte". Le adquirió Juan de Villegas, prometiéndole la libertad si hallaba el oro que buscaba[28]. Éste es uno de los primeros elementos ficticios de la obra, aunque no pocos mineros del Nuevo Reino de Granada solían otorgar carta de ahorría a los negros descubridores de arenas auríferas. Muy singular también es el hecho de que el amo enseñara la lectura a Miguel con una edición del *Amadis*, lo cual le sugirió quizá al autor el comportamiento caballeresco del personaje en el poema de Castellanos. Y, por si fuera poco, le formó también en el manejo de la espada.

En el transcurso del relato, introduce el novelista analepsis que evocan el pasado de Miguel, nieto de Kele-Kum, del séquito del emperador de una "comarca tan vasta que se emplearía un año en recorrerla". Los datos suministrados al respecto son algo estrafalarios. Evocan la iniciación de Miguel, al lado del sacerdote Obeah, al mundo de la brujería y al culto de los dioses Obbney, Obotalah, Oxala y Oshoshi, que hacen pensar en el panteón fon del antiguo Dahomey[29], cuando la

---

27. Raúl Agudo Freites, *Miguel de Buría*, Caracas: Alfadil Ediciones, 1991.
28. Juan de Villegas, cumpliendo con su promesa, ahorró efectivamente a uno de sus esclavos por haber encontrado una importante "mina de oro". Pero no se trataba de Miguel, sino del negro Francisco, cuyo ahorramiento evocan los testigos de la probanza que dirigió Villegas a la Corona en 11 de abril de 1551. Véase: Hno. Nectario María, ob. cit., pp. 336-391.
29. Obatala es el dios creador.

única referencia documental que encontramos evoca el origen biafara de Miguel.

Con Villegas, participó Miguel en el descubrimiento del oro del río Buría y en la construcción del poblado de la Nueva Segovia, gozando de la benevolencia del amo y padeciendo del odio de su esposa, elemento ficticio que hace progresar el argumento. La muerte de Villegas, un tanto rocambolesca, cambió efectivamente del todo la apacible existencia del negro. No se hizo rogar la viuda para ceder el esclavo a Pedro del Barrio, pese a la libertad prometida por el difunto. La única preocupación del adquiridor consistió en amargarle la vida al siervo, imponiéndole los clásicos maltratos infligidos a los negros. Originaron una toma de conciencia de parte de Miguel de su profunda alienación. A la amenaza de azotes, reaccionó como digno descendiente de guerreros africanos …y como buen lector de novelas de caballería:

> …y si te niegas, te azotaré por insolente y por insubordinado… –terminó al tiempo que levantaba el látigo y lo hacía restallar.
> Miguel lo miró de frente sin sombra de temor. Cuando habló sus palabras eran como cuchillos:
> –Mejor no lo haga *señor*… –La última palabra iba envuelta en un énfasis hiriente.

La orgullosa respuesta le valió el cumplimiento de la amenaza que describe el novelista con un realismo patético:

> El verdugo restalló de nuevo el látigo y luego pasó la mano a lo largo de la tira de cuero, acariciando cada uno de los nudos con sádica voluptuosidad. Se colocó en ángulo oblicuo con el cuerpo yacente y descargó el primer latigazo. El cuerpo de Miguel se contrajo en un espasmo de todos los músculos y en la espalda aparecieron vetas moradas. El verdugo, sonriendo, continuó su ominosa tarea. Al cuarto latigazo brotó la sangre de la espalda del esclavo.
> Miguel soportaba el castigo sin gritar. Emitía un pujido profundo cuando el látigo caía. Al duodécimo latigazo perdió el sentido. El verdugo terminó su tarea con la espantosa sonrisa en los labios. La espalda de Miguel, las nalgas y los muslos eran como una pulpa sangrienta de carne lacerada, de donde manaba sangre hasta el piso de tierra del batey.

Otra analepsis sume al lector en una escena evocadora del vudú dahomeyano que precedió una razia de los negreros portugueses, de la cual cayó víctima Nugsho, supuesto verdadero nombre de Miguel, después de ver morir a su lado a su esposa Naoka.

Pedro del Barrio acabó por ofrecer Miguel a Diego Hernández de Zerpa, otro personaje histórico. Se vio obligado Miguel a compartir la existencia de los esclavos del real de minas, quienes le manifestaban su mayor respeto... en lengua bantú, reconociendo su ilustre ascendencia. Otra prueba de que a Agudo Freites no le importaba la verosimilitud histórica, como se lo permitía el género.

No tardó en formarse el complot, dirigiendo Miguel a sus congéneres un discurso evocador de la arenga de las crónicas. También concernía a los indios sometidos en las minas a las mismas sevicias. Andando el tiempo, adquirió una gran nobleza, haciendo caso omiso de cualquier deseo de venganza:

> Nadie más que yo puede odiar a los españoles. Pero no tenemos que ser innecesariamente crueles. Queremos ser libres y erigir un reino donde impere la justicia y la fraternidad.

La rebelión desembocó en el saqueo del real y la formación de un cumbé. Agudo Freites no se para en el ataque de la Nueva Segovia. Evoca tan rápidamente la existencia de los rebeldes, con la coronación de Miguel por un hombre suyo que hizo de obispo, en un vago contexto animista, contradicción que no carecía de fundamento, según se sabe de las prácticas religiosas de los cimarrones:

> –Kharu, Oshoshi, Obbney, dioses nuestros de la selva y de la lluvia, de la semilla y la fertilidad, bendecid a Ngoshi Miguel, y ayudadles a conducir el gran reino de Buría.

No falta una escena erótica entre Miguel y su compañera Guiomar, que interrumpe la acometida de Diego Hernández de Zerpa. No les dejó a los palenqueros el tiempo de organizarse. El español Escorcha mató a Miguel con un venablo, elemento auténtico según ciertas relaciones. No le quedó a Guiomar más opción que lanzarse al vacío desde la plataforma que daba al río, posible reminiscencia de la historia del quilombo de Palmares en Brasil (1695) donde muchos cimarrones prefirieron tirarse de lo alto de un acantilado antes que rendirse a los portugueses. Durante mucho tiempo se creyó que escogió esta muerte el mismo jefe cimarrón, Ganga Zumba[30].

La novela, pese a su dimensión ficticia, esboza a un personaje que patentiza acertadamente el proceso social y psíquico que pudo llevar a Miguel a una toma de conciencia del todo verosímil. En esta medida, sí que la obra de Raúl Agudo Freites participa del movimiento de redención del negro Miguel.

El reino de Buría (1992) de Miguel Arroyo

Poco tiempo después de la salida de la novela de Agudo Freites, se publicó la de Miguel Arroyo, titulada *El reino de Buría* (1992)[31]. Como cabía esperar, dada la escasa documentación histórica, el autor, en esta voluminosa obra, otorgó un sitio preponderante a la ficción literaria para hacer énfasis en la valorización del personaje de Miguel. Él también hizo del rebelde un miembro esclarecido de la sociedad yoruba, cuya civilización llamó la atención de los más ilustres historiadores del África occidental en el siglo xx. Se presenta Miguel –o más bien "Olujimi"– a Guiomar como procedente de Ifé, la prestigiosa capital del reino yoruba. En un sueño se ve adornado con los símbolos de la realeza del *oni*[32], con Guiomar sentada a su lado:

> Guiomar aparece sentada, muy erecta, con las manos apoyadas en los muslos. Su cara está surcada por finas incisiones que, siguiendo las formas del rostro, hacen más hermosas y sutiles sus modulaciones. Lleva una corona, adornada con grandes cabochones, que remata en un cono escalonado, emblema de su poder y de su gente. De su cuello cuelga un collar de piedras de colores, dispuestas en conjuntos de quince piedras cada uno. Cada conjunto, treinta y uno en total, está separado del otro por una pepa de oro.
>
> Él también aparece sentado, pero en su mano derecha tiene un cetro y en la izquierda un cuerno de macho cabrío. También lleva pulseras, colla-

---

30. Las películas *Ganga Zumba* (1964) y *Quilombo* (1984), del brasileño Carlos Diegues, escenificaron la resistencia de Ganga Zumba.
31. Miguel Arroyo, *El reino de Buría*, Caracas: Monte Ávila Latinoamericana, C.A., 1992.
32. *Oni* era el título que llevaba el rey de Ifé. Hacia 1300, el *oni* mandó a un hijo suyo a Benín donde la civilización yoruba alcanzó todo su esplendor.

res y adornos, y una corona que, además del emblema, tiene un fruto en su tope. En cada pedestal hay un letrero: "Oni Miguel", dice el de él, "Oni Guiomar", dice el otro[33].

Esta larga cita prueba que Miguel Arroyo se informó con rigurosa precisión, posiblemente merced a los catálogos de exposiciones o libros de arte sobre el reino de Benín, que representan las famosas chapas de latón, adornos de los palacios yorubas en el siglo XVI, expuestas ahora en el British Museum de Londres. En ellos aparece el *oba*, o rey de Ifé, con los adornos descritos por el novelista. Pero hay más: la descripción pormenorizada de Oni Guiomar, no puede menos de hacer pensar en la conocidísima cabeza de bronce de la reina madre Idia, madre del *oba* Isigie, con sus escarificaciones en la frente y su toca en forma de "cresta de gallo", formada por sartas de perlas de coral, que se conserva en el Museum für Völkerkunde de Berlín[34].

A lo largo de la novela Guiomar actúa como una curandera africana, de una gran experiencia antes de verse reducida a la esclavitud, y muy deseosa de aprender los conocimientos de los indios jirajaras en la materia. Por si fuera poco, resulta ser una poderosa hechicera. Se venga de su violación por el Adelantado haciéndole perder los sesos, y, con un brebaje especial, permite a Miguel caer en un sueño premonitorio de su encuentro con los jirajaras después de su fuga del real de minas de Buría.

Las analepsis de la novela patentizan también de parte del autor un buen conocimiento de los horrores del comercio negro, en una época en que, en varios países, se estaba preparando la proclamación de la trata como un crimen en contra de la humanidad. Fuera de estos aspectos, de primera importancia, lo interesante de la obra de Arroyo es la evocación de la alianza entre Miguel y los jirajaras, merced a la mediación del indio ladino Santiago. A cambio de su ayuda, el jefe solicita la colaboración de los esclavos del real para atacar a los españoles que ocupan parte de su territorio, y representan una amenaza para el porvenir de su comunidad. La existencia de Miguel entre los indíge-

---

33. Ob. cit., p. 28.
34. Para más sobre estas chapas y cabezas, se consultará: Paula Ben-Amos, *L'art du Bénin*, Paris: Rive Gauches Productions, 1979. Gran parte de los libros de arte sobre África presentan fotos de estas obras de arte características de la civilización yoruba.

nas es pretexto para exponer sus creencias que el futuro caudillo negro aprende a respetar, debido a sus semejanzas con las de su juventud africana. Le prestan sus servicios los mejores artesanos para la construcción de la ciudad que acogerá a los fugitivos de Buría. Se inspira vagamente el novelista de las escasas referencias encontradas en el poema de Castellanos, prefiriendo insistir en el sueño de Miguel, ansioso de plasmar un "reinado con un Oni como cabeza". Su compañero Jonás[35], antiguo curandero en África, si bien no abandonó su ciencia en materia de farmacopea, se adhirió sinceramente a los nuevos conceptos impuestos por los religiosos cristianos. Para premiarle por su fidelidad, Miguel ordena la construcción de una iglesia donde Jonás no vacila en ejercer de obispo.

Listos por fin para enfrentarse con los vecinos de la Nueva Segovia y cumplir así la palabra dada a los jirajaras, los súbditos de Miguel no consiguen concretar su aspiración. Hecho preso, Jacinto, a quien habían mandado como espía, revela, bajo los efectos del tormento, cómo llegar a la capital cimarrona, protegida por un relieve accidentado y una densa vegetación. Así, Losada pudo organizar el ataque que coge por sorpresa a los palenqueros, muriendo Miguel a manos del capitán Diego de Escorcha, antes de que haya nacido su hijo.

Pasa por alto Miguel Arroyo varios episodios, como el ataque de Miguel a la Nueva Segovia para lanzarse en desarrollos extradiegéticos, por ejemplo sobre la vida de los soldados españoles antes de su paso a las Indias, destinados a la *captatio benevolentiae*. Incluso hace abstracción del discurso de libertad y de igualdad dirigido por Miguel a sus hombres. No le interesaba prestar a su personaje una visión que pareciera algo artificial, dadas las crueles experiencias que padeció. Sin embargo le insufló una gran reverencia por la civilización indígena, basada en una cosmovisión ampliamente compartida, pese a livianas diferencias. Al fin y al cabo, la novela es la historia de un encuentro entre dos civilizaciones víctimas de la agresión colonial. Fue lo que quiso poner de realce el novelista, en el momento de la conmemoración del quinto centenario del descubrimiento del Nuevo Mundo que tanto habló de las "tres raíces". Aparece pues Miguel si no como un ser

---

35. No carece de sentido la elección del nombre. El profeta Jonás exhortó a Nínive para que hiciese penitencia. Además, según el *Libro de Jonás*, todos los hombres merecen la salvación.

dotado de una mirada trascendental, por lo menos como un hombre de profunda sabiduría, preocupado por la felicidad de sus nuevos súbditos que suponía no sólo el rechazo de la perversa sociedad colonial, sino también el mayor respeto por la idiosincrasia de sus huéspedes.

Para concluir sobre este capítulo, resulta del todo imprescindible acudir al trabajo pionero de Manuel Rodríguez Cárdenas. En su obra *El estado Yaracuy* (1966) hizo énfasis en el hecho de que los "bozales", como se solía decir, arrancados por los negreros de las costas africanas, no estaban todos dispuestos a dejarse dominar sin reaccionar por los esclavistas. En el siglo XX, la historiografía efectuó notables progresos en cuanto a las civilizaciones africanas, que hicieron retroceder los tópicos tan trillados como llevados elaborados por la trata a través de los siglos, según los cuales los negros eran unos salvajes que no distaban mucho del estado animal. Merced a estos aportes, el ensayista reinterpreta el levantamiento de Miguel en el real de minas de Buría:

> ...el Real de Minas en que, con motivo de la explotación, se avecinaron alrededor del Real numerosos negros, entre los cuales vino uno procedente quizá del Dahomey, con las viejas costumbres de su raza, las características de su región y los recursos intelectuales que caracterizan a una de las más avanzadas y definidas regiones de África.
>
> Ése fue Miguel...

Nunca, por cierto, se sabrá de veras de dónde exactamente vino Miguel[36]. Pero si no pertenecía a los reinos de Ardá, de Abomey o de Porto Novo, que constituyeron a fines del siglo XIX el Dahomey colonial, bien pudo proceder efectivamente de comarcas vecinas que gozaban de parecida estructuración política, social y cultural. Se sabe ahora que algunas víctimas del comercio humano pertenecían a la élite de prestigiosos reinos.

Pero hay más. Rodríguez Cárdenas, con el poder sugestivo de una imagen clásica, puso de realce el significado de la proyección retrospectiva efectuada por los literatos venezolanos:

> ...Miguel es vencido. Desaparece bajo las armas de fieros capitanes, entre los cuales figura nada menos que Diego de Losada. Pero vencido,

---

36. Hemos visto que en la primera documentación archivística, se alude al origen biafara de Miguel.

destituido, aniquilado, Miguel quedará para siempre como una semilla de rebeldía[37].

De la muerte de la semilla brota la vida, por mucho tiempo que requiera el proceso de germinación. Al fin y al cabo poco importa el plazo: la actuación de Miguel adquirió una dimensión atemporal, como lo da a entender el presente de narración. No hubo corte epistemológico, tal como lo definió el filósofo francés Louis Althusser[38]. Obviamente Rodríguez Cárdenas considera la herencia de la gesta de Miguel a través del prisma hegeliano de la contradicción dialéctica: la muerte es la condición del renacimiento[39].

---

37. Manuel Rodríguez Cárdenas, *El estado de Yaracuy*, Caracas: Universidad Central de Venezuela, 1966, pp. 93-94.
38. L. Althusser adoptó para la historia el concepto de "ruptura epistemológica", que propuso Gaston Bachelard (1884-1962), según el cual la historia de las ciencias resulta de manifiestas discontinuidades, constituyendo cada progreso un "corte epistemológico" frente a un conocimiento anterior (*v. gr.*: química *vs.* alquimia, astronomía vs. astrología). Para más sobre el sentido que dio Althusser al concepto, se consultará: *Eléments d'autocritique*, Paris: Hachette, 1974, cap.1, "La coupure", pp. 17-39.
39. Se transfigura la muerte, pasando de la negación (el no-ser) de la individualidad singular a la universalidad del espíritu que vive en su comunidad, muere en ella cada día y resucita. *Phénoménologie de l'Esprit*, traducción de Jean-Pierre Lefebvre, Paris: Aubier, 1991, VII La Religion, p. 507.

Capítulo cuarto
Brotes artísticos del siglo xx

La poesía recuperó al personaje histórico de Miguel, de quien, al fin y al cabo, no se sabía mucho, fuera de los peyorativos estereotipos impuestos por la mentalidad colonial a través de las crónicas. Le siguió los pasos la literatura de ficción, en busca de verosimilitud, de modo que se plasmó, en unos decenios, a un Miguel mucho más de acorde con los nuevos conocimientos científicos da varias índoles y, principalmente, con las aspiraciones del siglo xx. A mediados del siglo, el movimiento de reconstrucción alcanzó el dominio de las artes pictóricas, con la influencia del comprometido muralismo mexicano. Necesitaba el país forjarse un *continuum* espaciotemporal, como lo sugiere la tarea confiada por los militares al pintor Pedro Centeno Vallenilla. Su reinterpretación resultó fundamental para los decenios venideros, y en ella el rey Miguel ocupa un puesto trascendental, totalmente opuesto a la imagen heredada de la época colonial.

1. Obras pictóricas

Murales y mosaicos

La Nacionalidad *(1956) de Pedro Centeno Vallenilla*

Es del todo imprescindible pararse en la evocación del rey Miguel realizada por Pedro Centeno Vallenilla en su mural *La Nacionalidad* (1956), expuesto en el Salón Carabobo del Círculo de las Fuerzas Armadas de Caracas[1]. Cita Herrera Salas la descripción de Héctor Rivero Cordero:

> A la izquierda en la alegoría de la Conquista, haciendo de figura central, de espaldas al gran árbol de la esperanza, está la abatida figura del Rey Miguel, un raído manto de púrpura envuelve su musculosa desnudez, en la cabeza una corona de oro con signos visibles de maltrato. Su mirada cabizbaja se pierde a través de un milenio de desconsuelo, mientras a su lado galopa el huracán de la guerra que dieron otras razas, porque la de él yacía vencida por el puño de plomo del hispano. Sin embargo, Miguel adquiere estatura, para proyectar con el Sol de los siglos su sombra de gigante, sobre el anfiteatro formado por la gran tragedia de la Conquista[2].

Acertó Rivero Cordero insistiendo en "la musculosa desnudez" de Manuel, envuelta en un "raído manto de púrpura", y en su "corona de oro con signos visibles de maltrato". Estas dos prendas recuerdan irremediablemente el calvario de Cristo. Este aspecto crístico hace de Miguel el Redentor, no de la humanidad, por cierto, sino de sus congéneres reducidos a la esclavitud. A la corona de espinas, sustituyó el pintor una de oro, por, nos parece, dos motivos. Si el reino de Jesús no era de este mundo, lo era el de Miguel, por muy efímero que fue. Justa compensación, bien mereciera que su corona fuera de oro, por ser este metal la causa de su cautiverio. Además, los reyes de la costa occidental de África –en particular en la Costa de Oro (abron, akan, agni, bau-

---

1. J. M. Herrera Salas trata de las obras siguientes: Pedro Centeno Vallenilla, *La Nacionalidad* (1956, Salón Carabobo del Círculo de las Fuerzas Armadas en Caracas); Claudio Cedeño, *La rebelión del negro Miguel* (1960, Casa Sindical de San Felipe en Caracas); Gabriel Bracho, *Mural Venezuela* (1970, Instituto Escuela de Caracas); César Rengifo, *Los precursores* (1971, avenida Los Próceres en Caracas); Efraín López, *Los precursores* (Fuerte Tiuna en Caracas).
2. Héctor Rivero Cordero, "El Caudillo de Buría", en *La alborada de Tierra Firme*, Caracas: s. e., 1970, p. 207; citado por J. M. Herrera Salas, ob. cit., p. 234. Para este trabajo hemos utilizado la edición del Fondo Cultural del Banco del Caribe, Caracas, 1968, pp. 197-207. Es de notar que H. Rivero Cordero se negó a prestarle a Miguel una visión revolucionaria que fuera anacrónica, prefiriendo insistir en la influencia de sus orígenes: "Miguel se conformaba con un pequeño reino a imagen y semejanza del que sus antepasados armaron sobre la tierra maldecida del Continente Negro". Se inspiró en la escueta descripción de Juan de Castellanos para evocar el palenque de Curdubare y en la novela POBRE NEGRO de Rómulo Gallegos para los bailes: "De noche roncaban los tambores como pumas hambrientos. Las fogatas lamían el cuerpo húmedo de los negros que danzaban frenéticos a su alrededor, haciendo figuras misteriosas al son de curbetas y minas".

lé y ashanti)–, no muy lejos del lugar de donde posiblemente procediera Miguel, solían cubrirse la cabeza con tocas ceremoniales adornadas con chapas de oro[3]. Por estos dos motivos otro pintor, Efraín López, en su mural LOS PRECURSORES, que se encuentra en el Fuerte Tiuna del Ministerio de Defensa de Caracas, representaría al negro Miguel con la misma corona.

A diferencia de Cristo, Miguel no está clavado en una cruz de maderos. Le representó Centeno Vallenilla de pie, apoyado en un árbol robusto, aparentemente abatido, pero vigoroso y agarrado a un modesto cetro roto. No deja de ser amenazador su aspecto, pese a su andrajosa túnica. Nada que ver con el hierático y enjuto guerrero español de barba cana que domina con altivez el marco desde lo alto de su rocinante[4].

Pero hay más, que no podemos entender sin referirnos a la segunda parte del tríptico *La Nacionalidad*. Si relacionamos las dos partes, como tuvimos la oportunidad de hacerlo en el mismo salón Carabobo, salta a la vista la semiología del conjunto. Permítasenos, para mejor valorizarla, proponer el esquema que viene a continuación.

Si el hierático jinete español consiguió vencer al rey Miguel, su derrota no significó el fin de la esperanza. De él sale un eje ascendente que lleva a la figura de Simón Bolívar, sublimada a lo pantocrátor, para significar la continuidad: no hubo pues ruptura entre las dos luchas. El Libertador asume todo el pasado del país desde la época prehispánica hasta la victoria de Carabobo, uniendo a las tres razas en el mismo combate.

Los precursores *(1972-1973) de César Rengifo*

En la misma avenida Próceres[5], donde se encuentra el Círculo de las Fuerzas Armadas, se yergue en forma de tríptico el mosaico de Cé-

---

3. El oro producido en la costa del mismo nombre era tan abundante que llegaba a Europa a través del desierto, antes de que los portugueses lo "rescataran" en los ríos de Guinea. Los jefes tradicionales siguen usando hoy en día estas tocas durante las ceremonias
4. J. M. Herrera Salas presenta una reproducción de los dos murales en su obra (ilustraciones 6 y 5).
5. En la majestuosa avenida Próceres se levanta el imponente monumento que dedicó la nación a los precursores de la Independencia. Pero el representante de los caudillos cimarrones que lucharon en pro de la libertad de los esclavos no es el rey Miguel, sino José Leonardo Chirinos. Acabó por imponerse su figura en el arte popular o naíf. Aparece por ejemplo en *El portal de la reina María Lionza. Tradición de Venezuela* (1999), de Yaqueline Tovar Pérez, que se podía ver en la exposición

ESQUEMA DE LAS DOS PRIMERAS PARTES DE LA NACIONALIDAD

Arco iris, cabezas de serpientes, María Lionza, Hombre jaguar, Robustos indios guerreros con collares y flechas	Árbol		Árbol		Simón Bolívar	Criollos (en primer lugar Francisco de Miranda) / Ejércitos de la independencia
	Rey Miguel	Conquistador		Indios guerreros / Ejércitos de la independencia		
PRIMERA PARTE DEL TRÍPTICO				**SEGUNDA PARTE DEL TRÍPTICO**		
Creencias prehispánicas	Aparente fracaso de Miguel, cabizbajo, corona mellada, túnica roja andrajosa, collar con medalla de Carlos V	Conquista y dominación guerrera			Formación de una nueva identidad: tres operarios atléticos esculpen el nuevo escudo de la nación: -un blanco a la izquierda, -un negro en el centro, -un indio a la derecha	

La Nacionalidad de Pedro Centeno Vallenilla
Detalle: primera parte, el rey Miguel.

La Nacionalidad de Pedro Centeno Vallenilla
Detalle: segunda parte, la elaboración del escudo nacional.

sar Rengifo titulado *Los precursores*, con la fecha 1972-1973. Destacaremos algunos elementos que nos permitirán entender mejor el sitio concedido a Miguel en el conjunto.

Primera parte del tríptico: la conquista

1. Evocación de la conquista, justificada con motivo religioso, o sea, la enseñanza del cristianismo, como lo da a entender claramente la referencia al requerimiento.

2. Suplicios impuestos a los indios por los conquistadores para sacarles oro (presencia del talego de pesos de oro).

3. El padre Bartolomé de las Casas con un cadáver de indígena en los brazos. Detrás de él, aparece un esclavo negro, lo que da a entender que la servidumbre del africano en el Nuevo Mundo es una consecuencia directa de la lucha del religioso por el indio.

Segunda parte del tríptico: la colonia

1. A la izquierda, la esclavitud como base del sistema sociopolítico con la referencia al código negro.

2. Un negro cargado de hierros y una negra con un candil asisten al velorio de un negro muerto por maltratos.

3. Por detrás el rey Miguel con corona de oro y túnica roja, referencias evidentes a la visión de Centeno Vallenilla, pero con lanza en mano y el puño izquierdo levantado. El rey Miguel simboliza así las luchas de todos los esclavos.

Tercera parte del tríptico: la independencia

1. Evocación de la victoria de Carabobo.

2. El rey Miguel no murió: sigue vivo su espíritu a través de los negros que lucharon por la independencia al lado de Simón Bolívar.

Es obvio pues el lazo entre las dos obras. César Rengifo reinterpreta de un modo más sugestivo la continuidad sugerida por Pedro Centeno Vallenilla.

"Los tejedores de sueños" que tuvo lugar en la Galería de Arte Nacional de Caracas en 2012.

Los precursores de César Rengifo,
Detalle: segundo tríptico, el rey Miguel.

Dejando de lado estos conocidísimos ejemplos, no faltan las obras pictóricas que tratan de la resistencia negra. En mayo de 2011 se expuso en la Casa Museo Arturo Michelena, en Caracas, una muestra de nueve piezas de los artistas Armando Barrios (1920), Carlos Cruz Díez (1923), Pedro León Castro (Puerto-Rico, 1913) y José Fernández Díaz, cuyo tema giraba en torno a la resistencia en Venezuela de hombres y mujeres arrancados de África por los negreros. Estos trabajos, acuarela, óleo y tinta china, se refieren a las rebeliones de los cimarrones, de los negros perleros, al levantamiento de Andresote (Andrés López del Rosario), Guillermo Rivas, Miguel Jerónimo, José Leonardo Chirinos y, por supuesto, a la rebelión del negro Miguel[6].

---

6. *Muestra pictórica sobre movimientos populares preindependentistas,* inaugurada el 5 de mayo de 2011, <www.avn.info.ve/node/57357, consultado el 26/5/2012>.

Simón Noriega subrayó la importancia para estos pintores del realismo social de la reivindicación del negro y su mundo:

> Si la cultura negro-africana era uno de los componentes fundamentales de nuestra nacionalidad se hace necesario reivindicarla, o redimirla de la *capitis diminutio* a la cual había sido sometida desde los tiempos de la colonia[7].

El título de la exposición, *Muestra Venezuela preindependentista y sus movimientos populares*, es muy significativo de la proyección semiológica que efectuaron los responsables actuales, en particular de la representación pictórica de la gesta de Miguel.

Cómics

El rebelde negro Miguel. Primer grito contra la esclavitud en Venezuela *(1981) de Manuel Pérez Vila y Galazzo Bentivoglo*[8]

Este trabajo del destacado historiador hispano-venezolano Manuel Pérez Vila, como guionista, y de Galazzo Bentivoglo, como ilustrador, sólo comparte el tema con las obras anteriormente referidas. Se imprimió en España, y tuvo la ventaja en su tiempo de proponer a la juventud una versión gráfica muy estereotipada e incluso ingenua de los hechos referidos por las crónicas. Vale la pena resumirla.

Empieza la historia *in media res*. Un grupo de negros esclavos de los españoles de la Nueva Segovia y algunos indios de las encomiendas, vigilados por soldados armados, está caminando hacia las minas de oro de San Felipe de Buría. Miguel, con mucho ánimo, le salva la vida a un indio jirajara agredido por un tigre. Llegados al real, negros e indios trabajan sin descanso, duramente castigados por mineros españoles armados de largos látigos, lo cual no le impide a Miguel enamorarse de Guiomar, con quien se casa al poco tiempo. Muy pronto nace un hijo. Pese al trabajo, la vida en el real no hubiera carecido

---

7. Simón Noriega, *El realismo social en la pintura venezolana. 1940-1950*, Mérida: Universidad de los Andes, 1989, p. 93.
8. Pérez Vila, Manuel (guión), Bentivoglo, Galazzo (ilustraciones). *El rebelde negro Miguel. Primer grito contra la esclavitud en Venezuela*. Barcelona: Ediciones Mario González, c. a., 1981.

pues de una dimensión bucólica, sin el perverso comportamiento del capataz.

Hombre desvergonzado que no vacila en robar el oro de los dueños de las minas, le toma inquina a Miguel, demasiado feliz a su modo de ver con Guiomar, quien despierta su lubricidad. Después de atarle en el rollo, no se harta de darle latigazos. Muy agradecidos por haber salvado Miguel a uno de ellos, los indios le liberan sigilosamente de sus lazos, permitiéndole refugiarse en el bosque. Allí acaba por reunir a unos esclavos fugitivos con la intención de atacar las minas. En un lugar bien protegido, construye su poblado, haciéndose coronar rey y nombrando como obispo de la comunidad a un compañero suyo, apodado "el canónigo". Llegado el momento oportuno, el flamante rey pasa al ataque de la Nueva Segovia, valiéndose de la ayuda de varios indios teñidos de negro. Pero el enfrentamiento se vuelve a favor de los españoles, viéndose obligado Miguel a adentrarse de nuevo en el tupido bosque. Los vecinos piden socorro al pueblo de El Tocuyo, de donde llega muy pronto Diego de Losada. La agresión coge por sorpresa a los cimarrones. Una lanza le traspasa el cuerpo a Miguel y a Guiomar tan sólo le da tiempo para confiar su hijo al cacique jirajara.

Los indios acaban por encontrar el oro robado por el codicioso capataz y lo echan en el fondo de una quebrada para acabar con la maldición. Por fin el capataz y sus cómplices se ven condenados a muerte en la Nueva Segovia por Losada, como sumo justiciero.

El rebelde negro Miguel. Primer grito contra la esclavitud en Venezuela (1981) de Manuel Pérez Vila y Galazzo Bentivoglo. Bodas de Miguel y Guiomar

Íd. Muerte de Miguel.

Por cierto, el guionista respetó en parte los datos suministrados por sus fuentes (las crónicas de Aguado, Simón, Oviedo y Baños) y los estudios de Acosta Saignes (*Vida de los esclavos negros en Venezuela*). Introdujo sin embargo numerosos elementos patéticos o novelísticos destinados a la *captatio benevolentiae*, de modo que la obra no nos parece merecer el calificativo de "ensayo" para jóvenes que le concede Herrera Salas con mucha indulgencia. No es más, al fin y al cabo, que una tira de viñetas sin mucho interés literario o gráfico. En este sentido, la relacionaremos con la "novela cinematográfica" de Jesús Pérez y Enrique Lluch S. de Mons, *Negro Miguel, el esclavo rey*, aunque nos parece menos cursi y un poco más próxima a las fuentes.

2. Coreografía y música

Romance del Rey Miguel de Ángel Sauce (1911-1955)

El poema de Rugeles inspiró a artistas de otros dominios de las Bellas Artes. Habría que estudiar, lo cual está desgraciadamente fuera de nuestro alcance, cómo en el ballet *Romance del Rey Miguel* de Ángel Sauce (1911-1955), la coreografía, aliándose con la música, participa de una manera innovadora en la deconstrucción del personaje mítico para intentar reconstruir la realidad psíquica del personaje histórico. Se presenta la obra, que se dio en el Conservatorio Nacional de Música Juan José Landaeta de Caracas, como un ballet nacionalista donde se utilizan instrumentos autóctonos. Sin mucho riesgo de error, se puede deducir que el artista, valiéndose de la semiología del baile en el África negra, donde esta manifestación corpórea, más que divertimiento o creación artística gratuita, es unión con el cosmos, valorizó esta dimensión ontológica del baile que le permitió al esclavo negro en América sublimar sus penas[9].

---

9. Uno de los mejores intentos de reconstrucción de la semiología del "baile de negros", tan vilipendiado en la época colonial en toda Hispanoamérica, es el del musicólogo cubano Alejo Carpentier en *Consagración de la primavera* (1978), donde escenifica la toma de posesión del bailarín por "los dioses". Véase: Jean-Pierre Tardieu, *Del diablo mandinga al muntu mesiánico. El negro en la literatura hispanoamericana del siglo xx*, Madrid: Editorial Pliegos, 2001, p. 119.

El Negro Miguel (1965) de Pedro Blanco Vilariño y Héctor Pellegatti

En 1965, Pedro Blanco Vilariño escribió el drama *El Negro Miguel*, que sirvió de libreto a la ópera del mismo nombre compuesta por el italiano Héctor Pellegatti, establecido en Barquisimeto, que se estrenó el 18 de noviembre de 1973 en el teatro Juáres[10]. De la misma manera debió de valorizar el libretista los sentimientos de Miguel frente a su tremenda condición impuesta por la sociedad colonial, como lo dan a entender el interludio "Españoles esclavistas temblad", el dúo de amor entre Miguel y Guiomar y el aria de Diego de Losada que la nueva tecnología brinda al público internacional[11].

El Negro Miguel, ópera de Héctor Pellegatti.
El dúo de amor (1973).

Cabe justipreciar esta redención, que, entre varios grandes capitanes de cimarrones, tan sólo mereció el rey Miguel. Es profundamente significativo que en Venezuela dos sectores de las Bellas Artes tan convencionales e incluso tan elitistas como el ballet y la ópera, en su afán

10. <http://www.youtube.com/watch?v=¡EuMZOPAn4E>, (25/3/2012).
11. Merced a Youtube, se puede ver y escuchar, en versión concierto, estos grandes momentos de la ópera interpretados el 29 de abril de 2010 por la Orquesta Sinfónica de Lara y los Coros de la Compañía de Ópera de Occidente bajo la dirección de Torcisio Barreto en el Auditorio Ambrosio Oropeza. En el interludio canta Jorge Paez como el negro Miguel; en el dúo de amor cantan la soprano Mariana Ortiz y el tenor Francisco Morales y en el aria de Diego de Losada, Gregory Pino.

modernista del siglo XX, se hayan interesado por la lucha del rey Miguel, sacada del olvido por los historiadores y reinterpretada luego por la literatura.

La cantata del rey Miguel (2008) de Tomás Jurado Zabala

Por fin, no se puede silenciar la creación en 2008 de *La cantata del rey Miguel*, obra del escritor Tomás Jurado Zabala, del director Carlos Arroyo y del grupo Teatro Negro de Barlovento. *Corneta, semanario cultural de Caracas*, en su número 19 del 13 al 19 de noviembre de 2008, puso de realce los objetivos de la manifestación, reproduciendo una reseña del blog "El espectador venezolano" de E. A. Moreno-Uribe[12]. Arroyo puntualizó lo siguiente:

> Quienes han divulgado la historia de Miguel se han limitado a presentar los hechos como una aventurilla graciosa, cuestión que ha llegado a mostrarlo como un personaje caricaturesco sin ninguna importancia y por ende prácticamente desaparecido en las penumbras del olvido donde van a parar los personajes sin historia [...] De este personaje excepcional se hace necesario resaltar su poder de convencimiento, su inteligencia, su valentía y su capacidad militar. Funda el reino libre de Curduvaré, a principios de 1553. Se erige rey, nombra un sacerdote y lo que sería una especie de ministro de guerra. Se declara hombre libre en territorio libre. Ordena la construcción de viviendas para los que siguen incorporándose y declara la libertad de todos los que están en su reino.

No se equivocó Arroyo tratando de la representación caricaturesca que forjaron los cronistas, en la medida en que, como hemos notado en los capítulos anteriores, los últimos de ellos hicieron de Miguel un ser burlesco. Sin embargo no significa que el personaje creado de esta manera no tuviera "ninguna importancia" para la sociedad esclavista: esta construcción hizo de él precisamente el chivo expiatorio de temores que rayaban con la psicosis. Dicho esto, acertó Arroyo al decir que el negro Miguel fue

> el primer revolucionario de América, pues su idea de independencia quedó sembrada en el espíritu del venezolano a partir de su llegada a

---

12. <www.corneta.org/No_19/corneta_La cantata_del_rey_miguel.htlm>, (3/4/2012).

Venezuela en 1552, y su alzamiento antiesclavista inmediatamente después; hecho que significó un accidente importantísimo en la vida de los conquistadores, pues durante tres meses ese ex esclavo, con unos 50 más, entre negros e indios jiraharas, puso en jaque al imperio español, para morir en 1553.

Se solicitó para este espectáculo a un grupo teatral negro, con introducción, según la reseña, de "canciones, bailes, ritos y otras manifestaciones culturales afroamericanas", con el fin de "mostrar las raíces africanas en el folklore criollo". De modo que la cantata "a su vez es una especie de desagravio por las vejaciones y atropello cometidos por el invasor europeo, además de exaltar la diversidad cultural entre negros e indígenas".

Por si fuera poco, de esta redención, a diferencia de la que significó la ópera evocada más arriba, se encargó un grupo teatral negro, intercalando manifestaciones culturales afroamericanas. Y en esta medida llevaba toda la razón el articulista hablando de "desagravio".

En este mismo número de *Corneta* se puede ver una foto de la representación de la cantata por el Teatro Negro de Barlovento. El rey Miguel presenta su hijo a su pueblo, erguido en sus hombros, como símbolo de esperanza en el porvenir. Sus súbditos y la reina Guiomar aclaman al príncipe con los brazos levantados hacia el cielo, invocando quizá también la protección de los antepasados, de acuerdo con las creencias africanas.

Pasemos al texto de la *Cantata* ahora[13]. Adopta una forma polifónica, de carácter antifonal o responsorial, de acorde con la tradición africana[14]. La dialéctica entre el coro y el narrador, la rompen, para la evocación de las fases más importantes, los diálogos entre los protagonistas, como, por ejemplo el intercambio entre Miguel, muy dueño de sí mismo, y Domingo, sediento de venganza.

La primera parte se refiere a la protesta de las víctimas de la trata con un sistema metafórico y comparativo que traduce su indignación frente a los maltratos infligidos por los españoles: "las fauces del conquistador", "Las ansias abiertas como boca de caimán". Se escenifica de un modo patético la venta de Miguel, de su mujer Guiomar y de su

---

13. <www.iberescena.org/imagen2/file/cantata.pdf> (21/05/2012).
14. Véase lo que dice al respecto Alejo Carpentier en *La música en Cuba*, México: Fondo de Cultura Económica, 1979, p. 47.

La cantata del rey Miguel, de Tomás Jurado Zabala,
director Carlos Arroyo, Teatro Negro de Barlovento, 2008.

hijo. El coro se explaya sobre los motivos de quejas de los esclavos, que favorecen la toma de conciencia de Miguel.

Durante la preparación del motín en el real de minas de Buría, Miguel dirige a sus compañeros el conocido discurso de libertad, no con el habla de un ladino (lo era, según parece), sino con una modalidad expresiva cercana al "guineo" o a la "media lengua" que solían practicar los esclavos del común:

> Son lo amos polque nosotros queremo, polque lo acetamos como lo amos, pero Dio nos hizo libre, como a ellos, como a toos lo demás sere humano.
>
> ....
>
> E' juto lo que apiramos, polque Dio nos creó libre, como a la demá gente. Lo epañole no han sometío a la selvidumbre, pero tamo decidío a se libre, y seremo libre. Libre como la liebres. Culduvaré.

Amplia el coro el tema de la aspiración a la libertad y a la igualdad, valiéndose de canciones populares:

> Estrellita de Buría
> que alumbras en mi ventana,
> que niñas negras y blancas
> jueguen juntas como hermanas.

Si el narrador da a entender claramente que la redención del negro pasará por el sacrificio: "sangre que nos salpica y humedece, sangre en el tintero de la historia", Miguel no se dejará dominar por el odio. Vencidos los mayordomos del real, les devuelve su libertad, pese a la incomprensión de algunos de sus compañeros:

> MIGUEL: Oigan bien, nosotro tenemo razone pa' ódialo, pa' querel vengano. Nos han humillao, maltratao, tiranizao. Han abusao de nuetra mujere. Han matao niña. No han arrancao de nuetra familias, no han sometío a la ma cruenta vejaciones y castigo. Juto sería que ahora nosotro hiciéramo lo mimo con utede, ponelos a nuetro selvicio y violal a su mujere...
>
> DOMINGO: Eso e'. ¡Muelte al blanco, muelte al blanco!
>
> MIGUEL: ...pero somo diferente. Así que les dejaremo il, le dejaremo en libeltá pa' que aprecien lo que eso vale.

En el cumbé, se prepara el ataque de la Nueva Segovia, introduciendo el coro otra vez referencias a canciones folclóricas que evocan una felicidad no bucólica sino agraria:

> Cantan los gallos kikiriquí
> y las gallinas cacaracá.
> Los negros quieren, kikiriquí,
> vivir tranquilos en libertá.

Concede la cantata poco sitio a la batalla, pasando a la represión confiada por el gobernador al capitán Diego de Losada, quien acude a la traición de la negra Ginesa para llegar al cumbé. Miguel rehúsa rendirse a Diego de Escorcha, que promete perdonarle la vida, de acuerdo a la relación épica de Juan de Castellanos.

Acaba la cantata haciendo de todos los negros de América los herederos del mensaje redentor de Miguel:

> Aunque los negros tengamos
> oscurecida la piel
> seremos siempre hombres libres
> como lo quiso Miguel.

3. El cine popular

Hoy en día, el cine manifiesta el interés popular por la lucha de Miguel. En junio de 2011, con motivo del proyecto "Festival de Cine Comunitario en Puerto Cabello", el grupo teatral Raíces Escénicas rodó un cortometraje en cuatro capítulos titulado "El rey Miguel, la historia".

"El rey Miguel, la historia". Grupo teatral Raíces Escénicas, 2011. Título de crédito.

En una de las primeras imágenes que acompañan el título de crédito aparece el rey Miguel con los atributos que le dieron los artistas P. Centeno Vallenilla (la corona de oro, la túnica, el medallón) y C. Rengifo (la lanza). Las que siguen se destacan de lo convencional.

Con medios técnicos muy reducidos pero con gran patetismo, el vídeo escenifica las principales fases de la rebelión del caudillo negro. De la felicidad agraria del cumbé en la selva, se pasa al ataque por los españoles, con la agresión sexual sufrida por una negra apalencada. El capítulo IV, titulado "Caída del guerrero", expone la actuación animosa de Miguel para socorrer a sus compañeros y la violencia de la agresión represiva, cayendo Miguel de un disparo.

"El rey Miguel, la historia". Grupo teatral Raíces Escénicas, 2011. Muerte de Miguel.

El cortometraje se desprende de las circunstancias históricas. Los trajes, en particular los uniformes, corresponden más bien a la época de la independencia, lo cual no es ninguna casualidad. La muerte de Miguel se integra en esta visión voluntariamente anacrónica[15]. Es manifiesta la voluntad del grupo de hacer caso omiso de la cronología, relacionando la crueldad de los esclavistas con la de los colonizadores. El mensaje final que aparece en la pantalla es significativo del compromiso:

---

15. Compárese por ejemplo la imagen de la muerte de Miguel del vídeo de Raíces Escénicas con la de la tira de viñetas de Galazzo Bentivoglo (véase más arriba) que respeta la versión de las crónicas.

La muerte del Rey Miguel sirvió de impulso para seguir haciendo cimarronaje, hombres y mujeres como Guillermo Rivas, Andresote, Juana la Avanzadora, Marta Cumbale, José Leonardo Chirinos, hicieron lo propio, buscaron la independencia, la igualdad, la libertad[16].

Enunciaremos una evidencia en estas últimas líneas. En el dominio artístico, son las artes gráficas las que exponen con más acierto la inversión simbólica puesta de realce en el capítulo anterior. ¿Resulta más difícil a la coreografía y a la música dejar en las mentalidades una huella tan duradera, por ser artes destinadas a un público más selecto y de realización efímera? Felizmente los medios técnicos modernos permiten mantenerla viva. Además, el mismo pueblo se apodera cada vez más de los instrumentos de creación, alejándose de lo artificial, pasando de lo puramente intelectual a lo vivido. ¿Prueba de ello? Entre la ópera *Negro Miguel* de Héctor Pellegatti (1973) y *La cantata del rey Miguel* de Tomás Jurado Zabala (2008) media gran diferencia al nivel de la búsqueda de autenticidad y de la apropiación del tema por los actores, como lo patentizan las dos fotos que sirven de ilustración. Por fin, es de admitir que, pese a muchas torpezas, es llamativo el hecho de que las producciones populares, como los vídeos sobre la historia de Miguel, traduzcan la voluntad de algunos sectores de la población venezolana de investigar por sí mismos sobre sus raíces, de reapropiarse su pasado, de pasar de objeto a sujeto. En el capítulo siguiente, veremos cómo el gobierno actual favorece este movimiento.

---

16. Consúltese en: <www.youtube.com/watch?v=zaZ2iDB_eVU>.

Capítulo quinto
Avatares ideológicos del siglo XXI

Queda claro que algunas de las obras evocadas en el capítulo precedente, en particular las más recientes, gozaron del apoyo del gobierno venezolano actual, cuyos ideólogos aquilataron el provecho que podían sacar de la visión esbozada por los literatos desde los primeros decenios del siglo XX. Por si hubiera alguna duda al respecto, bastaría con revisar las proclamaciones de las asociaciones representativas de los afrovenezolanos y las declaraciones del propio gobierno. Como son numerosas nos contentaremos con citar algunas, entre las más representativas.

1. La "gesta heroica" del rey Miguel

El 15 de agosto de 2007 el presidente Chávez presentó en la Asamblea Nacional el anteproyecto de reforma constitucional según la cual el Estado reconocía las raíces indígenas, europeas y afrodescendientes que originaron la nación venezolana. Fue votada por referendo nacional el 2 de diciembre. La Red de Organizaciones Afrovenezolanas (ROA), nacida el 16 de junio de 2000 por la voluntad, según afirma, de más de 5.000 comunidades de más de 50 municipios, manifestó el 17 de diciembre de 2007 su deseo de "profundizar el proceso de democracia participativa sumada a una corriente crítica del pensamiento, inspirado en el Rey Miguel, Andresote, Chirino [...] como guías para la acción contra las deformaciones del proceso bolivariano ...". Unos meses después, el 23 de marzo de 2008, la ROA insistió en el hecho de que la lucha por la "libertad de las esclavitudes en Venezuela" fue una iniciativa de los propios africanos esclavizados "desde la gesta heroica del Rey Miguel"[1].

El conocido musicólogo Jesús Chucho García, de la Fundación Afroamérica y de la Diáspora Africana, sostuvo en un artículo de 2 de julio de 2010 titulado "Del Rey Miguel de Buría al 4 de febrero de 1992" que Hugo Chávez es el digno heredero del rey Miguel:

> Si el africano Rey Miguel se levantó en las montañas de Buría contra el colonialismo español y fue asesinado en 1553, tenemos que un zambo llamado Hugo Rafael se levantó 447 años después un 4 de febrero de 1992, para recoger esa bandera y resumir más de cuatro siglos de historia llena de esperanza, que hoy se debate entre las fuerzas del imperialismo y la respuesta de un pueblo que no desea perder los avances conquistados a sangre y fuego, y mucho menos su soberanía[2].

En un artículo puesto en línea el miércoles 2 de febrero de 2011, Thierry Deronne, después de afirmar que "las primeras rebeldías de esclavos de América tuvieron lugar en Venezuela", asevera que las luchas por la emancipación del rey Miguel (1533) y de José Leonardo Chirinos (1755) "prepararon la guerra de independencia de Simón Bolívar tanto como lo hicieron las ideas de la Revolución Francesa"[3]. Si, hablando de liberación nacional, resulta difícil equiparar las huellas que dejaron los dos caudillos cimarrones en la mentalidad venezolana con la influencia de las ideas revolucionarias francesas, se admitirá que el rey Miguel y sus émulos fueron los precursores del movimiento independentista. Pero, por si fuera poco, van más allá los ideólogos en la forja del concepto de continuidad.

La *Gaceta Oficial* n° 39918 del 10 de mayo de 2012 publicó un "Acuerdo" con motivo de conmemorar el 217 aniversario de la gesta libertadora de José Leonardo Chirinos y el "Día de la Afrovenezonalidad", el cual no deja de mencionar "las luchas del Rey Miguel"[4].

---

1. <www.afrocubaweb.com/news/venezuela/redafrovenezolana.htm> (30/5/2012).
2. América Latina en Movimiento (ALAI), <www.alainet.org/active/36020&lang=es>, (30/5/2012).
3. Thierry Deronne, "Venezuela-Hombres de verde y rojo frente a un árbol", primera publicación: <www.larevolucionvive.org.ve/>, consultado el 28/5/2012 en <www.alterinfos.org/spip.php?mot320>.
4. <www.noticierolegal.com/.../gobierno/.../11331>.

Últimamente, el gobierno venezolano, de acuerdo con sus tendencias políticas, participó en la reconstrucción de la figura de Miguel en obras pedagógicas de índole popular. El 1 de octubre de 2007 el presidente Hugo Chávez no dejó lugar a dudas en cuanto a la obligación de integrar a los héroes de la resistencia indígena y negra en las 20 claves del nuevo currículo escolar. Entre ellos se encuentra el rey Miguel[5].

En *Nuestra lucha por la independencia*, de la "Colección bicentenario", un breve capítulo de alcance didáctico trata del alzamiento de los esclavos negros de las minas de oro de la región de Yaracuy[6]. Hace una mención especial a la rebelión en Buría del negro Miguel,

> personaje cuya fama se extendió por toda la comarca, lo que explica que se sumaran a su rebelión más de 180 negros e indígenas trabajadores de las minas, con los cuales se internó montaña adentro para conformar un territorio libre de explotación y servidumbre.

Dicho de otro modo, según se entiende claramente, fue Miguel un precursor de los principios que animan el movimiento bolivariano.

Con esta óptica, el periódico *El Correo del Orinoco* se encargó de revitalizar su memoria. Valga por ejemplo el suplemento dominical n° 30 fechado en 10 de octubre de 2010 que, en la sección "Comprender la Independencia", dedicó una página entera a la "Rebelión del Negro Miguel", con la participación de varios periodistas coordinados por Alexander Torres Iriarte. Éste dejó bien claro el marco ideológico de la empresa, con relación a los afrovenezolanos:

> El Negro Miguel, quien se sublevó en 1553 contra la Real de Minas[7], logró obtener un triunfo que lo hizo respetado y admirado en las montañas, arrastrando con su legendaria figura a indios y negros hambrientos de justicia. Fue asesinado en Barquisimeto por los conquistadores españoles. Su movimiento es considerado la primera rebelión de negros en la historia de Venezuela, además de símbolo de lucha por la inclusión social de los afrodescendientes en la Venezuela del siglo XXI[8].

---

5. <www.noticias24.com/.../las-206claves-delnuevo-c>.
6. *Nuestra lucha por la independencia*, Colección bicentenario, *Correo del Orinoco*, Caracas, mayo 2011, pp. 40-41.
7. Parece que la expresión "real de minas" dio lugar a confusión. Se ha de tomar la palabra "real" en el sentido de "campamento", como aparece en las crónicas estudiadas más arriba.
8. Suplemento dominical del *Correo del Orinoco* n° 30, domingo 10 de octubre de 2010, p. 13, <www.correodelorinoco.gob.ve/wp-content/uploads/2010/10/web-LA3v.pdf>, (21/6/2012).

Fuera de vocablos recurrentes, surgen en estas pocas líneas temas de primera importancia dentro del enfoque bolivariano. Además de recalcar un aspecto histórico premonitorio a su modo de ver, o sea la alianza en nombre de la justicia entre los negros y los indígenas, el artículo subraya la continuidad entre las dos épocas de la lucha por "la inclusión social" de los negros.

2. La enseñanza popular

Con la misma finalidad de enseñanza popular, pero con una pedagogía adaptada, la revista *Correo del Orinoco en la escuela* consagró una parte de la página 3 de su número 54, de 30 de abril de 2012, a "La resistencia de las esclavizadas y los esclavizados. El Negro Miguel"[9], sacando su fuente de *Memorias de Venezuela*, n° 9 de junio de 2009. Interesa primero notar el vocabulario empleado, que rechaza el término "esclavos" a favor del participio pasado "esclavizados". Es de gran significación dicha elección en un contexto escolar, donde se trata de inculcar a los alumnos conceptos ideológicamente idóneos: los negros que llegaban a Venezuela no eran esclavos de naturaleza. Añadamos que la comparten, desde hace años ya, no sólo la Red de Organizaciones Afrovenezolanas, como hemos dicho anteriormente, sino también las comunidades negras de varios países, en particular de Colombia. Precisa el texto que "las africanas y los africanos [...] eran obligados a trabajar como esclavos". Huyendo al monte para librarse "del azote de la esclavitud", recreaban en los cumbés "la vida que les había sido arrancada al ser vendidos como herramientas de trabajo". Uno de los primeros fue el del negro Miguel, "esclavizado africano" que se alzó en las minas de Buría en 1553. Pone también de relieve el documento la alianza con los indios jirajaras, "quienes llevaban largo tiempo en resistencia al sistema de encomiendas que les era impuesto".

Una ilustración de César Mosquera ilustra esta solidaridad que unió a las dos razas explotadas, dando a entender a los alumnos que esta situación trascendental anunciaba el porvenir. Acaba el corto artículo calificando a Miguel de "líder libertario", lo cual es revelador de la imagen que se quiere grabar en la mente de los jóvenes.

---

9. <Correodelorinoco.gob.ve/wp-content/uploads/2012/04/Co_Escolar_54pdf>, (26/5/2012).

Correo del Orinoco en la escuela, 30/04/2012.
"La resistencia de las esclavizadas y los esclavizados. El Negro Miguel",
ilustración de César Mosquera.

De la misma índole fue el programa radial "Cuéntame del 10", capítulo n° 9, de Iraima Arrechedera Grillo, titulado "Negro Miguel de Buría", con fecha de 13 de abril de 2012. En este programa hablaron Rosalía Fernández y Paola Pérez del Liceo Ecológico G/J Alberto Muller de Caracas. Subrayaron que el alzamiento de Miguel fue "uno de los primeros intentos organizados por establecer una región independiente del régimen de esclavitud y de la dominación europea". Como el periódico *Correo del Orinoco*, el programa hizo énfasis en la convivencia de indígenas y de esclavos negros para concluir que "proporcionó circunstancias favorables a la revolución como forma de resistencia de los esclavos"[10].

El Ministerio del Poder Popular para la Cultura, a través de la Oficina de Enlace con las Comunidades Afrodescendientes, en noviembre de 2011, participó en la Ruta Cimarrona[11] organizada por la ROA, actividad que se inspiraba en la lucha del 'rey Miguel de Buría' que fundó un espacio liberado, un cumbé, "gesto libertario de los africanos y las afri-

---

10. <www.iraimaarrechedera.blogspot.com/2012/04/negro-miguel-de-buria.htm>, (13/6/2012).
11. Este programa era una respuesta a la "Ruta del esclavo" de la Unesco. Manuel David Campero, "Despacho de Cultura participó en la Ruta de Cimarronas y Cimarrones de Venezuela", <www.davidcampero.bligoo.com.ve/despacho-de-cultura-participó>, (23/6/2012).

canas y sus descendientes en territorio venezolano", antes de morir "en un enfrentamiento ante la superioridad bélica de los españoles".

Por fin aludiremos a una exposición que todavía se podía ver en agosto de 2012 en un salón del AGNC. Versa sobre los sucesos del 11, 12 y 13 de abril de 2002, lapso de tiempo en que se intentó derrocar al gobierno de Hugo Chávez. La componen dibujos comentados de instituciones educativas. En uno de ellos los alumnos representaron debajo de María Lionza, de un modo muy ingenuo, a un esclavo negro con los brazos cargados con hierros rotos. Es una evidente alusión a la lucha por la libertad del negro Miguel, cuya herencia asumió el gobierno bolivariano[12].

Exposición histórica de los sucesos de abril de 2002 a partir de la realidad local. Instituciones educativas, AGN, Caracas, 2012.

---

12. *Exposición histórica de los sucesos de abril 2002 a partir de la realidad local (11, 12 y 13 de abril). Instituciones educativas. Exposición Todo 11 tiene su 13. El rescate de la dignidad popular.* Archivo General de la Nación, Caracas. En murales de Caracas se representa a veces a un negro, sin que se pueda saber a ciencia cierta si se trata de Miguel o de otro personaje de la historia de los afrovenezolanos. Por ejemplo, en la plaza de Venezuela, tuvimos la oportunidad de ver uno de estos murales populares, que debía representar más bien al negro Felipe, involucrado en el culto de María Lionza. Interrogada, la gente que se encontraba en los puestos de la acera, compartió nuestro parecer. De todos modos, estos murales afirman con ostentación una afrovenezolanidad ignorada o despreciada durante largo tiempo.

3. La deuda para con África

El gobierno de la República bolivariana se afanó por poner de realce la deuda de Venezuela para con África, como lo demuestra por ejemplo el *Boletín Informativo* de la embajada en Malí y Burkina Faso de 26 de mayo de 2011. Encabeza la reseña histórica con la reproducción de un cuadro que representa al negro Miguel –con un fenotipo aparentemente de la comarca– como héroe emblemático de la lucha por la libertad, rotas las cadenas de la servidumbre y machete en mano.

El negro Miguel, *Boletín Informativo*
de la embajada venezolana en Malí y Burkina Faso de 26 de mayo de 2011.

Concluye el artículo valorizando con particular énfasis la herencia africana de la gesta de caudillo cimarrón:

> ¿No sería el Negro Miguel uno de esos reyes africanos que por nostalgia intentó trasladar su reino a nuestras tierras?... "Posiblemente sus hombros habían sentido el suave y adulador peso de la púrpura en tierras africanas". Ahora el Negro Miguel es una especie de mito y leyenda que reivindica una gloriosa herencia en el país.

No fue ninguna casualidad que la diplomacia venezolana adoptara tal discurso en Malí, donde se impuso un prestigioso imperio antes de la trata negrera, y en Burkina Faso, país "del hombre digno", según significa el nombre que, hace unos decenios, adoptó el país[13].

---

13. <www.venezuelamali.blogspot.com/2011/05/el-negro-miguel.html>, (23/6/20).

Conclusión

De la construcción a la deconstrucción y a la reconstrucción

Ha llegado el momento de llegar al juicio del hermano Nectario María. Asevera el investigador en *Historia de la fundación de la Ciudad de Nueva Segovia* que

> Fray Pedro de Aguado, en su historia de Venezuela, escrita por el año de 1581, incurre en graves deslices en su narración sobre la sublevación del Negro Miguel; Fray Pedro Simón que escribe con los datos de éste, en sus *Noticias Historiales* de 1619, trae las mismas exageraciones y errores y Oviedo y Baños que copia en este Capítulo a Simón en todo, embellece con su estilo agradable la descripción, que aparece como una leyenda novelesca. El cronista Herrera exagera aún más los datos, pues habla de 280 negros alzados.

Se trataba de algo más que de "embellecer" la descripción: no se dio cuenta el hermano del significado de la evolución transtextual.

Por si fuera poco, trata el hermano de

> meramente fabulosa la gran resistencia con que los citados cronistas han querido nimbar la fama de Miguel, el negro que sus compañeros habían reconocido como su jefe o Rey, por la heroica resistencia que hubiere ofrecido a los españoles, rindiendo la vida en titánica pelea, excitando a los suyos al ataque, ya que fue ultimado por Diego de Escorcha al entrar en el reducto[1].

---

1. Ob. cit., pp. 160-161.

Ahora bien, el mismo Escorcha en su testimonio ni siquiera alude a este dato. Trata también el historiador de "pura fantasía" la construcción por los negros de un palenque con casas e iglesia en tan sólo ocho días, sin pensar que la cronología en las crónicas era lo de menos. A este cumbé, sin embargo, se refirió Castellanos, quien estaba bien informado.

Guillermo Morón se apoya en las aseveraciones del religioso para concluir que "la narración que nos da del Negro Miguel y de los demás que con él se sublevaron tiene mucho de legendario" y pretender rectificar los "errores en que incurre con datos fehacientes hallados en los Archivos de Sevilla"[2]. Pablo Ojer, en su edición del poema de Pedro de la Cadena, reprodujo el juicio negativo emitido por el hermano[3].

La naturaleza de los textos referidos no daba pie para explayarse en los hechos, tratándose tan sólo de unos elementos entre otros de la *Información* del cabildo de la Nueva Segovia, de la *Relación de servicios* o de la probanza del capitán Fernández de Serpa, documentos destinados a lograr mercedes de parte del Consejo de Indias. Habría que valerse de otro tipo de relaciones, más circunstanciadas, para sacar conclusiones tan tajantes. De momento nada nos autoriza a adoptar las deducciones del hermano que desgraciadamente dejó tan profundas huellas en los estudios posteriores.

A decir verdad, para el enfoque de este trabajo, lo que denuncia el religioso investigador es precisamente lo más interesante. Claro que el personaje de Miguel, bajo el impulso creativo de los cronistas, de histórico vino a ser legendario e incluso mítico, por lo menos si damos un sentido negativo a estos dos calificativos. Pero la metamorfosis no concierne tan sólo al dominio literario, remitiendo a todas luces al cambio de las mentalidades consecutivo a la consolidación del paso de una sociedad medieval de tipo hispánico a una sociedad colonial abiertamente esclavista. Ésta fue construyendo paulatinamente al personaje de Miguel según sus necesidades, nutriéndole de representaciones estereotipadas. Se podría aplicar a Miguel lo que dijo Pierre Bourdieu acerca de las clases sociales: "Dominadas hasta en la producción de su imagen del mundo social y por consiguiente de su identidad social, las

---

2. Fray Pedro de Aguado, *Recopilación Historial de Venezuela*, edición de Guillermo Morón, ob. cit., pp. 328-329.
3. *El primer poema de tema venezolano*, ob. cit., p. 108, n. 83.

clases sociales no hablan, son habladas"[4]. El rey Miguel "fue hablado" de acorde a la evolución social de los siglos XVII y XVIII. Pensándolo bien, dicha evolución transtextual lleva lógicamente a la versión plasmada por Uslar Pietri. Para "deconstruir" al personaje, o, mejor dicho, empleando la expresión original de Heidegger, para "desobstruirlo"[5], el literato, amplia la dimensión burlesca propuesta por la última versión –la de Oviedo y Baños–, pero insertándola de un modo implícito en los aportes del siglo XX en materia de sicología. Llegamos así a una reconstrucción que, merced a su dimensión literaria, patentiza los profundos estragos que podía acarrear la esclavitud en la psique del hombre negro en la América española. Si, en poesía, Gorrochotegui y Liscano hicieron de Miguel un auténtico libertador, Rugeles siguió con esta reconstrucción haciendo patente la incomprensión por los esclavistas de la sicología del africano, profundamente marcado por sus lazos con los antepasados: el combate de Miguel no fue una manifestación de barbarie sino una misión confiada por los ancestros, con quienes se reunió merced a la muerte libertadora[6]. Agudo Freites,

---

4. Pierre Bourdieu, "Une classe objet", *Actes de la recherche en sciences sociales* 52, 1977, pp. 2-5. La traducción es nuestra.
5. Empezó Jacques Derrida a hablar de "deconstrucción" en *De la grammatologie*, Paris: Editions de Minuit, 1967, p. 35. Para valernos del concepto, acudiremos a la definición que dio mucho más tarde: "deconstruir" no es "disolver o destruir, sino analizar las estructuras sedimentarias que forman el elemento discursivo, la discursividad filosófica en que pensamos. Ello pasa por la lengua, por la cultura occidental..." (La traducción es nuestra. Véase la entrevista con fecha de 30 de junio de 1982 publicada de nuevo por el diario *Le Monde* en su edición del día 12 de octubre 2004, <www. Jacquesderrida.com.ar/francés/deconstruction.htm> (17/03/2012). Con la palabra "deconstrucción" Derrida tradujo el término *destruktion* que Heidegger empleó en *Sein un Zeit* (1926). Nos parece más significativo el sustantivo que eligió François Vezin en su traducción del ensayo, o sea, *désobstruction*. Para tratar más claramente de la cuestión del "ser", propuso el filósofo, "es preciso devolver a la tradición anquilosada su frescura y decapar los revestimientos que acumuló con el tiempo. Al cumplimiento de esta tarea nos referimos con la desobstrucción del fondo tradicional procedente de la ontología antigua para volver a entroncar con las experiencias originales en que se habían alcanzado las primeras y desde entonces directoras determinaciones del ser". Pasamos así al castellano la traducción de F. Vezin de la obra de Martin Heidegger con el título *Être et temps*, Paris: Gallimard, 1986, p. 48.
6. No hemos abordado el tema de la reconstrucción del personaje del negro Miguel desde un punto de vista antropológico, por limitarnos a los aspectos literarios. Se necesitaría estudiar el sitio que ocupa el negro Miguel en el culto actual a la Reina María Lionza, práctica típicamente venezolana que mereció el interés de un gran número de especialistas. Según Angelina Pollak-Eltz, "el culto, en su forma actual,

en su ficción, no se olvidó de hacer énfasis en este aspecto, concediendo a su personaje aspiraciones de las más nobles, cuando Arroyo prefirió interesarse por el acercamiento –suscitado por la inteligencia del caudillo fugitivo– entre dos razas, la de los africanos y la de los indios, en contra de los codiciosos invasores.

Esta reconstrucción que inspiró la ópera, la coreografía, el teatro e incluso el cine popular de la Venezuela actual desemboca en la inversión ideológica del mito elaborado por las crónicas coloniales. La efímera derrota del rey Miguel requería tiempo para transformarse en victoria perenne. Esta parusía, que escenificó acertadamente el Teatro Negro de Barlovento corresponde obviamente a una visión hegeliana. Pero se inscribe harmoniosamente también en la tradición africana de la ancestrolatría.

---

demuestra un sincretismo progresivo de conceptos mágico-religiosos provenientes de tres culturas distintas, pertenecientes a los tres grupos étnicos que se han mezclado en Venezuela para formar el pueblo venezolano: los africanos, los indígenas y los europeos (españoles)". Véase: *Cultos afroamericanos*, ob. cit., pp. 247-261. Para más, remitimos al estudio de J. M. Herrera Salas que propone una buena síntesis de los últimos trabajos al respecto. Al lado de María Lionza y del indio Guaicaipuro, sería Miguel una de "las tres potencias". Con el negro Felipe formaría la "corte africana", una de las cuatro cortes, a saber, la india, la celestial, la africana y la libertadora. Asevera el antropólogo venezolano que "Guiomar se habría constituido en la primera sacerdotisa que originó el Culto de María Lionza"; ob. cit., pp. 167-209.

SEGUNDA PARTE

La protesta del capitán Manuel Pereyra (1670-1691)
Semiología de una neurosis

"Negro soy, mas negro noble".
MARCELO DE AYALA Y GUZMÁN,
La gran comedia del Negro del cuerpo blanco.
Biblioteca Nacional de Madrid, Ms. 15676

Introducción
"Del rey abajo, ninguno..."

> Pero en tanto que mi cuello
> esté en mis hombros robusto,
> no he de permitir me agravie
> del rey abajo, ninguno.
> (Francisco de Rojas Zorrilla,
> *Del rey abajo ninguno*, 1651).

La literatura española de los siglos XVI y XVII se valió muy a menudo del negro como personaje burlesco, siendo su expresión –la "media lengua" o "guineo"– un factor de comicidad[1]. Y *mutatis mutandis* la evolución literaria del personaje del rey Miguel en las crónicas, estudiada en la primera parte, corresponde a esta tendencia.

Sin embargo, a partir de principios del siglo XVII, se efectuó una estructuración del personaje, en particular en el dominio religioso, con *El Santo Negro Rosambuco* (1612) de Lope de Vega, obra en que se inspiraron Luis Vélez de Guevara para *El negro del Seraphin. El Santo Negro Rosambuco* (1643) o comedias de honor como *El valiente negro en Flandes* (1638) de Andrés de Claramonte. En las Américas es-

---

1. Véase: Jean-Pierre Tardieu, *Le Noir dans la Littérature Espagnole des XVIe et XVIIe siècles*, tesis doctoral, Universidad de Burdeos, 1977. Los elementos burlescos pasarán al Nuevo Mundo y perdurarán hasta nuestra época. A este respecto se consultará: Jean-Pierre Tardieu, *Del diablo mandinga al muntú mesiánico. El negro en la literatura hispanoamericana del siglo XX*, ob. cit.

pañolas, el profundo impacto de la esclavitud no permitió la explotación del tema del negro honrado.

Ello no significa que el negro no experimentara el sentimiento de honor. Prueba de ello es la existencia en el Archivo General de Indias, en Sevilla, de un legajo en gran parte consagrado a las reivindicaciones de un negro libre de Caracas[2], quien, entre los años 1680 y 1691, no vaciló en acudir al Consejo de Indias para defenderse en contra de los tejemanejes de la clase dominante y de la administración real para que no sólo se le admitiera como "hombre honrado", sino para dar una lección de lealtad a los propios representantes de la Corona en el territorio. "Del rey abajo, ninguno": bien hubiera podido pronunciar estas palabras Manuel Pereyra[3].

Su reivindicación no se limitaba a su persona. Se extendía a sus congéneres, por no sumirle el concepto del honor en una ciega alienación. Todo lo contrario. Propuso a la Corona conceder la libertad a los cimarrones[4] de la gobernación de Caracas (Venezuela), integrándoles en la economía de la provincia, e incluso en su defensa contra la agresión de los piratas, según un esquema adoptado anteriormente con los negros de Bayano en Panamá[5], en la segunda mitad del siglo XVI, o en el virreinato de Nueva España con la gente de Yanga, en el primer decenio del siglo XVII.

Si el proyecto despertó el interés de la Corona, en cambio suscitó el odio encarnizado de los poderosos vecinos del "reino", quienes se las arreglaron para ponerle trabas, usando los procedimientos más ruines.

---

2. AGI, Santo Domingo, legajo 212. Hasta 1717 dependía la gobernación de Caracas de la Real Audiencia de Santo Domingo. Pasó después al control del virreinato de Nueva Granada.
3. En la comedia de Francisco de Rojas Zorrilla, el honor del protagonista no sufre desacato de nadie fuera del rey. Véase el epígrafe.
4. Para los cimarrones de Venezuela, se consultará: Ermila Troconis de Veracoechea, *Documentos para el estudio de los esclavos negros en Venezuela*, Caracas: Biblioteca de la Academia Nacional de la Historia 103, 1969. Miguel Acosta Saignes, *Vida de los esclavos negros en Venezuela*, La Habana: Casa de las Américas, 1978, pp. 178-210; "Vida en un cumbe venezolano", en: Richard Price, *Sociedades cimarronas*, México: Siglo Veintiuno, 1981, pp. 64-71. Federico Brito Figueroa, *El problema tierra y esclavos en la historia de Venezuela*, Caracas: Universidad Central de Venezuela, 1985. Estos dos historiadores se explayan más en casos del siglo XVIII.
5. Véase: Jean-Pierre Tardieu, *Cimarrones de Panamá. La forja de una identidad afroamericana en el siglo XVI*, Madrid/Frankfurt: Iberoamericana/Vervuert, 2009.

Pese a los múltiples obstáculos y a sufrir prisión en las cárceles de Caracas y de La Habana, Manuel Pereyra nunca dio su brazo a torcer, manifestando una destacada inteligencia y una irreducible determinación que hicieron de él un exponente de la lucha por la dignidad del hombre negro, por muy desconocido que sea hoy en día.

Capítulo primero
Los orígenes de Manuel Pereyra

Por muy extraño que parezca, la abundante información suministrada por la documentación del AGI acerca de Manuel Pereyra no dice casi nada de los años anteriores a su llegada a Caracas. En junio de 1683, durante el primer interrogatorio posterior a sus desavenencias con el alguacil mayor de dicha ciudad, "dixo que era natural de Cartagena de Indias y que tenía treinta y seis años poco más o menos". Muy pocas cosas pues para permitirnos reconstruir su pasado e intentar comprender su comportamiento. No nos queda más que imaginar lo que pudo ser de él en sus años mozos, tomando en cuenta las particularidades de la ciudad de la cual era oriundo.

1. La juventud en Cartagena de Indias

Nació Manuel Pereyra hacia 1647 en Cartagena de Indias. El lugar y el momento no carecen de interés por los motivos que vamos a exponer.

A la sazón, la ciudad era el emporio de la esclavitud de los negros para buena parte de la América del Sur, como manifiesta Alonso de Sandoval en su obra *De instauranda aethiopum salute*, cuya primera edición se publicó en 1627 en Sevilla y la segunda, en 1646 en Madrid[1]. Según el jesuita, quien fundó las bases teóricas del "ministerio de los negros" en el Nuevo Mundo, cada año entraban en el puerto doce o catorce barcos negreros, cargados con un armazón que contaba de 300

---

1. Se consultará la edición de Enriqueta Vila Vilar, *Un tratado sobre la esclavitud*, Madrid: Alianza Editorial, 1987.

a 600 individuos cada uno. No faltan los datos a este respecto. Pero como no se puede excluir una posible exageración de parte del religioso, deseoso de llamar la atención de sus superiores sobre la gravedad de la situación, remitiremos a las cifras de la historiadora Enriqueta Vila Vilar. De 1595 a 1640, los portugueses introdujeron en Cartagena un mínimo de 135.000 esclavos, lo que da un promedio anual de 3.000 "piezas de Indias"[2]. Los negros, raptados en gran parte en la región africana denominada en aquel entonces Angola, pero también en los "ríos de Guinea", o sea, en el África occidental, se repartían principalmente entre las haciendas y las minas de oro del Nuevo Reino de Granada, y llegaban hasta la jurisdicción de la Real Audiencia de Quito e incluso hasta la de Lima.

Pocas posibilidades había para que Manuel fuera uno de los bozales vendidos en el mercado negrero de Cartagena, muy cercano a la plaza mayor de la antigua ciudad. No tanto porque no dejó de proclamar su condición de negro libre en varios de sus numerosos escritos – al cabo de algunos años bien podía adquirirla un africano procedente directamente de su continente con tal de que gozara de las requeridas circunstancias–, sino porque los mismos escritos patentizan un gran dominio de la lengua de los amos y una profunda habilidad discursiva, dotes inverosímiles en un esclavo recién ahorrado.

Se trataba pues de un negro criollo. Dicho esto, no aparece en la documentación indicio alguno sobre sus orígenes. Sus padres procederían de Angola, parte de África que en la época suministraba el mayor número de esclavos al puerto. Su apellido portugués lo debería a uno de los representantes o intermediarios de los asentistas lusos, quizá criptojudío, instalados en el puerto para ocuparse de la venta[3]. En este caso, la libertad de que tanto se ufanaba Miguel, la habría concedido el amo a su madre por sus "buenos servicios", como solían señalar las cartas de ahorramiento. Se habría criado en contacto permanente con los vecinos españoles, adquiriendo por efecto de mimetismo su cultura y quizá sus sentimientos. Por otra parte no sería imposible que gozara de la benevolencia del amo, lo cual le hubiera permitido adquirir entonces algunos conocimientos al lado de sus hijos, como podía

---

2. Enriqueta Vila Vilar, *Hispano-América y el comercio de esclavos. Los asientos portugueses*, Sevilla: Escuela de Estudios Hispano-americanos/CSIC, 1977, p. 206.
3. Uno de los asentistas más conocidos era Manuel Pereyra Coutinho.

ocurrir en los centros urbanos. Más aun: no se puede descartar que el amo se hubiera encariñado con él, criándole como si fuera su hijo y dejándole alguna donación *in articulo mortis*, tendencia –no siempre desinteresada– que se observa en no pocos testamentos de gente adinerada. ¿Prueba de ello? Muy escasas posibilidades tenía un negro libre de pasar a la península, salvo como criado de un amo. Pues bien, Manuel tuvo los alcances económicos para presentar personalmente al Consejo de Indias su proyecto de manumitir y reducir a pueblo los cimarrones de la gobernación de Venezuela.

En cuanto a las actividades del personaje, nada sabemos. Irían relacionadas con las armas y con el mar, si nos referimos a sus hazañas, motivos de su ascenso social en Caracas. ¿Formaría parte Manuel de la milicia de negros libres que participaba en la defensa del puerto estratégico de Cartagena de Indias contra las empresas de los piratas en acecho de sus riquezas, en particular del oro procedente de las minas del reino con destino a la península? Dada su actuación en Venezuela en pro de los negros, esclavos u horros, cuesta trabajo efectivamente admitir su pertenencia a la tripulación de algún barco negrero que hacía el vaivén entre el Caribe y la costa africana. De ahí sus ínfulas de meterse en el ejercicio de las armas, manifestadas en Caracas, y de medrar en esta vía.

Quedaría por explicar el traslado de la prestigiosa Cartagena de Indias, que brindaba oportunidades nada despreciables a un negro libre, al puerto de La Guaira, de menor actividad económica, si bien se dedicaba a la exportación del apreciado cacao[4]. En las cartas dirigidas a las autoridades de Caracas, de La Habana, a sus protectores religiosos y al Consejo de Indias, no aludió Manuel, aunque fuera de paso, a su existencia en el Nuevo Reino, como si le conviniera guardar el silencio más completo. Tampoco, es verdad, dichas autoridades o personalidades manifestaron la menor curiosidad por sus antecedentes, lo cual, al fin y al cabo, se pudiera entender tratándose de un negro, si nos atenemos a la mentalidad de la época. Sin embargo algo se podría suponer, si tenemos en cuenta los ruines procedimientos utilizados por la gente decente para desacreditar a Manuel Pereyra.

Nos vemos en la obligación de anticipar en la progresión de este trabajo para evocar un dato proporcionado por sus contrincantes, los

---

4. Empezó la exportación de cacao hacia México en la segunda mitad del siglo XVII, sin hablar del comercio ilegal hacia la Curazao holandesa.

miembros de la oligarquía que se sintió amenazada por sus proposiciones relativas a la manumisión de los cimarrones. Se trata de un punto de una carta dirigida por los vecinos de Caracas al Consejo de Indias con fecha del 6 de julio de 1683, o sea, en el clímax de su agresividad. Bien considerado, podría tratarse de un chisme muy malintencionado, en la medida en que no estriba en ninguna prueba auténtica. El propósito de la carta consiste en presentar a los consejeros unos complementos de información que no aparecieron en la correspondencia anterior, quizá por su dimensión sumamente subjetiva. Cierto personaje, un tal Timoteo de Morfao, si hemos leído bien, se habría enterado de un suceso de importancia con respecto a Manuel, merced a un pleito en el que se encontraba implicado. Se habría "pasado a estas partes por una muerte que generalmente se dize hizo a su amo y despues de auer estado en esta prouinçia en los lugares que ha asistido se ha experimentado su altiuez". Volveremos cuando sea necesario a la segunda parte de la proposición. De momento cabe contemplar la primera, en relación con lo antedicho. En las Indias occidentales, donde la manumisión de esclavos era corriente, por lo menos en los centros urbanos, lo común era que, una vez conseguida la carta de ahorría, se pusieran los beneficiarios al servicio de un amo. En todas las provincias lo exigían los reglamentos de negros con la intención de seguir controlando a los antiguos siervos, cuyo comportamiento temía la clase dominante. De esta situación de dependencia surgían a veces conflictos que atestigua la documentación archivística, los cuales podían desembocar efectivamente en el asesinato de amos abusivos. Lo malo es que la referencia es muy alusiva, dejando al lector en la incertidumbre más completa. ¿Trataríase de venganza de parte de un criado harto de sevicias? En este caso nos preguntaríamos por qué Manuel no cambió de amo antes de perder el control de sí mismo. ¿Sería mejor un caso de defensa legítima? Entonces sí que se entendería su huida lejos del alcance de la justicia, aunque no deja de extrañar que ésta no hubiera intentado ponerle la mano encima. Al fin y al cabo, Caracas no distaba tanto de Cartagena como para abandonar cualquier intento de persecución. Además, no hizo nada Manuel para hacerse olvidar, todo lo contrario. Si pasó algo, no tendría la culpa y le habría disculpado la justicia. De no ser así, se habrían aprovechado sus adversarios de la oportunidad. Fuera lo que fuere, los autores de la carta deseaban sembrar la sospecha en la mente de los lejanos consejeros. Para ellos la altivez del personaje, acusación redundante en el proceso, no tenía límites, y no podían fiarse de semejante personaje.

2. Primeras actuaciones en Caracas

El joven Manuel llegaría a Caracas antes de 1670, año en que un acontecimiento marcó profundamente su existencia. De este suceso informó a la Corona, precisamente en 1670, para solicitar una merced correspondiente a su comportamiento. Se refirió el monarca a esta solicitud en una carta al gobernador de Caracas, don Francisco de Alberro[5], con fecha de 20 de febrero de 1680, resumiendo los motivos de la petición a favor del joven, de 23 años más o menos a la sazón. Según parece, Manuel formaba parte de la tropa de una "armadilla", encargada de proteger las costas de la gobernación, entre el puerto de La Guaira y Cumaná, contra las empresas de los piratas ingleses.

Desde hacía quince años, o sea, después de la conquista organizada por Cromwell, la isla de Jamaica pertenecía a Inglaterra y desde allí les resultaba más fácil organizar expediciones por el litoral venezolano que en la época de Francisco (Francis Drake) o de El Guatarral (sir Walter Raleigh) tantas pesadumbres dieron a la Corona española. En 1670 precisamente se ilustró en el saqueo de Maracaibo y Gibraltar el temido Henry Morgan, quien impuso terribles suplicios a los vecinos para apoderarse de su oro[6]. Si Manuel Pereyra no se las vio con sus hombres directamente, por lo menos tuvo que enfrentarse con filibusteros de la misma calaña que en 1666 habían elegido a Morgan como almirante de los bucaneros ingleses de Jamaica, isla de la cual incluso llegó a ser gobernador en 1674.

El cabildo de Caracas, en sus reuniones de 1670, se mostraba hondamente preocupado por las empresas de los piratas por las costas. El mismo gobernador Francisco de Villegas, según declaró el 20 de septiembre, se vio obligado a suspender un viaje a la ciudad de Carora,

---

5. Francisco de Alberro, antes de ser nombrado gobernador de Venezuela en 1675, era juez oficial de la Casa de Contratación de Sevilla. Véase: José Llavador Mira, *La gobernación de Venezuela en el siglo XVII*, Caracas: Biblioteca de la Academia Nacional de la Historia 102, 1969, p. 11.
6. Rafael Abella, *Los piratas del Nuevo Mundo*, Barcelona: Planeta, 1989, p. 105.

por "lo arriesgado de los puertos de estas costas que continuamente los amenazan enemigos de la rreal corona"[7].

El 10 de febrero de 1672, la reina gobernadora, tomando en cuenta las quejas de los vecinos de Venezuela acerca de los perjuicios provocados por los piratas para "el trato y comercio", decidió reactualizar la armada de Barlovento formada en 1635 y restablecida una primera vez en 1664, acudiendo a ciertas tasas cobradas por las Cajas Reales en todo el virreinato del Perú. Al gobernador Francisco de Alberro le tocaría tomar las medidas necesarias[8]. El 7 de febrero de 1675, el cabildo solicitó de la Corona la facultad de seguir cobrando los derechos de alcabala debido a los sucesos del año anterior. Los enemigos ingleses y franceses infestaron "esta costa con mucha permanencia, saqueando y rrovando las haciendas de ella, llevándose, como se llevaron, mucha cantidad de esclavos, frutos de cacao y otros que se hallavan en ellas". En el mes de julio se planteó el problema de encontrar quién armase los bajeles necesarios para salir a corso: "los años pasados, por no hechar dicho enemigo, dexó sin esclavos muchas de dichas haciendas"[9].

Volvamos al tema. Haciendo rumbo a Cumaná, el barco donde se encontraba Manuel fue apresado por un pirata, sin que sepamos a ciencia cierta si hubo resistencia de parte suya, aunque lo que siguió permite deducir que sí. Después de trasladar a los presos, o sea, Manuel y siete indios, al navío vencedor, el pirata mandó su nave "a otra parte", posiblemente a Jamaica[10]. Su intención era llevarles efectivamente a la isla de Las Nieves a ser esclavos. Este destino y esta finalidad merecen

---
7. *Actas del Cabildo de Caracas*, T. XIII, 1669-1672, publicación ordenada por el Consejo Municipal del Distrito Federal, 1942, p. 151.
8. AGNC, Diversos, t. 1, ff. 8-9. Copias de Reales cédulas sobre que se destinen varias fragatas para custodia de las costas de Venezuela, y que se proceda a la recaudación de los impuestos para el sostenimiento de la Armada, año de 1672.
9. *Actas del Cabildo de Caracas*, ob. cit., T. XIV, 1673-1677, pp. 117-118, 267-268.
10. Los dichos de Pereyra corresponden al testimonio del pirata holandés de origen francés Alexander Oliver Exquemelin, quien se encontraba en el Caribe en el año 1666. En su obra *De Americaensche Zee-Roovers*, publicada en 1678 en Ámsterdam, evoca casos parecidos: "Cuando los piratas han hecho presa de navíos, la primera cosa que ejecutan es poner en tierra (la más cómoda que hallan) los prisioneros, reservándose algunos para su servicio y ayuda, a los cuales, pasados dos o tres años, les dan libertad. Van muy de ordinario a refrescarse a una u otra isla, particularmente, a las que están de la parte del mediodía de la de Cuba; entonces limpian sus navíos y, entretanto, unos van a la caza y otros con algunas canoas a cruzar, buscando su fortuna". Véase: *Piratas de América*, edición de Manuel Nogueira Bermejillo, Madrid: Dastin, 2002, p. 69.

alguna aclaración. El cultivo de la caña de azúcar era la principal actividad en la costa de esta diminuta isla volcánica ("Nevis" en inglés), convertida en territorio inglés a partir de 1628, antes de la toma de Jamaica. Manuel, pese a su condición de negro libre, sabía a qué atenerse y su reacción ilustra su coraje y su pericia militar. Quizá por no manifestar sus vencedores desconfianza frente a los indios –los ingleses, en sus empresas del Nuevo Mundo, nunca dejaron de creer en alguna ayuda de los naturales, como víctimas de los españoles–, Manuel pidió a sus compañeros que cogiesen sus armas. Así dieron sobre ellos, y de los 16 piratas, mataron a diez e hirieron a cuatro. Luego pudo volver Manuel a La Guaira, con el barco inglés y dos piratas sanos. La misma real cédula que relata los hechos se refiere a los siete alfanjazos –los filibusteros solían valerse de esta terrible arma en el Caribe– recibidos por Pereyra, pruebas de su heroísmo.

El gobernador de entonces, don Fernando de Villegas[11], después de las debidas indagaciones sobre las circunstancias de tan inverosímil hazaña, cuanto más asombradora que procedía de un negro, se vio obligado a admitir su incuestionable heroísmo. Lo patentizaban no sólo la captura de un barco del temido enemigo, sino también las profundas heridas de Manuel. A diferencia de sus sucesores, se portó con nobleza para con el héroe, solicitando de la Corona un premio a la altura de su comportamiento y en relación también con su condición, a instancia, no cabe duda, del mismo Manuel, quien le manifestó su deseo de ponerse al servicio del rey. Esta merced consistía en entregarle el puesto de capitán de la compañía de morenos libres de Caracas, con el sueldo que le pareciese a la Corona.

Por supuesto, dada la especificidad del caso, de los más inauditos para los consejeros como es de imaginar, los trámites se demoraron mucho. El rey despachó sus reales cédulas tan sólo el 20 de febrero de 1680, nueve años después de los hechos. La primera, dirigida personalmente al concernido, la exhibió Miguel el 25 de junio de 1683 durante el proceso que le imputó el gobernador Diego de Melo Maldonado[12]

---

11. Contador, juez oficial perpetuo de la Casa de Contratación de Sevilla, Fernando de Villegas fue nombrado gobernador de la provincia de Venezuela el 2 de agosto de 1668.
12. Melo Maldonado, antes de suceder a Francisco de Alberro como gobernador de Caracas en 1682, fue su juez de residencia. Véase: J. Llavador Mira, ob. cit., p. 95. Es de suponer entonces que conocía perfectamente la actitud de Alberro frente a Pereyra.

por desacato a la justicia. De ella se extraen las líneas siguientes que explican en parte la actitud del acusado:

> ...y echo asi el y el consejo [...] y reximiento y ttodos los cauelleros escuderos officiales y hombres buenos de la dicha ziudad de caracas y sus terminos y jurisdizion os ayan y tengan por tal capitan de ynfanteria española de morenos libres y os guarden y hagan guardar ttodas las honrras grazias y mercedes y franquezas liuertades preheminenzias prerrogatiuas e ynmunidades que por razon de tal capitan deueis hauerr y gozar y os deuen ser guardadas en la forma segun y como se a obseruado y guardado de los otros capitanes de semejantes compañias.

En este documento aparece por completo el título reivindicado por Miguel con tanto tesón en los años siguientes, o sea, el de capitán de infantería española, aunque determinado por el complemento "de morenos libres". Ahora bien, en la cédula dirigida al gobernador sólo se lee "Capitan de la Compañia de morenos que ay en esa ziudad". Nada permite explicar la diferencia, a no ser, quizá, que a la Junta de Guerra del Consejo de Indias no le pareció útil ser más explícita, circunstancia de la que se aprovecharían las autoridades para rebajar las pretensiones del titular.

Por un motivo que se explicitará a continuación, la Junta limitó su poder a la mitad de dicha compañía, con un sueldo de 15 pesos mensuales de por vida, no como tal capitán, sino por su heroico comportamiento. Sin la determinación del propio beneficiario, quizá no se habría concretado la medida. Es lo que se deduce de uno de los últimos documentos del legajo, correspondiente al parecer del fiscal del Consejo de Indias, redactado el 28 de junio de 1691, en relación con el asunto de la libertad de los cimarrones de Venezuela. El preámbulo revela que Manuel se había trasladado a la corte para "representar" el servicio que había hecho, de que constaba por autos.

La justificación de la real decisión colmaría de satisfacción al joven negro: "atendiendo a la particularidad de sus seruizios y a quan justo es premiarle e tenido por bien hazerle merced como por la presente se la hago...". Se entenderá entonces el porqué de sus exigencias en los años siguientes y la altivez de que le acusaron sus adversarios, poco acostumbrados a tales honras para con un negro en una sociedad esclavista. Es posible que se le subieran los humos a los sesos a Manuel Pereyra, de ahí sus dificultades. Y, por si fuera poco, se mostró decidido, como veremos más adelante, a permanecer a la altura de estas honras. Le destacaban del común de sus congéneres y, opinaría, le conferían responsabilidades a su respecto.

Antes de ir más lejos en la evocación del papel desempeñado por el flamante capitán de infantería negro después de su nombramiento, es menester decir algunas palabras acerca de la citada compañía de morenos de Caracas. En el expediente de defensa de su proyecto de manumisión de los cimarrones, produjo Manuel las patentes de su creación el 2 de mayo de 1637 por Francisco Núñez Melián, gobernador y capitán general de Venezuela. El pretexto era el gran número de morenos libres en Caracas y sus términos, incluyendo el vocablo "morenos" no sólo a los negros sino también a los zambos o "grifos", es decir, a los mestizos de negros y de indios. Interesaba valerse de sus servicios "en las ocasiones que se ofrezieren de guerra", reza el documento, el cual las declina en los renglones siguientes. Parecía del todo normal su participación en la custodia y defensa de las costas y de los puertos de la provincia en una época en que se tenía noticia de la amenaza "de enemigos cossarios que vienen a infestar esas costas". Pero se extendió su campo de intervención a la captura de los delincuentes y de los cimarrones, aspecto que no perderemos de vista por valerse de él Manuel más tarde. Efectivamente en esto se diferenciaba la compañía de sus parecidas que se crearon en el Nuevo Mundo.

Otro aspecto interesante para nuestro propósito, las cartas patentes no ocultaron la motivación segregacionista de dicha creación. La sociedad dominante de ningún modo admitiría el alistamiento de estos seres en las filas de los vecinos: "no es conveniente que se alisten ni passen muestra en las compañías de infantería española". Ahí estaba el quid para Manuel, casi 50 años más tarde. Si para él, su nombramiento de capitán de infantería por la Corona sólo podía ser de infantería española, los vecinos de Caracas no quisieron ver en él más que a un capitán de infantería de negros libres. Al fin y al cabo fingieron olvidarse del real nombramiento, por parecerles abusivo, para tan sólo acordarse de la afectación más congruente a su modo de ver. Cerremos de momento el paréntesis, aunque tendremos que volver a este aspecto por ser el meollo de las reivindicaciones de Manuel.

Ñúnez Melián eligió como capitán de la compañía a Luis de Montes, moreno libre, por haberle reconocido "las partes, suficiencia y substanzia y otras conuenienzias" requeridas para semejante desempeño. No se demoran más las patentes en la justificación de la elección. En cambio fijan con precisión los poderes y privilegios del capitán:

> y como tal capitan de ynfanteria de la dicha compañia de morenos libres zambos y grifos, le doy facultad para que pueda exerzer y ussar el dicho cargo en todas las cossas y cassos a el anexas y conzernientes y enarbolar vandera y nombrar ofiziales de su compañía, a los quales y a los soldados della mando le obedezcan, acaten y respeten como tal su capitan, guardando en todo las ordenes y mandatos que para el seruizio del Rey, nuestro señor, usso y exerzissio del dicho ofizio, defenssa y guarda de esta çiudad y su costa y puertos, terminos y jurisdizion, les diere el dicho capitan luis de montes, al qual mando se le guarden todas las onrras y grazias merçedes franquesas liuertades que por razon del dicho cargo deue hauer y gozar y se le deuen guardar, sin que en cosas ni parte della se le mengue ni falte cosa alguna…

Como veremos, Manuel Pereyra se mostró sumamente susceptible en lo que atañía a sus "honras", "mercedes" y "franquezas", no sólo de parte de los miembros de la compañía, sino de los propios vecinos, por considerarse capitán de infantería española. La condición para la certificación del título era el pago del derecho de media anata conforme al arancel de la ciudad.

Manuel Pereyra, una vez obtenido el premio de sus servicios, no se contentó con un título honorífico que le distinguiera de sus parecidos. Estaba bien determinado a que su compañía desempeñara un papel efectivo, de acuerdo con la misión trazada por las patentes de creación, su real nombramiento y su experiencia. Con este propósito, levantó una nueva solicitud a la Corona para que no cupiera duda a este respecto, logrando satisfacción con el despacho el 13 de octubre de 1680 de una real cédula dirigida al gobernador Alberro que precisó su campo de intervención:

> El capitan Manuel Pereyra moreno libre, a quien he hecho merzed de una compañia de morenos de esta ciudad, me a representado las ocassiones en que se ofreze salir nauios desa costa para buscar a el enemigo que continuamente la infesta, y me a suplicado fuesse seruido de mandarle despachar zedula para que vos y vuestros subzessores, en las ocassiones que se ofrezieren de esta calidad, tengais pressente la compañia de su cargo para nombrarla para este efecto y tambien para socorrer los lugares de

esa prouinzia que se hallaren invadidos. Y visto en mi junta de guerra de Yndias, e tenido por bien ordenaros y mandaros (como lo hago) que, en lo que no tubiere ynconueniente, os valgais de este subjeto para las ocassiones que se ofrezieren de mi seruizio...

¿Cómo no ver la osadía del personaje? No vacilaba en pasar por alto las atribuciones del gobernador para acudir directamente a la autoridad real. Tomaba muy en serio su nuevo papel, y no se fiaba de las autoridades locales para cumplir su misión. Pero hay más: pese a su modesta condición, obtuvo satisfacción por segunda vez de parte de la Junta de Guerra del Consejo de Indias, lo cual no era poca cosa. No se podría entender esta decisión, de alcance excepcional, si no se tomase en cuenta la gravedad de la situación, debidamente valorizada por el suplicante, quien supo dar pruebas a la vez de su perspicacia y de su determinación. No se contentó con su deber de participar en la defensa de la costa contra el pirateo, perjudicial para la economía local y el fisco real. Propuso un verdadero plan de prevención, que no existiera, debido a la despreocupación de las autoridades: "...se ofrece salir nauios desa costa para buscar a el enemigo que continuamente la infesta...".

Más que una lección elemental de estrategia militar, esta proposición era una acusación indirecta en contra de la desidia de los gobernadores. Por añadidura, su autor, por muy valiente que fuera su conducta en el pasado, no era más que un negro, al fin y al cabo. Le resultaría difícil al gobernador tragarse las órdenes de la Corona a favor de un hombre de tan ruin extracción. Manuel tenía una alta idea de sí mismo, la cual distaba de correr parejo con el concepto en que se tenía a los negros. Los consejeros se vieron obligados a admitir lo lógico de la proposición frente a la gravedad de la situación por las costas caribeñas. Quedaba pendiente por supuesto la aplicación de las medidas que hubieran dado a Manuel Pereyra poderes algo parecidos a los de un almirante. Esto era harina de otro costal, ya que dependía de la buena voluntad de los vecinos.

3. La sed de reconocimiento

No tardarían a manifestarse las reticencias de las autoridades frente a tales honras, aunque de un modo solapado.

Primero al nivel de la compañía. El número de negros libres en Caracas nunca permitió desdoblar dicha compañía, afirmó en 31 de diciembre de 1683 Diego de Melo Maldonado, sucesor de Alberro en el puesto de gobernador. En su carta al Consejo de Indias, con fecha de 17 de mayo de 1685, el mismo Pereyra admitió que Alberro dio las órdenes necesarias al sargento mayor de la ciudad, Lorenzo Martínez de Villegas, con la mediación del escribano de gobernación, Juan Rengel, pero que la partición ordenada por la Corona no podía efectuarse. Durante casi cuatro años se quedó el nuevo capitán sin milicianos, siguiendo los pocos que existían a las órdenes de su antiguo capitán, Lázaro de Guzmán. Esta circunstancia motivó posiblemente el proyecto de Pereyra de integrar a los cimarrones manumitidos a la compañía para reprimir el cimarronaje, como lo permitían efectivamente las patentes de la milicia. Pero hubo quienes avisaron al gobernador que era un pretexto de parte de Manuel para "hazerse caudillo de los negros". De modo que, cuando le imputaron su causa, nunca había pasado Pereyra de capitán sin tropa. No resulta muy difícil imaginar su amargura.

Pero hubo más. Poco faltó efectivamente para que Pereyra se quedase también sin el sueldo prometido por la real cédula de 20 de febrero de 1680. La Junta le otorgó dicha retribución no por su puesto de capitán de la compañía de negros libres –no se retribuía el mando de los milicianos, ni siquiera de sus oficiales–, sino como premio de su actuación frente a los piratas ingleses. Como se planteaba el problema de hacerlo entrar en el presupuesto, otra cédula despachada a instancia de Pereyra, la del 3 de noviembre del mismo año, recordó que se debía pagar el sueldo "del situado que ay en essa ciudad". Se había contestado al capitán que "en esa ciudad no ay situación alguna que le venga de otra parte que de las caxas". El "situado" correspondía a la parte de las tasas recogidas por los oficiales del fisco real para pagar los sueldos, y en este caso, si nos atenemos a la cédula, los sueldos de la infantería. Después de consultarlo, la Junta mandó a Alberro el 3 de noviembre de 1680 que si el situado no permitía pagarle a Pereyra, entonces se acudiría a las cajas reales donde se depositaban las rentas debidas a la Corona antes de mandarlas a la península. Otra manifestación de la benevolencia del Consejo de Indias a favor del capitán. Otra prueba de un seguro apoyo entre los consejeros, del cual no vacilaba en valerse en caso de necesidad. En Caracas, no todos verían con ojos favorables el que un negro, además de ostentar un título abusivo y exigir el respeto correspondiente, gozara de una renta sin ejercer responsabilidad alguna. Pronto se las arreglaron para estorbar sus aspiraciones. A la mezquindad discriminatoria, de un modo paradójico se añadió... la envidia.

En mayo de 1681, nada había cambiado, viéndose obligado el defraudado capitán a dirigir una carta de protesta al gobernador Alberro, con una copia de las reales cédulas así puestas en tela de juicio, para hacerle presente que el rey había mandado "a los oficiales de su real Hazienda diesen y pagassen cada mes de sus reales caxas y efectos mas promptos, sin embargo a quales quiera replicas, quinze pesos de a ocho reales cada mes por todos los dias de su vida". Pensarían dichos oficiales que había prioridades de más importancia para la provincia[13]. El tono adoptado por Pereyra se hizo perentorio, dando a entender que los oficiales no cumplían con su deber y, peor aún, no acataban la voluntad real. No dejaba Pereyra, seguro de su buen derecho, de dárselas de personaje importante, de prevalecerse de la protección real, lo cual no podía menos de molestar a dichos oficiales, hartos de lo que tomarían por presunción de parte de un negro. Las exigencias de Pereyra, del todo normales, se hacían contraproducentes, de ahí un profundo desengaño que le amargaría la vida.

Le hacía mucha ilusión a Miguel Pereyra creer que por fin había escapado de su condición, poniéndose a la altura de las personalidades más honradas de la gobernación. Era no contar con lo arraigado de los esquemas mentales de la época, reforzados por la situación colonial basada en el esclavismo, con los que tropezaba su anhelo de reconocimiento.

Sin embargo, no perdía ocasión de suscitar el respeto de todos, en particular en el dominio religioso. Supo granjearse la benevolencia de varios responsables religiosos, no entre el clero secular, sino entre los frailes de más crédito. No suministran los documentos mucha información en cuanto a los procedimientos adoptados para llegar a sus fi-

---

13. Los libros de la Real Hacienda de Caracas no permiten comprobar si se efectuó algún pago. En el "Libro de cargo y data" de 1657-1669, aparecen los sueldos del obispo, del gobernador, de los oficiales reales, de los soldados de La Guaira y sus oficiales, incluso el del maestro de gramática, pagados con las entradas de las cajas reales. AGNC, Tomo 29, 01-04-50B-63-0024/P1 S1 E48 P1 C8. El libro de 1671-1679, referenciado en el catálogo del AGNC, no se encuentra en las estanterías. La serie se interrumpe con el final de siglo.

nes. Uno de ellos no carecía de impacto. Los vecinos de Trujillo, en su carta al rey con fecha de 20 de octubre de 1682, pusieron en duda su buena fe, acusándole de querer disimular sus "depravadas costumbres" con "el hauito de donado de la orden de nuestro padre san francisco". No ha llegado todavía el momento de preguntarnos por estas costumbres. Los franciscanos gozaban no sólo en Venezuela, sino en todas las Indias Occidentales de gran respeto por parte de la feligresía por renunciar a los bienes de que se mostraban ávidas las otras órdenes. Ser donado de San Francisco era una apreciada prueba de humildad, de adhesión a los auténticos valores cristianos. Por supuesto, cuesta harto trabajo poner en tela de juicio la sinceridad de Manuel, tachándole de oportunismo hipócrita, lo que pensaban los vecinos de Trujillo. No obstante, si no fuera un anacronismo, se podría admitir que encajaba mal su deseo ansioso de poder y de honor con la modestia requerida de un donado franciscano.

Capítulo segundo
Medrar en la sociedad colonial

A todas luces, Manuel Pereyra era un hombre excepcional. De no haberlo admitido, el gobernador Fernando de Villegas no se hubiera atrevido a apoyar su solicitud ante el Consejo de Indias, y la Junta de Guerra no hubiera premiado con términos tan encomiásticos a un ser que llevaba en la cara el oprobio de sus orígenes, según los conceptos de la época. Sin embargo, en las Indias Occidentales la ley se acataba pero no se cumplía. Y con mayor razón en casos parecidos. Nadie esperaría que un negro exigiera el cumplimiento de decisiones que, al fin y al cabo, iban en contra de valores sociales imperantes desde hacía más de siglo y medio en todas las Indias, con el apoyo de la Corona, la cual sacaba un provecho nada desdeñable de la servidumbre del hombre negro. Las leyes en contra de lo arbitrario de los dueños de esclavos no eran más que válvulas de escape que permitían preservar la paz colonial. Pues bien, una vez reconocida la heroicidad de Manuel Pereyra, nadie pensaría que se tomase en serio, que este "hombre de bien", este "hombre honrado" como no dejó de calificarse –autoestima insoportable a ojos de la clase dominante– se diese ínfulas de hombre providencial.

1. El gran proyecto de Manuel Pereyra

El tesón con que gestionó su negocio hasta entonces era sugestivo de las ambiciones del personaje. ¿Se contentaría Manuel Pereyra con ser un capitán de parada, convocado tan sólo, fuera de las amenazas filibusteras, para encabezar a un grupúsculo de negros libres con motivo de los desfiles de Semana Santa y de los duelos u onomásticos de la familia real, al lado de las cofradías de negros y de indios? ¡A otro perro con este hueso! Era un hombre de acción, lo había probado. Más aún, era un hombre de entendimiento y lo probaría. Para él, los dos no iban separados. Había tomado consciencia de que para nada servía tomar el contrapié de los esquemas admitidos. Para que adelantasen las cosas, bastaba con valerse de las contradicciones de la sociedad colonial.

De momento, concretamente, no podía reivindicar más que el título de capitán de compañía de negros libres, aunque, lo veremos, nunca renunció al grado más empingorotado de capitán de infantería española. Nadie se opondría a que ostentase tal grado, que suponía cierta capacidad de alienación. ¡Pero daba el caso que dicha compañía tenía una existencia casi virtual, destinada a satisfacer el deseo de aparentar de unos cuantos negros libres! ¿Lo ignoraba Manuel? Conocía el tenor de las cartas patentes de su creación redactadas en 1637 por el gobernador Núñez Melián. Le llamarían la atención primero la cláusula sobre la participación de dicha compañía en la defensa de las costas contra las empresas de los piratas, defensa en que se había ilustrado y adquirido una incuestionable experiencia, y luego la referencia al papel concedido a la agrupación en la represión del cimarronaje. Si bien los vecinos, en su intento de rebajar las ambiciones de Pereyra, hicieron cuanto pudieron para amenguar lo espinoso del problema, veremos que ciertos de ellos no negaron lo perjudicial de las actuaciones de los negros fugitivos, aludiendo en particular al famoso rey Miguel que hizo temblar a los ricos mineros de Barquisimeto en 1552. Y en todas las Indias Occidentales no faltaron luego las amenazas cimarronas, consubstanciales del sistema esclavista, que obligaron a la Corona a pactar con los caudillos más peligrosos para preservar las estructuras de producción, y, por ende, las rentas reales. Eran hechos patentes, que llegaban al conocimiento de todos los negros. ¿Cómo pudiera ser que no estuviera al tanto Pereyra? Estaría decidido a aprovecharse del fenómeno para sacar alguna ventaja a la vez para su formación y para los propios cimarrones. Lo entendieron los vecinos, quienes, diez años más tarde, no renunciaron a quitarle importancia a la peligrosidad del cimarronaje para desacreditar el proyecto que despertó el interés de la Corona.

En primero de febrero de 1680, es decir, al despacharse las reales cédulas que le otorgaron su título de capitán, presentó Pereyra un memorial bien argumentado acerca del problema planteado por los negros fugitivos y sus descendientes en la gobernación. Desde su hazaña, habían transcurrido diez años. Este largo lapso de tiempo le permitió pensarlo bien y construir una rigurosa argumentación. Antes de presentarla es imprescindible describir la situación en lo que se refiere al cimarronaje.

Hemos insistido en la primera parte sobre la semiología de la evolución transtextual de la imagen del rey Miguel como personaje literario. Su recuerdo dejó una huella imborrable en la mentalidad colonial. No sólo la sociedad dominante no dejó de manejar la psicosis suscitada por su actuación, sino que sus herederos siguieron preciándose de la participación de sus padres en la represión de su rebelión. En una época tan tardía como los últimos decenios del siglo XVI, notó M. Acosta Saignes, Fernando Manuel Valera y Alarcón, al solicitar una encomienda en 1685, no se olvidó de evocar la participación de su tatarabuelo materno y de otros antepasados en la defensa de Barquisimeto para "pacificar cantidad de negros cimarrones que se habían alzado con ánimo de quemarla y hacer muertos y daños que pudiesen en sus moradores, lo cual no ejecutaron..."[1]. Con la derrota de Miguel no desapareció el cimarronaje, consecuencia ineluctable de la esclavitud. M. Acosta Saignes trata de la preocupación suscitada por los numerosos cimarrones de La Guajira, particularmente a fines del siglo XVI con los negros del Mariscal Castellanos. En 1586, el gobernador de Venezuela, Luis de Rojas, organizó la represión de los cimarrones, confiada a Juan Esteban, quien dirigió a un escuadrón de 50 soldados para destruir su refugio. Según una relación de 1570, no se podía ir de Maracaibo al Río de el Hacha "por estar indios de guerra en el paso de negros huidos y cimarrones". En 1596, el cabildo de Caracas le suplicó al gobernador que tomara disposiciones para acabar con los cimarrones. Empeoró la situación en el siglo XVII con el surgimiento de varios cumbés, en particular en los llanos de Ceniza (1648), en el actual estado de Trujillo, en el Empalado, en los términos de Maracaibo, en los llanos de Barcelona, a orillas del Orinoco (1665). Grupos de cimarrones había en los valles de Monay y Jirajara (1677)[2]. F. Brito Figueroa se refiere a la existencia en 1650 de importantes núcleos en los valles de

---

1. M. Acosta Saignes, ob. cit., p 181.
2. Íd., pp. 186-187.

Tuy, Charavalle, Yare, Pariaguán, La Guaira y Paracotas. En el mismo año, el 7 de febrero, el gobernador Pedro León Villarroel comisionó al capitán Francisco de Guzmán y Sarría para reprimir "las partidas insurgentes" cuyos jefes "debían ser ejecutados sumariamente y sus subalternos remitidos presos a Cumaná..."[3].

No insistiremos en estos aspectos, aunque merecerían un estudio ahondado. Pero, para mejor entender la reacción del cabildo de Caracas a las proposiciones de Pereyra con relación a los cimarrones, interesa exponer su actitud a este respecto en los años anteriores.

El 28 de julio de 1653, Francisco Galindo Sayas, caballero de la Orden de Calatrava, Manuel Felipe de Tovar, caballero de Santiago, el capitán Pedro de Liendo, alférez mayor de la ciudad, el maestre de campo Lázaro Vázquez de Rojas, el sargento mayor Juan de Brizuela, el capitán Diego Fernández de Araujo, en nombre de los vecinos de Caracas, presentaron un proyecto de ordenanzas al gobernador. En su argumentación arguyeron lo siguiente:

> ...de esta ciudad y de nuestro servicio se nos han huido y huyen de ordinario muchos esclavos negros y mulatos e indios de las encomiendas, en grave daño y perjuicio del bien público y de S. M., mediante la falta que hacen en las haciendas, con que pudiéramos aumentar nuestros frutos y los reales derechos de su procedido, demás de lo cual se han recrescido y pueden␣rescrecer otros mayores daños que se puedan considerar de consentirles hacer cimarroneras y poblaciones en que se han juntado y juntan en gran cantidad, obligando diversas veces a sus antecesores de vuestra merced a despachar capitanes con gente armada para sujetarlos y desbaratárselas y aún vuestra merced ha despachado por las mismas razones informes y comisión, como tan celoso del servicio de S. M. y bien público, sin que haya podido tener efecto, ya por lo que se alejan, como por otras causas que son notorias...

La carta no deja lugar a dudas en cuanto al fracaso de las empresas de represión que no consiguieron cercenar el mal. La osadía de los cimarrones iba hasta robar y saltear e incluso matar viajeros por los caminos. Se daban al rapto de negras en las casas de sus amos. Teniendo en cuenta la gravedad de la situación, estos vecinos solicitaron del go-

---

3. F. Brito Figueroa, *El problema tierra y esclavos en la historia de Venezuela*, ob. cit., p. 209.

bernador el permiso de reunir un cabildo abierto con el fin de tomar las decisiones necesarias. Propondrían hacer una caja de cimarrones a la cual pagarían los amos de esclavos dos reales por cabeza al año para los gastos de la represión. Se elegiría a un capitán de cimarrones y a sus soldados se les pagaría por cada presa "lo que fuere justo". Le tocaría hacer una salida anual con el permiso de castigar a los jefes con 200 azotes y de cortar las orejas a los fugitivos por su primera huida, y a los que resistiesen, se les podría matar. Si se impusiese el destierro, se indemnizaría a los amos con el dinero de la caja[4].

Casi cuatro años después, quedaba pendiente el problema. Admitió el cabildo el 24 de marzo de 1657 que no se habían encontrado los recursos adecuados para concretar el plan: "...el mayor inconveniente era no tener esta ciudad dineros ningunos con qué socorrer a la persona y soldados que fuesen a esta facción". Y por ello se solicitó al gobernador para que sacara lo necesario de las cajas reales como préstamo. Éste aceptó nombrar al alférez Andrés de Laya para encabezar la empresa y adelantar la cantidad necesaria hasta que el tesoro real pudiese tomar en cuenta la solicitud. El cabildo nombraría comisarios para establecer asiento con Andrés de Laya, en particular sobre lo debido a los soldados por cada captura, dado que "han quedado todos desabridos y medrosos de lo mal que en otras ocasiones les han pagado". Estos comisarios fueron el capitán Diego Fernández Araujo y el sargento mayor Juan de Bruzuela. En su reunión del 11 de abril de 1657, los regidores establecieron que los vecinos pagaran 30 pesos por los cimarrones huidos desde hacía menos de un año y 60 pesos por los otros[5].

Hemos expuesto las tergiversaciones del cabildo de Caracas para poner de realce su incapacidad de encontrar las soluciones idóneas. La represión del cimarronaje en la provincia de Caracas planteaba pues un problema recurrente. Como en muchos lugares, los vecinos no aceptaban encargarse de los gastos. No cambió la situación en los años siguientes, lo cual incitaría a Manuel Pereyra a presentar un nuevo plan.

Primero hizo hincapié en el fracaso de los intentos anteriores de represión o de solucionar el problema de un modo pacífico. Si admi-

---

4. En: Manuel Lucena Salmoral, *Regulación de la esclavitud negra en las colonias de América Española (1503-1886): Documentos para su estudio*, Alcalá de Henares/Murcia: Universidad de Alcalá/Universidad de Murcia, 2005, pp. 179-180.
5. Íd., p. 182.

tió que se hicieron planes para concederles la libertad de manera a poder utilizarles en la lucha contra los "enemigos" que "infestaban" las costas, lamentó que no llegaron a concretarse por falta de confianza de parte de los amos. Con esta indirecta, puso Pereyra el dedo en la llaga: eran ellos quienes tenían la culpa de la situación, de ahí la permanencia del problema "por muchos años". Retirados los cimarrones en los despoblados para huir del dominio de sus amos, no dejaban sin embargo de perjudicar sus intereses, por lo menos en las poblaciones, raptando negras. Esta rápida referencia no era característica de la gobernación, por carecer las sociedades cimarronas en todas las Indias de elementos femeninos, lo cual se explica por la desproporción en el SEX RATIO esclavista y posiblemente un menor atrevimiento de las mujeres. Siendo fundamental la sobrevivencia para estos grupos, hacían "entradas" en las poblaciones con el fin de llevarse a las mujeres necesarias para la reproducción, con los daños colaterales, de intentar oponerse los amos desprevenidos: "se a ocasionado el que agan algunos insultos y perjuicios grandes a los vecinos de todas las poblaciones". De creer al autor del memorial, el fenómeno afectaría a todos los pueblos. Ahora bien, los amos intentaron quitarle importancia, asegurando que las negras les seguían a los cimarrones únicamente para satisfacer su lubricidad. Total: habían aumentado de un modo considerable los miembros de las diferentes "mansiones", término que, en el contexto, designa los palenques, de modo que ya no podía saberse a quiénes pertenecían. Ello equivalía a decir que, al concederles la libertad a los cimarrones cuyo crecimiento demográfico se produjo tiempo después de la huida de los fundadores de las comunidades, no se lastimarían los intereses de los antiguos amos. No carecía de peso el argumento, que no pudieron menos de descartar con insistencia los vecinos.

Después de estas consideraciones históricas, manifestación de la perspicacia de su autor, éste pasó a proposiciones que —nótese su habilidad— aparentemente no constituían una ruptura con los intentos pasados. Reanudó el proyecto de perdonarles sus delitos y concederles la libertad a los cimarrones, quienes de todos modos ya vivían libremente fuera del alcance de los españoles, para reducirles a Caracas. No opondrían dificultad alguna, aseguró con mucho optimismo, como si ya se hubiera cerciorado de su benevolencia al respecto. Y, como se pensó anteriormente alistarles en la lucha contra los piratas,

¿por qué no integrarles en la compañía de morenos libres fundada en parte con este propósito? Así pues, de un tiro Manuel mataba dos pájaros: se encontraría a los reclutas necesarios para el caso y se daría una verdadera consistencia a la compañía y… a su título. Esta nueva prueba de habilidad tampoco consiguió engatusar a los vecinos, cuya animadversión agudizaba su clarividencia. A ello volveremos.

Otro rasgo de habilidad: de este modo se podría controlar más fácilmente a los cimarrones reducidos, que antes se encontraban fuera de cualquier potestad. Se entiende implícitamente que Manuel sería el garante de su buen proceder. Y, por si fuera poco, la experiencia adquirida por esta gente para sobrevivir les confería un valor excepcional que importaba poner al servicio de la Corona frente a los enemigos. No vaciló pues en calificarles de "onbres de mucho valor", lo cual eran sin duda alguna. Para mejor socavar las posibles reticencias y suscitar la codicia de los vecinos y el interés fiscal de la Corona, Manuel pasó a otro dominio, el de la economía. En tiempo de paz, es decir, entre las amenazas de los piratas, se utilizarían las competencias agrícolas de los negros reducidos para "cultiuar muchas tierras que estan eriales". Se trataba de la integración de los cimarrones en la economía colonial, de la cual se encontraban apartados de hecho, situación paradójica para quienes se ufanasen de visión prospectiva. Los vecinos no se dieron por aludidos, intentando en su respuesta ganarle la mano a Pereyra. Al fin y al cabo sólo faltaba en esta argumentación discursiva de gran lógica un elemento trascendental, el de la religión, encontrándose efectivamente los cimarrones fuera de todo "pasto espiritual", según la expresión redundante que surgió en otros escritos, lo cual abordaremos cuando sea necesario.

Salta a la vista el alcance dialéctico del memorial, que intentaba encerrar a los vecinos en sus contradicciones, reduciendo la paradoja entre el interés particular y el interés colectivo. No dejó insensible al Consejo de Indias, al cual no le molestó aparentemente la motivación personal de Pereyra. El 27 de septiembre de 1680 se le despachó una real cédula favorable pero que requería para la aplicación del plan el parecer del cabildo de Caracas. Se presentó el destinatario al gobernador para los trámites necesarios, que desembocaron en el cabildo abierto de 25 de junio de 1682. Siete años más tarde, seguía pendiente el problema, en un contexto que contemplaremos más tarde.

2. Preparación del proyecto

A sabiendas de que se demorarían las cosas, no se contentó Pereyra con esperar la decisión del Consejo. Quiso anticiparse para colocar a los vecinos ante hechos consumados, que harían más complicado un posible rechazo de su parte.

Primero, mucho antes de presentar sus proposiciones a la aprobación real, se las arregló para lograr del gobernador una misión de aproximación a los cimarrones, de quienes no se sabía mucho, fuera de los tópicos que corrían a su respecto. Quería asentar su argumentación en la realidad. Según una carta de los vecinos al rey, con fecha de 6 de julio de 1683, en 1672, es decir, poco tiempo después de la hazaña de Pereyra, Alberro accedió a su demanda, enviándole a hablar con los cimarrones. No le habría costado mucho trabajo, enfatizaron, dar con ellos, de modo que antes de levantar sus primeros escritos al Real Consejo, ya "tenia bastantes noticias de las simarroneras en que fundo su pretension". Las palabras son de doble filo y ponen en duda la sinceridad del capitán, quien, si entendemos bien, se habría puesto de acuerdo con los fugitivos sobre su actuación para obtener la libertad.

En su larguísima carta de 17 de mayo de 1685, suministra el capitán al Consejo las explicaciones necesarias para aclarar su comportamiento así puesto en entredicho. Como los vecinos pretendían que Pereyra ensombrecía voluntariamente la situación y que no había negros huidos de sus amos desde hacía más de un año, el gobernador decidió verificar los hechos, despachando hacia los montes a Manuel con dos "exploradores". Esta última palabra designaba a dos personas conocedoras de las dificultades del terreno, dos "baquianos" como se solía decir –siendo Manuel un forastero–, que, en caso de necesidad, podrían también dar su parecer. El viaje por "aquellos retiros y montagnas de aquellas serranias" surtió efectos correspondientes a las esperanzas del afanoso viandante. Dio con un pueblo de 84 varones, fuera de las mujeres, de los hijos, y de una numerosa "chusma" de muchachos de poca edad, no pasando los mayores de 14 años. Llevaban más de 23 años en el lugar.

Camino de regreso a Caracas, topó con un negro fugitivo de otra población a quien trajo después a la ciudad. Éste le llevó a su "tropa", conformada por 16 hombres. Interrogados, confesaron que huyeron de sus amos haría 18 años. Su pueblo[6], situado por los llanos a 60 leguas del lugar, pasaba de 100 hombres. De él habían salido por lo necesario para su mantenimiento[7]. Debían de ser colectores y cazadores, que, merced a estas expediciones tan lejanas, completaban la dieta cimarrona. Esta referencia es significativa de las dificultades experimentadas para mantener a la comunidad que contaría con más de 400 individuos. Los hombres se dedicaban así a un seminomadismo parecido al que solían practicar ciertas tribus africanas. Los hijos de los primeros ocupantes llevaban ya 24 años en el pueblo. Otros estaban allí desde hacía 14 años, y el último había llegado 9 años atrás. Resulta muy claro el motivo de la curiosidad de Pereyra. Primero los españoles no habían conseguido recuperarles y ya no podían reivindicar la posesión de los nacidos en los palenques por no conocer siquiera su existencia. Luego estos pueblos tenían ya una historia y una estructuración social atractiva para sus congéneres. Era de sumo interés entonces reducir a esta gente, cuyo número no dejaba de crecer, aunque fuera tan sólo de un modo vegetativo. De lo contrario, podía representar un peligro. Por añadidura, le prometieron que saldrían a entregarse y, como prueba de sus buenas disposiciones, le confiaron un negro para que se entrevistase con el gobernador.

A este primer contacto sucedió al poco tiempo otro de más relevancia. Llegaron a Caracas seis negros de la misma comunidad, encargándose Pereyra de llevarles ante el gobernador. Éste no pareció tomar las cosas a la ligera, interrogándoles sobre el número de pobladores, la proporción de varones y de hembras y el tiempo que llevaban en su pueblo. Le dieron respuestas concordantes con las cifras recogidas por el capitán. Uno de los representantes declaró que tenía seis hijos de más de 16 años. Llegado a este momento de su discurso, Pereyra puso sobre el tapete un tema, que tanto daría que hablar entre los vecinos. Los nacidos en estos pueblos o sus parcialidades no recibieron ninguna instrucción religiosa, y, peor aún, no estaban bautizados: "los quales confesaron sus

---

6. En ningún momento aparece en la documentación las palabras "rochela" o "cumbé", usadas en Venezuela.
7. En los llanos reina la sabana, con el gamelote. Los árboles son pocos, salvo en las galerías de las corrientes de agua, o en las matas cerca de las cuales se ubican los hatos de la ganadería. De ahí la dificultad de los cimarrones para mantenerse y su obligación de recorrer grandes distancias para encontrar alimentos, fuera de la carne suministrada por el abigeato.

mismo padres no tenian mas agua de bautismo que la que les hauiacaido del rosio de los montes". El humorismo ponía el dedo en la llaga sin aparentarlo, siendo la evangelización en el Nuevo Mundo responsabilidad de la Corona, y más precisamente de sus representantes, en este caso del gobernador de Caracas. Menudo aprieto el de Alberro que no podía zafarse de su obligación, como se lo daba a entender el capitán. A éste le confió el hospedaje de los recién llegados, sin preocuparse si alcanzaban sus recursos económicos para mantenerles durante los 15 o 20 días de su estadía en Caracas, lapso de tiempo necesario para que Alberro tomase una decisión. Por fin se la remitió por escrito, mandándoles a los negros el regreso a sus montes para traer a sus compañeros.

Al poco tiempo le llegaron a Pereyra noticias de la existencia de otra población en la serranía de la costa de arriba. Se estimó obligado salir de nuevo de Caracas a su encuentro. Se trataba de un grupo conformado por 32 hombres, 22 mujeres y 9 muchachos, varones y hembras. Pero su historia difería mucho del pasado de las dos primeras poblaciones con que Pereyra trabó relaciones. Interrogados sobre sus antiguos amos, le dieron una respuesta asombrosa por su carácter insólito, y es de suponer que le suministraba un argumento insoslayable frente a la mala fe de los vecinos. A estos negros, ninguno de ellos podría reivindicarles: se escaparon de un barco negrero que se había estrellado en la costa hacía mucho. Retirados tierra adentro, consiguieron sobrevivir dándose en un primer tiempo a la caza y luego, al cultivo. Nunca conocieron el dominio español. No fue éste un caso aislado en la historia cimarrona del Nuevo Mundo. Valgan por ejemplo los famosos "mulatos" de Esmeraldas, en la jurisdicción de la Real Audiencia de Quito. Nacieron del mestizaje de indias y de esclavos escapados de un navío de Panamá que se dirigía a Lima en 1553 y se estrelló en Portete, en la bahía de San Mateo. Acabaron por lograr de la Corona el reconocimiento de su orgullosa autonomía[8]. Y ¿cómo no pensar en los no menos célebres garífunas procedentes de un barco negrero estrellado en la isla de San Vicente? Después de dominar a los indígenas, acabaron por ser deportados por los ingleses a las costas de Honduras y a otras comarcas de Centroamérica[9]. Pero, a diferen-

---

8. Véase: Jean-Pierre Tardieu, *El negro en la Real Audiencia de Quito. Siglos XVI-XVIII*, Quito: Ediciones Abya-Yala/IFEA/COOPI, 2006, cap. 2.
9. Véase: Rafael Murillo Selva, "'El otro lado lejano' (El Mundo de los Garífunas)", Coloquio Internacional de Estudios Afro-iberoamericanos, Alcalá de Henares,

cia de los mulatos de Esmeraldas, y, posteriormente, de los garífunas, los descendientes de estos naufragados aceptaron las proposiciones del capitán. ¿De qué argumentos se valió? ¿Qué pintura esbozó de las ventajas que encontrarían en el sometimiento a la Corona española y sus representantes en el territorio? Acabaron por decirle "por último" –circunstancia que deja intuir sin embargo alguna reticencia al principio de las negociaciones– que se reducirían conforme a lo que les proponía. Obtenido esto, volvió Pereyra a Caracas para informar al gobernador. Esta circunstancia inclinaba el fiel de la balanza a favor de la teoría del capitán negro, obligándose Alberro a dar cuenta a la Corona de todo lo ocurrido antes de seguir con el negocio.

No tuvo la oportunidad de hacerlo, sucediéndole en el puesto don Diego de Melo Maldonado, quien no se dio por enterado. Por lo contrario, asevera Pereyra, prestó oídos a los vecinos "de su parcialidad", ansiosos de acabar con el plan de reducción. Fingiendo atenerse a la legalidad, exigió ver las reales cédulas en que se apoyaba. El capitán, con la mediación de Francisco de Araujo, escribano real y de cabildo, le entregó toda la documentación relativa a su empresa a favor de los cimarrones, quedándose el nuevo gobernador con la cédula de su nombramiento. Aprovechó la ocasión para solicitar su intervención ante el deán del cabildo eclesiástico, quien, sede vacante, hacía de ordinario, con el objetivo de lograr la intervención de los franciscanos y de los dominicos del convento de San Jacinto para el adoctrinamiento de los cimarrones. A este respecto, parece que Pereyra ya había conversado con el mismo provincial de los frailes predicadores, fray Rafael del Rosario. Bastaba pues dar un aspecto oficial a la demanda, pasando por Melo Maldonado. Pero éste se hizo de rogar, acusándole el capitán en su extensa carta de "querer oscurecer la materia" en que tanto había trabajado.

Cuando por fin le devolvió el gobernador la real cédula de su nombramiento, comprobó Pereyra que el calificativo "española" que acompañaba el sustantivo "infantería" había sido borrado. Esto le incitó a dejar rienda suelta a su indignación e intentar poner a los consejeros a su lado:

España, 24-27 de mayo de 1994. Se consultará también: Carlson Tuttle, *Compilación bibliográfica sobre el pueblo garífuna*, Francia, junio de 2012, <http://www.Ird.fr/afrodesc/>.

…donde se be claro que quando esto con tal yreuerencia y ossadia lo borra un gouernador con estar firmado del Rey nuestro señor y de sus ministros superiores ya no me admira señor que conmigo siendo un pobre miserable haiga hecho el gouernador tantas cosas malas publicamentequando las ha llegado a hazer con su rey borrando lo firmado que a todos consta ser assi de su real mano…

No vaciló el contestado capitán de infantería española en acudir de nuevo al Consejo de Indias. Éste le remitió a la Real Audiencia y Cancillería de Santo Domingo y se vio obligado a trasladarse a la isla para defender su título y sus prerrogativas. No se sabe más a este respecto. Acordémonos sin embargo de que, algún tiempo antes, se presentó Pereyra ante el mismo Consejo de Indias para lograr el premio de sus servicios. Son muchos viajes y, otra vez, nos preguntamos dónde encontraba los recursos necesarios.

Así pues, sería la preocupación de Pereyra por la salvación de sus congéneres cimarrones la que le ofreció el pretexto a Melo Maldonado para poner trabas a su promoción social. Por supuesto no estaba nada de acuerdo el gobernador con esta aseveración, de la cual ya se había defendido en una carta al rey redactada el 31 de diciembre de 1683 como respuesta a una cédula enviada a su predecesor por el Consejo en 27 de septiembre de 1680.Se trataba de saber si convenía acceder a la demanda de Pereyra de integrar a los cimarrones en la compañía de morenos libres. Declaró que, efectivamente, había recibido a seis de ellos con sus arcos y flechas. Vinieron con un pasaporte despachado por Alberro, proponiéndole la reducción de su comunidad en el lugar de su elección. Contestaron a su pregunta sobre su importancia numérica enseñando una cuerda con 51 nudos, detalle etnohistórico que no carece de interés. De creerle, su situación le habría conmovido sobremanera:

tube gran sentimiento que estas almas se perdieran hauiendo mas de treinta años que viuen estos sin poder sauerdellos ni su asistencia para reducillos a sus manos desseando tubiessen doctrina…

Como no quería hacer nada sin el *nihil obstat* de la Corona, les ordenó que volviesen de donde venían. Buscaría un pretexto para echarle tierra al asunto. Su compasión, insistió, le habría incitado a prometerles la ayuda de un clérigo o de un religioso para adoctrinar a sus hijos, sin exigir por ello que le revelasen dónde vivían. Le respondieron que volverían por él. Se siente el malestar de Melo cuando se vio obligado a admitir que pronto se olvidó del asunto por tener muchas ocupaciones:

> ...les hordene se fuesen, que io procuraria imbiarles un clerigo o rreligioso que les bauptisasse los hijos y los doctrinasse, asegurandoles por ese camino no serian descubiertos, que me dijessen como sabria yo donde le auia de ymbiar. Creo, señor, me rrespondieron ellos uendrian por el. No me acuerdo bien, porque con la cantidad de cossas que desde entonzes ocurrieron no me acorde mas de esta matheria y mas quando por ygnorar el zitiohize el juizio no lo conzeguiria...

Pero los negros sí que tenían buena memoria, y volvieron el 10 de diciembre de 1683. El tono lisonjero de Melo para explicarse en cuanto a las medidas adoptadas sigue revelando su desasosiego:

> Boluiome a dar gran cuidado y pareziome no correspondia a estar puesto en este lugar por monarca tan piadoso, sino hazia todo lo pozible hasia el Bien de estas almas. Determine mandarles saliessen hasia la nueba poblazion de San Carlos de austrias que tienen empezada los padres capuchinos en esta gouernazion y que pidiessen a aquellos padres hiziessen la diligencia de bautizallos a sus hijos y cazallos y administralles los sacramentos...

El gobernador no estaba nada dispuesto a gastar ni un real por la salvación de las almas de los cimarrones, que le importarían un comino. Para que no se le acusase de no cumplir con su obligación, acudió a los capuchinos que habían fundado una reducción de indios, nombrada San Carlos de Austria[10]. Allí les mandó a los negros, como si fuera un favor, exigiendo de ellos condiciones impuestas posible-

---

10. En 29 de diciembre de 1677, fray Pedro de Berja, prefecto de las misiones capuchinas de indios guamonteyes, en los llanos de Caracas, presentó al gobernador Francisco de Alberro una real cédula que le autorizaba para fundar, en el sitio del Pao, un nuevo pueblo con el título de Villa de San Carlos de Austria, que reuniría a 30 vecinos "vagos", con el propósito de sujetar indios. El gobernador aprobó la fundación el 7 de junio de 1678, nombrando a un justicia mayor. Véanse los documentos en: P. Buenaventura de Carrocera, cap., *Misión de los capuchinos en los llanos de Caracas, I, Introducción y resumen histórico. Documentos (1657-1699)*, Caracas: Biblioteca de la Academia Nacional de la Historia 111, 1972, pp. 364-365.

mente por los vecinos. De entonces en adelante, tendrían que prestar su ayuda para la persecución de los cimarrones, y, de acoger tan sólo a uno de ellos, volverían a su anterior estado de esclavos. Se comprometerían además a no robar ganado y a no intentar ir a Caracas porque "alborotaban a los demás negros". En caso de necesidad les bastaría con mandar a un mensajero, pero sin armas. Algo más tarde, hizo saber Melo a los capuchinos que lo mejor sería que ellos le informasen directamente.

En la segunda parte de la carta, se hizo Melo Maldonado el portavoz de los vecinos, expresando su miedo de ver a sus esclavos contaminados por la actitud de los cimarrones. Si se les satisficiese a éstos, muy pronto les imitarían huyendo de sus amos para reivindicar después su libertad. La sola presencia de los enviados de la comunidad incitó a algunos a echarse al monte y temía posibles alborotos el gobernador. Tal situación, dado el número de los esclavos en la ciudad, lastimaría mucho los intereses de los vecinos. Según él, bien mirado, lo que se presentaba como una solución para la salvación de las almas de los fugitivos sería contraproducente, porque, con la huida de los siervos, se perderían más almas. Lo mejor, en semejantes condiciones, era devolver a los cimarrones a sus amos y seguir como antes. Se permitía aconsejarlo a la Corona, para el escarmiento de los siervos y la quietud de los vecinos. De todas maneras, se estaba preparando para cualquier percance.

La culpa de todo ello la tenía Manuel Pereyra, declaró Melo Maldonado. Estaba dispuesto a tomar en cuenta sus reivindicaciones relacionadas con la compañía de morenos libres, pese a que estos milicianos no eran numerosos y ya tenían su capitán, cuando se enteró de su altivez y le dieron a entender todos que "queria hazerse caudillo de los negros". Bajo su amparo iba aumentando su soberbia. Crecía el susto debido a los lazos que había trabado Pereyra con los cimarrones. No le había dado el tiempo a Melo Maldonado para aclarar el asunto cuando se atrevió el capitán a resistir al alguacil mayor de la ciudad, osadía que le obligó a ordenar su prisión. Y por si fuera poco, trató mal a un ayudante suyo. Si no le castigó severamente fue únicamente por haberle honrado la Corona, contentándose con infligirle una pena de ocho años de destierro en El Morro de La Habana.

No diremos más de momento. La actitud de Melo Maldonado contrastaba con la de su antecesor frente a los propósitos de Pereyra. Veía con malos ojos un plan que no encajaba con los intereses de los vecinos, cuyas presiones no estaba dispuesto a ignorar. Es patente su intención de desprestigiar de un modo solapado a un hombre cuya condición no debía haberle permitido tener acceso a honras desproporcionadas. Las insinuaciones del gobernador no consiguen convencer de su buena fe. Pereyra tenía que vérselas con todo un grupo de poder que no escatimaría sus esfuerzos para acabar con él.

¿Quién era, pensarían los vecinos, para tanto atrevimiento? Hemos revisado detalladamente todos los libros de escribanías del Archivo de la Nación de Caracas entre 1671 y 1682, o sea, un conjunto de 37 registros notariales[11], sin encontrar la menor alusión a Manuel Pereyra, fuera de un contrato con un procurador cuando se le encarceló, al que aludiremos cuando sea necesario. Aparentemente no efectuó ninguna transacción económica que mereciera la mediación de un escribano público. ¿Cuáles eran sus recursos entonces, si incluso le costó trabajo cobrar el sueldo prometido por la Corona? Era un hombre sin bien alguno. No compró ni un solar ni una morada: viviría en casa alquilada, comiendo en una pulpería. Ahora bien, en los mismos libros no faltan las escrituras para la compra por negros libres de "un cuarto de solar", e incluso de un esclavo. En 1679 Lázaro de Guzmán[12] y Antonia de Naves Becerra, morenos libres vendieron al maestre de campo don Juan de Ibarra una negra esclava nombrada Gracia, de nación mandinga. El mismo año, el negro libre Felipe de la Cruz vendió a Pedro Ponce de León al negro Juan, de nación angola, comprado al capitán don Pedro Hurtado de Monasterios[13]. En 1680, Elena Antillano, parda libre, vendió al negro libre Juan González "un pedazo de solar"[14]. Podríamos citar varios ejemplos semejantes de compraventa. Tampoco faltan los testamentos de negros libres como el del zapatero Salvador Gutiérrez con fecha de 30 de septiembre de 1684, en el que el testador proclamó su fe, repartió limosnas, señaló las deudas de sus clientes y mandó que se vendiese su casa para fundar una capellanía de misas[15].

---

11. Para los libros de escribanías consultados en el Archivo General de la Nación de Caracas (AGNC), véase la bibliografía.
12. Acordémonos de que Lázaro de Guzmán era el capitán de la milicia de negros libres. Véase capítulo 1 de esta parte.
13. AGNC, Escribanías, 131 B, 1679, Juan Rangel de Mendoza.
14. Íd., Escribanías, 133 B, 1680, Juan Rangel de Mendoza.
15. Íd., Escribanías, 143 B, 1684, Vicente Ferrer.

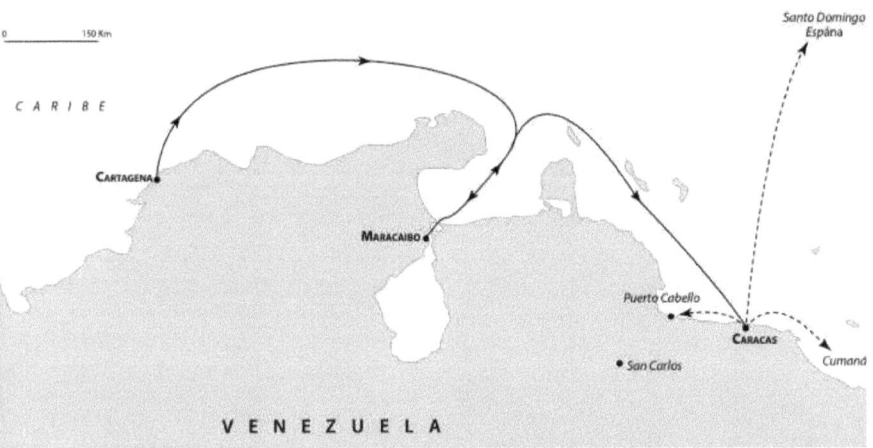

Viajes de Manuel Pereyra.

En resumidas cuentas, Manuel Pereyra era un solitario, un personaje sin familia, que nunca aludió a sus orígenes, como si esto no tuviera importancia para él. Su modo de vida no distaría mucho de la misantropía. Tampoco dimos con el menor indicio a su respecto en las secciones "civiles" o "judiciales" del Archivo de la Academia de la Historia de Caracas, lo cual acentúa el misterio que rodea al hombre. Se hizo a sí mismo, procediendo su valor no de su nacimiento sino de su actuación: todo pasa como si su vida empezara con la toma del barco pirata. Su única preocupación consistía no en hacerse admitir, sino en hacer reconocer su hombría de bien por la capa más alta de la sociedad.

Capítulo tercero
Reacción de la sociedad colonial

Contrariamente a lo que se podía esperar de un gobernador atento a las decisiones del Consejo de Indias bien dispuesto frente a Manuel Pereyra, no esperó Melo Maldonado las instrucciones superiores para tomar decisiones de importancia en contra suya. Dio a entender en su alambicada carta del 31 de diciembre de 1683 que su primera preocupación fue mantener, como era su deber, la paz en el territorio que, pese a una aparente benevolencia –religiosa en particular–, amenazaba los propósitos del capitán negro. Puso en duda su lealtad, prestando oídos favorables a chismes que ni siquiera se dio la pena de averiguar y tomando en cuenta argumentos capciosos. Así, la deportación a que le condenó había de considerarse como una medida positiva.

El examen de los autos del proceso imputado a Manuel Pereyra permitirá entender el ensañamiento del gobernador hacia un personaje que no dejaba de proclamar su honradez.

1. Frente a las reivindicaciones personales de Pereyra

Como la mayor autoridad de la provincia sabía muy bien dónde le apretaba el zapato a Pereyra, no incurrió en el error de acusarle de entrada de sedición. Los vecinos, lo veremos, ardían en deseos de hacerlo. Pero resultaba en extremo arduo convencer a la Corona de que merecía semejante acusación un proyecto que había suscitado su interés e incluso su adhesión. Aunque, una vez detenido el capitán y encerrado en El Morro de La Habana, no dejaron de introducirla de un modo paulatino e insidioso primero, hasta machacarla *ad nauseam* después de transcurrir el tiempo y esfumarse el temor de una posible reacción de los cimarrones. El justicia mayor, que era también el gobernador, se valió de la quisquillosa susceptibilidad de Pereyra para tenderle una trampa. Una serie de provocaciones, que se ejercieron sin embargo, a instancia de Melo Maldonado, de una manera solapada y progresiva, acabó por sacar de sus casillas al impetuoso negro, dándole un pretexto al gobernador para invertir la situación. Se las dio de defensor de la justicia ultrajada y tachó a Pereyra de desacato a la autoridad. Fue el motivo de su detención en junio de 1683. Encerrado en el cuerpo de guardia del cabildo, se le abrió una causa criminal "sobre hauerse resistido al alferez mayor Miguel de Roxas, alguacil mayor, auiendolo querido prender".

Intentemos desmontar el mecanismo de la trampa. Al darse cuenta el capitán de las segundas intenciones de Melo Maldonado, demasiado tarde era, y no le fue de ninguna ayuda el tono sumamente respetuoso de su defensa.

¿En qué motivos estribaba la acusación? Se le declaró como preámbulo a Pereyra que había faltado el debido respeto a los ministros de la justicia, delito que debía ser castigado. Miguel de Rojas presentó como testigo a su teniente, Salvador García Gavilán. La riña verbal entre el capitán y el alguacil mayor se verificó un día después de anochecer, en el centro de Caracas, más precisamente en la esquina de la morada de doña Catalina Urbano. Haciendo su ronda con García Gavilán, dio Rojas con un personaje embozado y con sombrero que estaba charlando con otro. Pereyra no se habría quitado el sombrero en señal de respeto a la justicia, cuando quiso averiguar su identidad, y respondió: "¿Que justicia? ¿Que justicia?", con un tono altivo. Así empezó el altercado que sirvió de pretexto. Rojas le trató de "desvergonzado", a lo cual replicó que él era aún "mas devergonzado". No tardó el alguacil en soltarle el peor insulto de la época para un negro, el de "perro negro". No se inmutó por ello Pereyra y le devolvió lo prestado, adaptándolo sin embargo a la situación. No se esperaba Rojas oírse calificar de "perro blanco" por un negro, y peor aún mientras estaba cumpliendo con lo que estimaba ser su deber. De ahí su decisión de prender en el acto al pretendido delincuente. Éste le opuso que, como capitán, sólo podía detenerle el capitán general, o sea, el mismo gobernador. Empezó a dar voces con "votos a Cristo", llegando a empuñar su espada. Los gritos atrajeron a muchos mulatos y negros, entre ellos al sargento Domingo de Navas, de la compañía de pardos (mulatos) de la ciudad. García Gavilán se dio cuenta de que la cosa se estaba poniendo fea, dadas la resolución de Pereyra y la concurrencia de gente "de su parcialidad". Consiguió convencer a Rojas de que renunciase a su propósito, "por euitar los daños ynconbenientes que podian resultar". Queda muy clara la alusión a un posible motín de los negros y mulatos así reunidos.

Según el proceso jurídico acostumbrado, Pereyra dio su versión de los hechos. Cuando Rojas le interpeló con la fórmula clásica "¿Quien va a la justicia?" desde la esquina opuesta, estaba charlando con Ignacio de Flores, negro libre que se desempeñaba como oficial de sastre. Quitándose el sombrero, habría contestado con la expresión usual: "Amigos". Repitió la pregunta el alguacil mayor, a la cual respondió: "Yo soy un servidor de vuestra merced", quitándose de nuevo el sombrero y volviéndoselo a poner. Fue lo que no pudo soportar Rojas. Se lo quitó de la cabeza diciendo: "¿Como se cubre delante de mi?". Merece la pena citar enteramente lo que siguió por ser significativo de la mentalidad de Pereyra:

–...a que le respondi: "yo soy un hombre de bien y con bastante graduacion de hombre honrado para poder cubrir delante de otro".

–A que le respondio: "¿Delante de la justicia?".

–A que voluio este confesante a decir: "Yo para con la justicia e cumplido con mi obligacion en auerle respondido en su primera pregunta, desonrandose. Pero aora no me habla Vuestra Merced como justicia, pues solo pasa a maltratarme". Esto es, estando muy cerca de este confesante y conosiendolo.

–A que le respondio: "Pues ¿quien es el?".

–A que respondio este confesante: "Un hombre de bien".

–A que le dixo: "Ea, no sea el perro bachiller".

–A que este confesante dixo: "Vuestra Merced coloque bien sus razones y ve como habla".

–A que voluio a desir: "Ya le he dicho al negro no sea desvergonzado".

–A que le respondio: "Señor Miguel de Roxas, la justicia no maltrata a nadie y honre a los hombres honrados como este confesante".

–A que le respondio: "¿Que honra tienes tu, grandisimo perro negro?".

–A que le dixo: "Tanta como tu".

–A que le respondio: "¿Que es eso de tu?".
–A que le respondio: "¿Pues acaso es alguna [ilegible] que quiere hablarme como si yo fuera su criado y que no le responda?".
–A que dixo dicho alguasil mayor: "Con la justicia te pones".
–A que le dixo: "Vuestra Merced a mi no me a llegado en forma de justicia porque no hubiera dichome '¿Quien es?' de segunda vez, sino '¿Quien ba a la justicia?', ni tampoco pasara a maltratarme de palabras".
–A que constatasion le dixo al ministro que lleuaua: "Prenda a este negro".
–A que le respondio: "Baya a prender los que tiene huidos".
–A que le replico: "¿Como me habla a mi de esa suerte?".
–A que le volvio a desir: "Su Magestad, que Dios guarde, me tiene honrado y tampoco permite que a mi se me hable de la forma que Vuestra Merced a querido".
–A que le respondio: "Ya le digo que se de a prision".
–A que le respondio: "Yo no tengo ningun delito para hazerlo".
–Y en esta misma ocasion, su propio ministro le dixo: "Señor, vamos, que el señor Manuel Pereyra es un hombre de bien, y no me pareze ay razon para esto".
–A que, voluiendo las espaldas para irse, dio quatro pasos y a uista de la gente que alli se hallo, le dijo: "Baya el perro desarrapado, que yo se lo dire mañana al señor gouernador y vera si lo prenda".
–A que le respondio: "Baya norabuena el goloso, que yo tambien le dire a mi capitan general lo que en esto se me ofresiere".
Y le dixe tambien que, auiendole conosido, pudiera escusar el alboroto, pero que este confesante se tenia la culpa en auerle prestado su dinero, por cuya ocazion le tenia el aborresimiento que le tenia, y se fue hablando por la calle abajo rasones que no pudo este confesante perseuir.

Se entenderá fácilmente que el teniente no se atrevió a decirlo todo, pero es también de suponer que Pereyra intentó aminorar su responsabilidad, pasando por alto su actitud provocativa, debida al alto concepto en que se tenía, la "hombría de bien", a la que no dejaba de referirse. Sin embargo, bien se vio obligado a admitir García Gavilán que su jefe había proferido el insulto más ofensivo que se podía pronunciar frente a un negro. De esta larga cita se deducirá que el capitán no estaba nada dispuesto a renunciar a su dignidad, en la que creía de veras. Los obstáculos no harían más que reforzar su determinación.

Si hemos reproducido casi en su totalidad este llamativo diálogo, no es tanto por su aspecto contundente, de tipo teatral, como por su extraño alcance ideológico. El alguacil mayor, hondamente irritado por lo que le pareció una prueba de desfachatez de parte de un negro, soltó unos improperios sacados del registro popular, cuya carga racial se veía acrecentada por su prepotencia. Lejos de acallar al ofendido, consciente de compartir con su contrincante la misma dignidad humana, suscitaron una escalada, incitándole a tomar el exacto contrapié del engreído alguacil mayor. Cabe hacer énfasis en esta sobrepuja, muy moderna para la época. En la documentación archivística de las antiguas Indias Occidentales, hemos hallado muchísimas reivindicaciones que remitían también a la igualdad y a la dignidad de los negros; en cambio, nunca hemos encontrado tal desafío verbal, tal determinación de rivalizar con el interlocutor blanco en su propio terreno, sin ceder ni un ápice.

La actitud de Rojas corresponde a la mentalidad de la sociedad esclavista. Sin embargo, algo más podía motivarla, que sacó a colación Pereyra durante su interrogatorio. El odio, en ciertos casos, resulta de la inversión del agradecimiento originada por un amor propio exacerbado. Una deuda puede suscitar, en ciertas condiciones, un sentimiento de insufrible dependencia que desemboca en una profunda animadversión. Fue el caso del alguacil mayor, si nos atenemos a las explicaciones de Pereyra.

Pese a su añeja alcurnia y a su categoría social de indudable importancia, se vio obligado a pedirle dinero prestado, empañando así su propia imagen. Además no era cuestión de una modesta cantidad, sino de 50 pesos, otra prueba de que el capitán disfrutaba de una desahogada situación económica, sin que la documentación nos suministre al respecto el menor indicio. ¿Le permitiría, en ciertas circunstancias, desempeñarse como prestamista? Sería otro aspecto poco común del asunto.

Un año antes de los sucesos, le solicitó Rojas dicho préstamo para remediar una necesidad, comprometiéndose a devolvérselo a los quince días. Dando prueba de realismo –bien sabría que le costaría harto trabajo cumplir su palabra–, y de generosidad –aparentemente se la permitían sus alcances– le concedió el capitán un plazo de dos meses. Le rogó sin embargo que firmase un vale en las oficinas del escribano público Juan Rengel, donde depositaría la cantidad solicitada. Como le significó Rojas a Rengel que le convendría un plazo de cuatro meses, Pereyra, arguyendo su amistad con el alguacil mayor, dio su visto bueno: "…le dijo manuel pereyra: 'es amigo', y passara por ello". No podemos pasar por alto esta aseveración, que contrasta con los acontecimientos posteriores. Se sospecha que muy interesada era la amistad de parte de Rojas. Y bien podía ser igual de parte de Pereyra, pero por otro motivo. ¿No manifestaría así su voluntad de arrimarse a poderoso para concretar sus propósitos? Haciendo del alguacil mayor su deudor, ¿no creía desvirtuar de cierta manera su posible desconfianza? Obviamente pecó de ingenuo.

A pesar de varias reclamaciones –unas de las cuales dieron lugar a incisivos intercambios– a los seis meses todavía Rojas no había rembolsado lo prestado, ni manifestado el deseo de hacerlo. Por último, le respondió: "Pidalo como quisiere que no lo tengo ni me e de uoluer dinero". El tono mordaz, incluso sarcástico, no dejaba dudas en cuanto a los sentimientos de Rojas. Le avisó Pereyra que, si fuera preciso, acudiría a justicia, lo que hizo enseñando el vale al gobernador. Éste obtuvo de Rojas el compromiso de devolver el dinero, con lo cual se presentó Pereyra en su domicilio para exigir lo suyo, aparentemente con mucha cortesía eufemística. Sólo admitió el alguacil mayor haberse comprometido a buscar la cantidad prestada, argumento que rechazó el capitán arguyendo la palabra del gobernador. Llegado a esta altura nuestro relato, permítasenos otra vez citar por entero la continuación de la altercación, por dar su contenido la clave del enfrentamiento por la calle:

–A que le dixo este confesante: "A no auerlo dicho uste a su señoria, no me lo hubiera dicho".
–A que le respondio con vos alterada, levantandose de una hamaca donde estauasentado: "Oye, no me venga aqui altercar rassones".
–A que le respondio con vos alta en la misma forma: "Yo no tengo para que altercarlas con vsted, ni bengo a mas que a que me de mi dinero".
–A que le dijo: "Oye, no venga a ponerse con la justicia, porque le metere en un brete".
–A que le respondio: "Deme vuestra merced mi dinero y cumpla la justicia con su obligazion, que si yo tuviere delito, tengo capitan general para que me prenda como a capitan de ynfanteria, y no auia de aguardar a que usted me metiere en bretes".
–A que le respondio segunda ves: "Ea, bayase en orabuena de ay".
–A que le respondio: "Deme mi dinero y quedese con ella en su casa".

Por fin salió Rojas por el dinero, y se lo devolvió. De ello, dedujo Pereyra, resultó la mala voluntad e incluso el odio que le tenía. Dadas las circunstancias, bien era posible que no se equivocara. La escena referida por el capitán entra en plena coherencia con la que ya hemos contemplado. En ella surgieron los prolegómenos que se concretarían con más violencia, debido a la inquina del alguacil mayor. No admitiría que un negro le reclamara lo debido y se atreviera, de igual a igual, a enmendarle la plana en el dominio de sus atribuciones. En este momento se transformó Rojas en enemigo de Pereyra, esperando el pretexto para vengarse de tal humillación.

En el detallado memorial fechado el 17 de mayo de 1685, enviado al Consejo de Indias desde El Morro de La Habana, persistió Pereyra en su interpretación basada en "el sinsabor de la dependencia" que experimentó Rojas. Quiso, según la acertada expresión, "en esto azer a su odio capitan de la justicia". En esta misma carta, pudo, con el transcurrir del tiempo, valorar lo penosa que fue para su amor propio la venganza del alguacil mayor. La cita siguiente, en que intenta justificar su actitud frente a la acusación de resistencia a la justicia, expone con mucho pudor la amargura experimentada a la sazón para mantener su dignidad frente a los insultos. Se siente que Pereyra era un hombre torturado por el insondable foso entre su nobleza de alma y de entendimiento, de que, a su modo de ver, había dado pruebas fehacientes, y el trato reservado a su condición de negro:

> ...se ofrecio despues [...] el ir una noche de ronda el dicho alguacil maior, encontrando conmigo en una esquina donde me hallo parado hablando con un amigo mio. Trato de quererme prender sin tener mas ocasion para ello que lo dicho passando y queriendo en esto azer a su odio capitan de la justicia, llegandose para mi y huiendome reconocido y preguntadome quien ba a la justicia y yo respondidole: "amigos" me volvio a repetir: "que amigos", y acercandose a mi le dije, quitandome el sombrero segunda ves, y respondi: "El capitan manuel de Pereyra". A esta razon se dejo dezir una que, aunque no me sono muy bien, por la primera la disimule quanto pude, suplicandole con razones las mejores que hasta entonces pude que se siruiese tratarme como un hombre de bien y que no desmerecia por negro, como me lo repitio tan diferentes vezes enuuelto en palabras de vituperios, a que me obligo a faltar con el sufrimiento y responderle con alguna alteracion, en la qual no passe a otra cosa mas que fue dezirle: "Alguacil mayor, vuestra merced no sea desatento porque me hara hazer algun desatino obligado de su mal modo de hablar de vuestra merced". Esto y algunos bottos que hubo de una parte y de otra fue lo que passo y no mas...

Leídas estas líneas, cabe preguntarse si el afán vindicativo de Pereyra no se transformó con el tiempo en un hondo desengaño sobre la posibilidad para un negro de hacerse admitir como hombre de bien, lo cual confirmaría el desenlace.

Pero su exacerbada dignidad no era una prueba de egocentrismo. En sus deposiciones, la extiende a todas las víctimas de los resabios racistas de Rojas. Acusado el 16 de junio de 1683, le dieron a Pereyra seis días para preparar su defensa. El 25 del mismo mes, persistió en sus declaraciones y presentó hechos agravantes para patentizar la arbitrariedad del alguacil mayor en el ejercicio de su cargo, particularmente cuando se trataba de negros y de mulatos. Le acusó de "usar de violentos ultraxes de autoridad" que podían causar graves "despechos", dando como ejemplo el caso de Lázaro de Montes, capitán de la compañía de los pardos de la ciudad, un hombre honrado a quien Rojas trató mal de palabra. Solicitó que la justicia oyese su declaración. Otro caso de desafuero sufrido por el pardo libre Gracián Viveros, la violación del domicilio de un hombre casado, oficial de zapatero. Rojas corrió a puros látigos a "cuatro pobres negros y mulatos que [estaban] en su casa trauajando de su ofizio". No vaciló en ingresar en el propio aposento de la esposa, visitando todos los rincones con el solo propósito de castigarles, como si fuera un crimen reunirse para trabajar. Este comportamiento lo atribuyó Pereyra o al carácter violento de Rojas, su "animo de hacer mal", o a su ambición de granjearse la benevolencia de gente más poderosa "por ber si le tributan algun feudo".

Unos días más tarde, el 10 de julio de 1683, tuvo que explicarse Miguel de Rojas acerca de la contradeclaración de Manuel Pereyra. Según él, si éste se mostraba "soberbio", "altivo" y "muy belicoso", se debía al título de capitán que se le había otorgado. Se le subió a los sesos y se creía el defensor de los negros de la ciudad, "tomando por su quenta el patrocinarlos". Esta alusión es de mucho peso. Bien fuera posible que el flamante capitán se aprovechara de su situación para proteger a los más débiles en contra de los excesos de una justicia arbitraria. Pero la interpretación de esta actuación propuesta por el alguacil mayor constituye una auténtica distorsión de lo que podía ser una noble intención, a juzgar por el vocabulario usado. El verbo "patrocinar" sugiere una voluntad no tanto de conmiseración como de reducción a una estrecha dependencia. Se habría autoproclamado el capitán defensor de los negros, intentando inculcarles una psicología de grupo perjudicial para los intereses de la sociedad dominante. Como si tal cosa, introduce la sugestión una idea de subversión. Si hubiera alguna duda al respecto, la quitaría el empleo de otro término, el verbo "avilantar": Pereyra tenía "avilantados los negros". A imitación del campeón de su dignidad, los negros se ponían insolentes. Las palabras del alguacil mayor son de doble filo, remitiendo a la psicosis permanente de levantamiento de los negros que reinaba en las principales urbes de las Indias Occidentales, particularmente después de los sucesos de 1612 en México. No son propios de él estos términos, los leeremos también en los escritos de los principales representantes de los vecinos.

De un modo hábil, no negó Rojas haber empleado la violencia en contra de los negros, pero era para cumplir con su deber y en conformidad con la orden impartida por el gobernador de salvaguardar la paz y la tranquilidad de los vecinos. Si ingresó en casa de un negro de la manera evocada por Pereyra, fue para acabar con el escándalo, de que le había avisado un sacerdote. Habían formado los negros una junta, con "bailes de sonetos". En todas las urbes coloniales, precisaremos, se solía quejar el vecindario de estos bailes de negros que molestaban su quietud. Pero había más: se temía que fuera un pretexto para fomentar levantamientos. No cuesta trabajo adivinar la alusión de Rojas cuando afirmó que, de actuar de un modo contrario, "fuera muy culpable". Siguiendo con las indirectas –que por tales no carecían de peso–, el alguacil mayor relacionó el hecho denunciado por Pereyra con su reacción al topar con él en su ronda unos días después. Su resistencia no tuvo otra motivación que el deseo de "gloriarse de ello con los demas negros que se sentian agrauiados". Éste es el remate de la destrucción de la imagen de defensor de los débiles investida por Pereyra. En muy pocas palabras, haciendo de portavoz de la opinión compartida por no pocos y de garante de la paz, misión conferida por el gobernador, el alguacil mayor reconstruyó una personalidad muy diferente, la de un peligroso agitador cuyas maniobras desembocarían en la subversión, de no ponerse un término a su actuación. Era completa la inversión de los hechos, que tomaba pie en cierta ingenuidad del capitán negro. No resulta difícil adivinar que se aplicaría al proyecto de reducción de los cimarrones, en un proceso que estudiaremos a continuación.

No le fueron de ninguna ayuda los testigos presentados por Pereyra a su favor entre el 4 y el 7 de agosto de 1683. Primero por pertenecer varios de ellos a su categoría étnica. El pardo libre Ignacio Flores, de 26 años de edad, de quien hemos hablado ya, confirmó la versión de la altercación con Rojas presentada por el imputado, sin nuevos aportes. Pero, si lo pensamos bien, ya era algo, porque no se desanimó frente a las autoridades. El moreno libre Lorenzo de Liendo evocó los insultos proferidos por el alguacil mayor, que giraban en torno al de "perro", cuyo impacto sentiría en sus adentros debido a la solidaridad racial. Además, este testigo expresaría la conmoción de todos los negros libres de Caracas, indignados por el trato infligido por Rojas al representante más ilustre de la comunidad. ¿Para qué servía entonces –se preguntarían– portarse como un hombre honrado si no bastaba para borrar los estigmas de la esclavitud? Tampoco se arredró el pardo libre Gracián Viveros, oficial de zapatero como sabemos, al referir la intrusión de Rojas en su casa. No negó –y en esto su deposición no concuerda con la de Pereyra– que en ella se habían reunido unos esclavos negros del convento de la Merced para cantar y tocar la guitarra, dejando bien claro que no veía qué escándalo cometían en "holgar", lo cual no podían hacer en el convento. Se deducía de sus hechos que de ningún modo representaban un peligro. Sin embargo no se contentó Rojas con correr a los negros a latigazos, sino que registró toda la casa con luz. El lector de la declaración se preguntará qué estaba buscando el alguacil mayor. ¿Objetos robados o, posiblemente, armas que le permitirían transformar la reunión en junta de subversión del orden público? Mientras tanto no dejó de proferir insultos, "diciendo que aquello que hazian era mucha perreria". De lo cual se infiere que esto correspondía a una propensión suya. En cierto modo, en esto no debía diferir mucho Rojas de sus congéneres, hondamente marcados por la mentalidad esclavista. Lázaro de Montes, el capitán de la compañía de pardos libres, de 28 o 29 años de edad, reaccionó como colega de Pereyra. Como compartiría su sentimiento elevado, se sentiría herido por el trato abusivo de Rojas, pero hizo hincapié en la reacción del capitán negro cuando se permitió enmendarle la plana al alguacil mayor diciéndole: "Señor alguacil mayor de esa manera no se trata a los hombres honrados". Montes asumió obviamente el plural de la expresión. En Caracas, entre algunos negros y mulatos libres de la época, e incluso entre algunos esclavos, sería latente este sentimiento de honradez que se les negaba. Si Pereyra decidió afirmarlo, habida cuenta de su situación, no pocos compartirían su preocupación, aunque no podían atreverse a proclamarla.

Luis Rodríguez Ibáñez, por situarse su pulpería en la esquina donde se verificó la bronca, oyó los insultos de "perro" y "perro desvergonzado" proferidos por Rojas, y no vaciló en confirmarlos ante la justicia, aunque debía de ser blanco. Por cierto, los negros y los mulatos conformarían buena parte de sus parroquianos. No lo imitaron los otros testigos blancos, a buen seguro por no descontentar a las autoridades. El escribano Juan Rengel de Mendoza no pasó de confirmar la mala voluntad de Rojas para con Pereyra, debido al reembolso de su deuda. Pero, de entonces en adelante, pretextaría una enfermedad para dejar de comparecer como testigo. En cuanto al presbítero Juan Picón, arguyó, para no declarar, que necesitaba el permiso del tribunal eclesiástico, el cual, como se cabía pensar, nunca se despachó. Así que, en su gran mayoría, los testigos que osaron ponerse al lado del inculpado pertenecían a su grupo étnico. Se intuyen las deducciones sacadas por la justicia.

2. Frente al proyecto de Manuel Pereyra

Hemos dado a entender que los ataques personales en contra de Pereyra formaban parte de una campaña de desestabilización destinada a desautorizar el proyecto de reducción de los cimarrones y de su integración en la milicia de negros libres. El 27 de septiembre de 1680 informó el Consejo de Indias al gobernador Alberro del plan forjado por el capitán negro. Lo justificó de una manera muy lógica, como sabemos, primero por la imposibilidad para los amos de recuperar a los cimarrones por los montes, y luego por la fuerza de atracción que constituían para los esclavos. Se pensó varias veces dar fin al cimarronaje concediendo la libertad a los fugitivos, pero no se llegó a aplicar la medida por la desconfianza que suscitaba. Presentaba el plan de Pereyra la ventaja de colocarles, una vez concedida la manumisión, bajo su control, como miembros de su compañía. Se pondrían así al servicio de la Corona y del bien público, con su participación en la persecución de los nuevos fugitivos. Tendrían un año a partir de la fecha de la real cédula para someterse. Pero antes de tomar una decisión, el Consejo solicitó el parecer detallado del gobernador sobre la oportunidad del plan, la manera de aplicarlo y la conveniencia de confiar su ejecución a Manuel Pereyra.

Debido a las reticencias del nuevo gobernador, Melo Maldonado, la cosa se retrasó más de lo que se podía esperar. No las disimuló el cabildo en el largo expediente fechado el 25 de junio de 1682. No se negó el alto administrador a tomar en cuenta la real orden: por lo contrario, decidió someter la cédula al cabildo. Los regidores la contemplaron en su reunión de 13 de junio de 1681, confiando al procurador general de la ciudad la redacción de un informe sobre la oportunidad del proyecto. Pero éste omitió hacerlo, desidia por lo menos sospechosa, dadas las circunstancias. Pereyra estaba a punto de perder la paciencia y manifestó su disconformidad en una carta al gobernador con fecha de 22 de septiembre de 1681, llamando su atención sobre la obligación de proveer sobre el contenido de la real cédula. Solicitó un cabildo abierto, o sea, una junta de los vecinos principales de la ciudad, sin obtener satisfacción por encontrarse el gobernador en la imposibilidad de aplazar otras ocupaciones a favor del real servicio. Así se llegó al 9 de junio de 1682, día en que se celebró una reunión del cabildo. El gobernador evocó la embajada de los seis cimarrones ocasionada por la voz de la libertad concedida por el rey a los esclavos fugitivos que se hubieran ausentado del servicio de sus amos desde hacía más de diez años. Después de comentarlo, los regidores decretaron la convocación a cabildo abierto, solicitando del gobernador la ejecución de su decisión. En la junta, celebrada el mismo día, Francisco Araujo de Figueroa, escribano real, leyó la real cédula y pidió el gobernador el parecer de cada miembro.

Según el acta levantada por el mismo escribano, hubo tres tendencias, si se puede decir así, correspondientes a varios grupos de poder encabezados por jefes de filas:

–Cuatro vecinos principales propusieron no hacer nada, dejando las cosas en el estado anterior, por temor a los delitos de los cimarrones reducidos, como el hurto de reses:

–"No dejaran res ni bestia que no hurten", declaró el capitán Mateo Blanco.
–De dárseles la libertad, "los demas esclauos domesticos pretenderan lo mismo", aseguró Andrés de Lanclaeta.
–Traer a los reducidos cerca de poblado "seria criar una cueva de ladrones", afirmó el capitán Pedro Ruiz de Arguinsonis.
–Compartió el mismo parecer su hijo, capitán de caballería, también llamado Pedro de Arguinsonis.

–Seis vecinos principales dieron un parecer positivo:

–El capitán Luis Blanco de Villegas aceptó las proposiciones de Pereyra, con tal que se restituyese a sus amos los esclavos huidos desde hacía menos de diez años. Sería una obligación para los manumisos buscar a los nuevos fugitivos y traerles a sus amos.
–Fueron del mismo parecer el alférez Pedro de Paredes, los capitanes Pedro Rengifo y Juan de Laya Mujica[1], y Pedro de Ponte.
–Se justificó Simón de Esquier con un argumento religioso: así serían "reducidos al gremio de nuestra santa madre iglesia". Y si cometiesen delitos, les castigaría la real justicia.

–18 vecinos principales dijeron que darían su parecer por escrito:

–El que llevaba la batuta entre ellos fue, al parecer, el sargento mayor Domingo Baltasar Fernández de Fuenmayor, caballero de Calatrava. Sin embargo, dejó bien clara su intención: no tenía por conveniente darles la libertad a los fugitivos ni conceder su pretensión a Pereyra.
–Adoptaron su decisión los capitanes Domingo Galindo y Zayas, Juan Nicolás de Ponte y Cristóbal de Quijano y Silva, Juan de Espino y Sebastián Manuel de Ponte.
–El capitán Joseph de Brizuela también daría su parecer por escrito, adoptando su decisión el alférez Antonio Mejía de Escovedo.
–Los otros anunciaron la misma decisión, pero sin declarar seguir a un jefe de filas; fueron los capitanes Antonio Morgado y Manuel de Urbina, los alféreces Juan Francisco de Villalta y Antonio de Laya, Juan Blanco de Villegas, el tesorero de la Real hacienda Gerónimo de Laya, el contador Gabriel de Rada, el factor Fernando Aguado de Páramo, el castellano (alcaide) Pedro Juan Carrasquer y el licenciado Domingo de Guzmán, abogado de la Real Audiencia de Santo Domingo.

A los dos días, el 27 de junio de 1682, un grupo de vecinos principales suministró al gobernador un memorial para argumentar su oposición al proyecto de Pereyra. Primero acusaron al autor de mentira: nunca se trató, ni en Caracas ni en otra ciudad de la provincia, de conceder la libertad a los cimarrones. Estos bárbaros se dedicaban al robo y al crimen y voluntariamente se apartaron del "pasto espiritual".

---

1. El capitán Juan de Laya Mujica se curtió frente al pirata francés Grammont en la defensa del puerto de La Guaira.

Luego, el hecho de manumitirles sería una incitación al cimarronaje, el cual acarrearía el fin de las haciendas por falta de mano de obra con la huida de todos los esclavos, la desaparición de los reales derechos, y la "perdicion de la prouinçia". ¿Cómo podrían ser de alguna utilidad al bien público los cimarrones reducidos? Poco acostumbrados a trabajar, se dedicarían al hurto.

El memorial rechazó también la aseveración de Pereyra sobre la imposibilidad de encontrar a los dueños de los cimarrones, por haberse huido gran parte de éstos desde hacía tiempo. El capitán Alonso Delgado, con motivo de una entrada efectuada en el pasado, trajo a Caracas un gran número de fugitivos cuyos amos ya habían muerto. Ellos y los hijos nacidos en los montes pasaron al poder de los hermanos de los difuntos. Algunos propietarios incluso vieron así crecer su dotación. A doña Bárbula de Acosta, por una negra huida, le trajeron 18 piezas. Por un esclavo perdido por don Francisco Galindo y Zayas, les trajeron 11 a sus herederos. Y no faltaban los casos parecidos.

En los últimos tiempos se organizaron varias entradas: las del alférez mayor Gonzalo de los Ríos, de los capitanes Juan Calderón, Alonso Delgado, Nicolás de Ceballos en tiempo de los alcaldes gobernadores Manuel Felipe de Tovar y Domingo Fernández Galindo, la del capitán Miguel de Urquiola por orden de Francisco de Alberro. Todas, según el memorial, fueron muy fructuosas por poco gasto. Y se castigó a los cabecillas. Se habían encargado de ellas buenos conocedores del proceder de los cimarrones. Ahora bien, fuera de su hazaña contra los piratas, nada se sabía de la experiencia de Pereyra. No era natural de la tierra, y no sería por lo tanto inútil indagar sobre su comportamiento en el pasado y sus razones para abandonar Cartagena de Indias. Dicho entre paréntesis, no aparece en el legajo ningún documento al respecto. Mientras tanto, sigue el memorial, no se podía ir más adelante en el examen de su pretensión, máxime cuando se trataba de reducir a pueblo una cantidad de negros de malas costumbres e intenciones.

Por si fuera poco, después de enterarse del proyecto de Pereyra, los esclavos se hicieron más altivos. Muchos, creyendo en su manumisión, se habían dado a la fuga y andaban armados por los valles de la costa para robar cacao. La paz de la provincia requería el alejamiento del capitán hasta que el rey tomase una decisión. Al fin y al cabo, el propósito de la Corona no podía ser la pérdida de los amos y de sus haciendas con la libertad de los esclavos, sino el mejor remedio para la educación y el pasto espiritual de éstos. El memorial contestaba al argumento religioso a favor de la reducción con un tremendo farisaísmo.

En conclusión los firmantes propusieron no innovar en la materia, es decir, acudir a gente de experiencia, conocedora de las asperezas de las serranías y de los montes, concediéndole, como se estilaba, un premio de 60 pesos por cada cimarrón de más de seis meses de huida, o más si fuese necesario. A los fugitivos capturados y no reclamados al cabo de tres días, se les vendería en pública almoneda. Se entregaría la cantidad obtenida a los amos cuando se manifestasen, menos el premio pagado por la captura. Se castigaría a los caudillos conforme a sus delitos, formándose, si fuera menester, otra compañía en la ciudad de Valencia para correr los valles de la costa donde los cimarrones hacían más estragos. Y se le prohibiría a Pereyra toda comunicación con los cimarrones en espera de la real decisión.

Otros vecinos prefirieron entregar su parecer por separado. El de Joseph de Brisuela y Antonio Mejía de Escovedo presenta una argumentación muy parecida a la del memorial arriba contemplado, de modo que no diremos más a su respecto. El capitán Juan Blanco de Villegas y el alférez Francisco de Agueta, no citado por el acta del escribano real, firmaron una declaración común aún más incisiva que el memorial. Empieza con consideraciones morales y jurídicas. No era justo recompensar con la libertad a los fugitivos que, además de haraganes, habían cometido delitos, y era del todo normal buscarles para entregarles a sus amos. Esta devolución, a su modo de ver, también se justificaba desde el punto de vista religioso, siendo una obligación para los cristianos vivir como tales. El argumento es revelador del concepto que tenían Villegas y Agueta del cristianismo. Si era común a no pocos propietarios de esclavos, discrepaba de la rigurosa ortodoxia:

> ...y para que tambien desta manera tengan el pasto espiritual que gosan los demas esclauos domesticos y porque los que rreçiuieron el agua del Baptismo estan obligados a ser cristianos, se les deue obligar de por fuersa a que lo sean ellos y sus hixos, castigandolos si nesesario fuere para que cumplan con su obligacion.

Descartando la palabra dada a los representantes de los cimarrones durante su entrevista con el gobernador, propusieron aprovechar lo que se sabía sobre ellos para organizar una entrada según los antiguos criterios, con un premio de 60 pesos por cada cabeza de más de 15 años y de 40 por las otras. Nunca, en las anteriores, opusieron alguna resistencia. No se podía actuar de otra manera, porque no era gente de fiar.

De reducirles a pueblo, serían incapaces de mantenerse –por sólo saber cultivar yuca y maíz–, de vestirse y de pagar los estipendios del cura doctrinero. No les quedaría más que darse al robo, incitando a los esclavos a lo mismo y a encubrir el producto de los hurtos para venderlo.

Dicho esto, no veían Villegas y Agueta ningún inconveniente en que Pereyra se desempeñase como capitán de la compañía de negros libres, siempre y cuando hubiera un arreglo con el capitán Lázaro que llevaba más de diez años en el puesto.

Por lo contrario, Antonio de Laya y Mujica, se ensañó en contra de Pereyra:

> digo que de la rrepresentasion hecha al rey nuestro señor […] se conose que la persona del capitan Manuel Pereyra, moreno libre que la hiso, solo atendio a vestir su ynteres y combeniençia y no al ynmenso y general daño de los veçinos de esta çiudad y demas de esta gouernaçion que tienen fundados los caudales y hasiendas en la seruidumbre de negros esclauos, que si estos faltasen lo perderan todo quedando pobres y, lo mas es, subjetos a las calamidades de rrobos y otros que se dexan a la consideracion…

Surge aquí, muy a las claras, un argumento al que hasta entonces sólo se aludía de una manera implícita. Se desarrollaría más tarde con mayor amplitud. Otro juicio, de gran trascendencia: los negros son "gente incapaz de toda rason". Si la tuvieran y amaran la fe cristiana, no huirían de sus amos para vivir en la gentilidad. Con la libertad, tan sólo buscarían su interés y no "el seruiçio de las dos majestades". Como no había más recurso, se acudiría a los remedios tradicionales, habida cuenta de que, en las entradas pasadas, muchos cimarrones se redujeron sin que fuera menester valerse de las armas.

El realismo de don Tello Pantoja contradice el memorial colectivo y los precedentes pareceres. Las diferentes entradas pasadas no surtieron el efecto esperado, por el gran número de las "cimarroneras" y su ubicación en sitios ásperos. No se les pudo obligar "al cumplimiento de la ley de Dios", lo primero que se debería atender. La concesión de la libertad a los fugitivos no les quitaría nada a los amos, quienes de todas maneras no podrían ponerles la mano encima. En cambio, de seguir así las cosas, el bien público correría muchos riesgos, como lo probaron los acontecimientos de Barquisimeto. Alude Pantoja a la rebelión encabezada por el rey Miguel en 1553 que, según parece, dejó una profunda impresión en la memoria de algunos propietarios:

> ...que ni siruen a Dios ni a sus amos ni son de utilidad a la rrepublica. Antes si pueden ser de mucho daño como se a experimentado en los años pasados en la ciudad de Barquisimeto que, acaudillados los simarrones de un negro o mulato, rrobaron y saquearon muchas estançias y aun creo que la çiudad poniendola en tal cuidado que fue menester tenerle [ilegible] y armarse contra ellos para uibir en sosiego y paz, y esta, sino en el todo, en parte...

Pensándolo bien, sigue Pantoja, no había cambiado mucho la situación. En las haciendas, los mayordomos no se atrevían a oponerse a las cuadrillas de negros armados que robaban cacao. Pronto sería un mal irremediable por recibir ellos fuerzas por mar y por tierra, con la ayuda de los franceses y de los negros. En cambio se podría parar esta sangría con la reducción de los cimarrones a uno o dos pueblos, imponiéndoles la obligación de buscar a los fugitivos en cuanto se les señalase su ausencia. Si se comprobase su complicidad o su descuido, uno de ellos sustituiría al huido. Así, los vecinos y los habitadores viajarían sin recelo por los caminos.

Un año más tarde, los vecinos se dirigieron directamente al rey en una carta fechada el 6 de julio de 1683, dando un grito de alarma. Lo previsto se cumplió: ya había producido daños el rumor de libertad introducido por Pereyra. Los negros de las haciendas de Pedro de Ponte se habían levantado, perdiéndole el respeto al amo y poniéndole las manos encima al mayordomo. No resultó nada fácil controlarles y castigarles. Pasó lo mismo con los de doña Josepha de la Torre y del depositario general Antonio de Tovar. Y se necesitaba mucha industria para que los esclavos consintiesen en trabajar. En cuanto a los cimarrones que se fueron a Caracas, a instancia de Pereyra, para entrevistarse con el gobernador, no sólo despertaron la envidia de los esclavos paseando libremente por la ciudad, en las barbas de sus antiguos amos; lo peor fue que, al pasar por las poblaciones, por muy escaso contacto que tuvieran con los esclavos de las haciendas, les dejaban alterados, como ocurrió en las de Juan Mijares de Solórzano y Joseph de Arteaga. Cuando se debía haberles quitado las armas, se decía que el mismo Pereyra les entregó lanzas. Lo que les serviría para defenderse contra posibles agresiones de fieras o alimañas, fingieron tomarlo los vecinos por prueba de incitación a la rebelión de parte del capitán. Estas razones se añadían a los motivos esgrimidos en el memorial presentado un año atrás al gobernador y justificaron la conclusión de la carta. Los autores solicitaron "rendidamente" del rey el apartamiento de Manuel Pereyra de estas partes de las Indias y en particular de la provincia. La perjudicial influencia de su proyecto sumía en la inquietud a quienes hasta entonces vivían pacíficamente. Ya se habían abandonado los eufemismos y las alusiones, a favor de expresiones de mucho peso como la de "setas" que, en la carta, designaba las proposiciones de Pereyra.

En los meses posteriores los vecinos de otras ciudades de la gobernación siguieron los pasos a sus colegas de Caracas. Se había propagado un amplio movimiento de protesta que hacía de Pereyra el chivo expiatorio de todas las manifestaciones de descontento de los esclavos. Los más iracundos y vehementes fueron los de Trujillo, donde, según se entiende, pasó una temporada el capitán. Le acusaron de haber disimulado, como hemos referido ya, sus "depravadas costumbres" con el hábito de donado de san Francisco. ¿Cuáles serían estas costumbres que iban en contra de la moral cristiana? ¿Una desmesurada ambición, una inclinación desenfrenada a la dominación que no admitía trabas? ¿Éste sería su "mal natural" del que, creían los vecinos de Trujillo, no había mejorado? Era efectivamente proverbial la modestia de los donados franciscanos. De momento no podemos ir más allá de estas conjeturas. No suministra más información la carta dirigida al rey el 3 de enero de 1683 por los vecinos de San Antonio de Gibraltar, o Maracaibo, donde asimismo le conocían muy bien. No gozaba entre ellos de mejor fama, a juzgar por la fórmula empleada para caracterizar su comportamiento. Habría sido "muy variable en el estado de su viuir", aseveraron los firmantes. La expresión, también muy ambigua, podría aludir a la misma acusación de hipocresía que creemos haber notado en los dichos de los trujillanos. La conclusión es tajante: era "de poca o ninguna confianza". Para quien se preciaba de honradez con tanta insistencia, por no decir jactancia, era el juicio extremadamente severo.

Tanta coherencia en la formulación de la animadversión de parte de los vecinos de todo el territorio no deja de preocupar. Estas vagas referencias que no se atreven a afirmarse claramente, ¿no serían más que murmuraciones? ¿No quisiera esta gente hacerle pagar al negro su voluntad de medrar en la sociedad que le habría causado algunos disgustos? En tal caso le habría amargado la vida, obligándole a abandonar los diferentes sitios donde intentó probar fortuna y hacer olvidar el oprobio de su origen. El fenotipo podía más que la nobleza del alma.

3. La detención de Manuel Pereyra

Si Pereyra pudo contar con cierta benevolencia del gobernador anterior, no fue lo mismo con Melo Maldonado, por varias razones. La menor no era la presión de los vecinos de todas partes, que pasaron por encima de su mediación para acudir al rey como supremo justiciero. Le daban un motivo aparentemente objetivo, que reforzaba la acusación de desacato a la autoridad, para hacer caso omiso de las pretensiones del capitán negro sin correr el riesgo de descontentar al Consejo de Indias, a quien, de todas formas, se remitía para una decisión final.

Tuvo a bien el gobernador explicarse ante dicha entidad en una carta escrita el último día de 1683, informándole sobre la cuestión de los cimarrones. Reanudó la acusación de los hacendados, temerosos por el porvenir de sus propiedades que dependían totalmente de la mano de obra servil. Bajo su pluma, Pereyra se transformó en verdadero caudillo que, por procedimientos aparentemente legales, quería socavar los fundamentos de la sociedad colonial:

>...quien ynformo a V. M. de estos negros y propuzo su poblazon y liuertad fue Manuel Pereyra, a quien V. M. hizo merced de una compañia de milizia de morenos de la ciudad, la qual no se le a formado por ser pocos y esos hallarse con su capitan. A pedido se le forme en mi tiempo y, estando para hazerlo, tube notizia de su altiues, diziendome todos queria hazerse caudillo de los negros y que temian alguna desdicha porque rrecognozian en los esclauos gran souerbia con su amparo y que tenia comunicazion con los zimarrones. Nada de esto le pude averiguar. Zuzedio a este tiempo haze rrezistenzia a el alguazil mayor desta ziudad con gran desahogo, tratandole mal de palabras. Aberiguela y prendilo en la carzel.

Jurídicamente, no se le podía tachar a Melo Maldonado de liviandad en su proceder. Aunque hizo hincapié en las acusaciones de los vecinos, insistiendo para mayor precaución en su particular gravedad y su carácter unánime, admitió que le faltaban pruebas fehacientes. Los rumores, por muy generales que fueran, no bastaban para mandar la detención de una persona que gozaba de alta protección. La altercación con el alguacil mayor, representante de la justicia real, le dio un pretexto fundamentado en declaraciones irrefutables.

Estas líneas denotarían un gran rigor de parte del alto funcionario, de no llamar la atención por la construcción de la acusación, demasiado perfecta para ser honesta. Conociendo la altivez de Pereyra, lo cual confiesa en su informe, y el desprecio de Rojas por los negros y en particular por Pereyra, sentimiento que en este caso aumentaba el rencor, ¿no se las habría arreglado Melo Maldonado para apretar el tornillo, tendiéndole una trampa al capitán con o sin la complicidad del alguacil mayor? En este caso, Pereyra habría caído en ella a pie juntillas. Pero quizá no era tan maquiavélico el gobernador y se contentó con esperar una oportunidad favorable, a sabiendas de que se la facilitaría pronto la extrema susceptibilidad del hombre.

El 5 de junio de 1683, al capitán Manuel Pereyra se le dio el cuerpo de guardia por cárcel, en las casas del cabildo. Sería que el motivo oficial de su detención no merecía la cárcel pública. Tampoco se descartará la posibilidad de que Melo Maldonado, movido por su gran prudencia, no osara ir demasiado lejos, tratándose de una persona de alguna consideración y, principalmente, de muchas relaciones. Efectivamente, en una carta que, ya en la cárcel, escribiría al gobernador después del 12 de agosto de 1683, Pereyra se refirió al privilegio de inmunidad que le confería su título de capitán de infantería española. A su modo de ver, le protegía de la vergüenza de verse encerrado con el vulgo en la cárcel pública, aunque sabía que se ponía en duda la validez de la calificación de su grado. En el cuerpo de guardia se quedó por la causa criminal imputada por el gobernador, admitiendo que no sufrió ningún maltrato. Se encontraba suelto de pies y manos, es decir, sin grillos o cepo. Pero, de repente, el 8 de agosto, se le mudó a la cárcel pública y se le puso en un cepo. Pidió varias veces explicaciones al gobernador, sin que se dignara contestar. Por fin le dirigió el 12 de agosto una demanda oficial que tampoco obtuvo respuesta. No le quedaba más a Pereyra que emitir hipótesis para explicar el cambio.

Una vez en la cárcel, entendió que las cosas iban en serio. El 26 de septiembre acudió a los servicios del escribano Vicente Ferrer para establecer un poder en nombre de Juan Milano, vecino y procurador del número de Caracas, "para todos los pleitos y causas y negocios civiles, criminales, eclesiasticos y seglares movidos y por mover asi demandando como defendiendo que tengo en el dia de oy y tuviere de aqui adelante con cualesquiera personas y para los seguir y fenecer..."[2]. El acta no precisa el motivo de la decisión y el nombre del procurador nunca aparecerá en la documentación posterior. No se podría percibir la finalidad de esta escritura sin relacionarla con el legajo del AGI. Empieza con la afirmación altiva de la condición del poderdante, quien no se apea el título y emplea un término eufemístico para evocar su raza: "Sepan quantos esta vieren como yo el capitan Manuel Pereyra Moreno libre y residente en esta ciudad de Santiago de Leon de Caracas y presso en la carzel Publica della...". La firma no tiene nada que ver con la de un hombre de pocos conocimientos: es la de un hombre de alguna cultura y seguro de sí mismo.

En el cuerpo de guardia, con los mismos motivos que para el primero, se verificó otro enfrentamiento con el alguacil mayor, al que se refirió Pereyra el 25 de junio. Como el detenido estaba libre de movimientos dentro del local, topó con Rojas y le negó el saludo. Rojas no se contuvo y le soltó los acostumbrados insultos dirigidos a su raza sin conseguir que perdiera el control de sí mismo. Por lo menos, fue lo que afirmó el detenido:

---

2. AGNC, Escribanías 138, 1683, Vicente Ferrer, ff. 45r-46a.

...me dixo una dos y tres vezes muy repetidas: "¡Ah, perro!¿ No me ves?¿ Como no te quitas ese sombrero?" y sin que bastara decirle que pasase su camino y me dejase en paz en mi priçion, voluio a ynjuriarme con las mismas razones...

¿Sería provocación deliberada de parte del alguacil mayor? Pero hubo algo más grave, según la carta de Melo Maldonado fechada el 31 de diciembre. Un ayudante suyo sufrió los efectos de la altivez maniática del detenido, quien, no contentándose con tratarle muy mal, le tiró lo que tenía en las manos. Tiempo después, en su larga defensa destinada al Consejo de Indias, Pereyra dio su interpretación de los hechos. El día 8 de agosto de 1683 bajó al cuerpo de guardia un criado del gobernador, Pedro Guerra, mientras se estaba quejando a un amigo suyo del retraso del escribano en establecer la información de su causa y recoger las deposiciones de sus testigos. Añadió que la culpa no la tenía el escribano, sino quien se lo consentía, porque ningún castigo le obligaba a cumplir con su obligación. De lo contrario él y sus semejantes se enmendarían y muchos no padecerían como él padecía. Al oír estas palabras, que no le iban dirigidas, el criado se levantó de su asiento y se le acercó para decirle que se callase la boca, y que, de no hacerlo como se lo mandaba, le metería en la cárcel. Se vio obligado Pereyra a preguntarle quién era para ocuparse de lo que no le concernía. Así empezó una nueva sobrepuja que despertó la exasperación del capitán:

...a que me obligo a requerrirle que mirase que los capitanes como yo lo era no se sujetaban a los criados de los señores gouernadores y que si otro dia se ofrecia ser tan adelantado, le romperia la cabeza...

Fueron sus propias palabras, que remiten a lo que bien podría llamarse exaltación paranoica, prueba de un profundo malestar psicológico. El resultado no se hizo esperar: la amenaza del criado se concretó en el acto, encontrándose Pereyra en la cárcel pública, con ambos pies en un cepo. Evocando su existencia en este lugar en la misma carta, exclamó que sufrió "quantos malos tratamientos se pueden hazer a una fiera". En este caso ¿de dónde vino la provocación? Muy seguro de sí parecía el criado que no desempeñaba ningún cargo oficial. Si hacemos abstracción de la reacción del detenido, a la medida de su trastorno, queda que el protegido del gobernador se pasó de sus atribuciones, prueba ésta de la arbitrariedad de su amo.

Se lo significó de una manera nítida Pereyra a Melo Maldonado en su protesta redactada después del 12, a la que ya nos hemos referido. En ella, pese a un tono aparentemente muy cortés –adoptado en toda su correspondencia con el gobernador o cualquier autoridad–, no dejó de poner los puntos en las íes y llamar al pan pan y al vino vino. Otra osadía contraproducente, sin duda alguna, que dio pábulo al rencor del autoritario funcionario. Por este motivo proponemos la lectura del texto, que presenta además la ventaja de dejar bien sentada la exaltación a que hemos aludido renglones arriba. La petición de la información no pudo ser la única razón por

> auer mandado V. s. me trajesen a esta dicha carzel y que en ella este yo padeciendo como estoy, hablando deuidamente y con la reuerencia deuida aya de ser, lo que con mi persona se esta ejecutando por un solo querer de V. s. y por cumplirle el gusto a Don Pedro guerra quien con V. s. asiste de familia, amigo y persona a quien yo no deuoobedezer ni menos estar a sus ordenes. Por que a mi me consta del titulo de V. s. ni de mandato de su Mgd que yo obedesca las ordenes del dicho Don Pedro guerra por quien y por cuya cauza me tiene V. s. en esta carzel y en la forma arriua dicha, quando no lo hiso V. s. conmigo ni menos lo mando executar con mi persona en el tiempo que fue seruido V. s. mandarme prender por una causa criminal, que es por la qual estube en dicho cuerpo de guardia, cuya causa esta pasando y sigo en el tribunal de V. s. Por cuya rason se deue ynferir deuen de ser mas las inmunidades de Don Pedro guerra por camarada de V. s. y que por ellas puedan y deuan ser oprimidos los vasallos de su Mgd (que Dios guarde) con las opresiones y bejasiones porque se ve mi persona maltratada…

4. La condenación de Manuel Pereyra

En 31 de septiembre de 1683 fulminó la sentencia el gobernador, como justicia mayor de la provincia, pese a la confusión entre juez y parte, y sin contestar aparentemente a las demandas de explicaciones del inculpado. A fines del año, como sabemos, informó al Consejo de Indias de sus motivaciones.

La acusación se resumió a un cargo único, el de "desacato y resistencia" al alférez mayor Miguel de Rojas, aunque se añadió "el poco respeto y atención" a ministros de justicia y otras personas. Entre ellas se situaba, por supuesto, Pedro Guerra, cuyo nombre no podía aparecer en la sentencia. La pena consistía en ocho años de destierro de la provincia, y se cumpliría en el castillo de El Morro de La Habana, donde el condenado serviría al rey sin sueldo y a ración. No explicita el fallo las condiciones de este "servicio", que no parece corresponder al encierro en un calabozo. Pero es manifiesto que satisfacía las exigencias de muchos vecinos, temerosos de la influencia del capitán sobre los esclavos de sus fundos. En esta medida sí se puede afirmar que Pereyra sufrió una condenación política expeditiva que se disimuló bajo pretextos sin común medida con el cargo.

El traslado se efectuaría desde el puerto de La Guaira, donde se embarcaría al condenado en el próximo barco con destino a La Habana. Se le entregaría preso al maestre del navío, con un testimonio de la sentencia para el gobernador de la ciudad, y se mandaría una copia del auto al Consejo de Indias. Al rey le correspondería decidir lo que se había de hacer con el desterrado.

El 31 de diciembre de 1683, en su carta al Consejo de Indias, Melo Maldonado no anduvo con rodeos. Si evocó la resistencia de Pereyra a la autoridad y el mal trato que dio a un ayudante suyo, motivos de la severa condenación, se fue directamente al grano para justificarla:

> ...y me pareze mui importante V. M. le quite de estas partes, no tan solo desta prouinzia si empero de todas las yndias por ser sujeto apropozito para qualquiera zedicion, pensando con ella conseguira algun disparate y lo que el me a dicho quejandose de lo que del hablan que temian queria pasallos a cuchillo a todos y coronarse por Rey y que aunque en su altiuez cupiesse todo no faltaria a sus obligaciones...

Acabó por soltar el gobernador la palabra que le sugirieron los vecinos: "sedición". El mismo Pereyra se había quejado ante él de los rumores propalados por sus detractores. Le acusaban de fomentar el exterminio de los dueños y la creación de un reino encabezado por él, pero cumpliría con sus obligaciones de "hombre honrado". Como en otras partes de las Indias Occidentales, los vecinos de Venezuela, si no padecían de la psicosis generada por la sociedad esclavista hasta la abolición, soplaban sobre las ascuas para mantenerla viva y preservar a todo coste sus privilegios amenazados, en este caso, por la visión reformista de un negro libre.

No ocultó Melo Maldonado su frustración al verse obligado a tratar con guante de seda a un negro: no le había "castigado conforme su color por hallarlo honrrado por V. M....". Nos preguntaremos qué habría sido de lo contrario, y entendemos ahora la manía de Manuel Pereyra de prevalecerse sin cesar de tal protección. Pero era contar sin la doblez de gente avezada en manejar parecidos asuntos.

Fingiendo no atreverse a tomar determinación más drástica, por respeto a la prerrogativa real, no dejó el gobernador de sugerirle al monarca, como buen administrador y fiel servidor suyo, lo que le parecía la solución adecuada. Como no era a propósito "hacerlo cauo de ninguna gente", es decir, si hemos de descifrar el mensaje, capitán de una compañía formada por los cimarrones manumitidos, lo mejor sería mandarle a España, donde –colmo de la mala fe– podría rendir algún servicio, porque "aca tiene riesgo". Dicho de otro modo, según Melo Maldonado, su fallo en contra del capitán Pereyra, por muy severo que nos parezca, no era más que un proceso dilatorio en espera de una medida de precaución de mayor alcance, justificada por la paz social en Venezuela. ¿Sería abusivo sostener que el capitán negro fue víctima de la razón de Estado?

Se quedó Pereyra en la cárcel pública hasta el 28 de diciembre de 1683. A medianoche, el capitán de la guardia con ocho hombres, armados con carabinas, le sacaron de su celda y le hicieron subir en una cabalgadura, sin la menor explicación ni referencia a la sentencia fulminada en su contra. Así bajaron de la ciudad al puerto de La Guaira, distante cinco leguas, que alcanzaron al amanecer, circunstancias expuestas por el condenado en una carta al Consejo del 17 de mayo de 1685. Se le encerró en el castillo de Santiago, cuyo alcaide, Joseph Roldán, hacía también de justicia mayor del puerto en virtud de una orden del gobernador.

El comportamiento del preso le valió un nuevo disgusto, a juzgar por otra causa abierta por el castellano. Un día se enfadó porque le sirvieron la comida por la ventana. No se pudo abrir la puerta de la celda, debido a una ausencia del cabo que tenía la llave. Antonio Noquera, el ayudante, no aceptó el tono de la protesta y profirió el insulto tan profundamente hiriente para Pereyra. Oyéndose apostrofar de "perro", el preso le trató al militar de "desvergonzado", tirándole una totuma. Se vengó Noquera dándole con un bastón. Pereyra, aseguró el ayudante durante su interrogatorio, les tenía enfadados a todos en el castillo con su comportamiento. En cuanto a los insultos, se vio obligado a calificarle de "grandissimo perraso" al preso, dándole con un bastón. Con el castigo, éste se enfureció, tirándole una totuma y diciéndole que era un "hijo de puta". Seguía el suplicio del capitán negro, no sólo físico sino principalmente moral, al verse tratar de tal manera por un subalterno que se extralimitaba en el ejercicio de su cargo. Su amor propio estuvo de nuevo en ascuas, siendo significativa su violencia en palabras y actos del paroxismo de su exasperación, la cual no distaba mucho de cobrar un aspecto patológico.

Por fin se efectuó el traslado de Pereyra a un barco que se estaba preparando para navegar hacia La Habana. Se trataba del *Nuestra Señora del Rosario y San Joseph*[3], cuyo maestre era Marcos de Taguada. Esperó el condenado hasta el 10 de enero de 1684 notificación de parte de Vicente Ferrer, escribano real, de la sentencia pronunciada por el gobernador. Extraña algo la respuesta del capitán, quien dijo que "la acataba y consentía en ella", a no ser que el escribano usara una fórmula convencional para no verse obligado a notar la protesta del condenado. Es verdad que le solicitó una copia de la causa. Seis días después, todavía no había levantado las anclas el navío. Se presentó de nuevo Ferrer a bordo, a petición de Pereyra deseoso por fin de expresar su queja en términos jurídicos en presencia de testigos que la firmaron. El escribano apuntó que el capitán estaba preso con dos pares de grillos. Añadiremos lo que no podía precisar: como si fuera un individuo sumamente peligroso para el porvenir de la provincia.

Habían llegado a lo suyo los vecinos principales de Caracas, merced a los tejemanejes del gobernador Melo Maldonado más atento a defender los intereses de la sociedad dominante, y por ende de los suyos, como lo denunciaría más tarde Pereyra, que a impartir justicia como era su deber. Había perdido la batalla el capitán negro, y estamos ahora en condiciones de aquilatar su desengaño y su humillación. Pero no renunció a seguir luchando como lo dejó patente su última actuación antes de zarpar el *Nuestra Señora del Rosario* hacia La

---

3. Esta fragata se dedicaba a los intercambios con los puertos del Caribe. En 19 de marzo de 1671, su maestre de la época, Juan de Aguilar, abonó la cantidad de 3.853 reales y 7 tomines como derecho de "armadilla" por 900 fanegas y 30 libras de cacao y 252 arrobas de tabaco con destino al puerto de San Juan de Ulúa. AGNC, Real Hacienda, Tomo 29, Libro de cargo y data, años 1657-1669: 01-04-50B-63-0024/P1 S1 E48 P1 C8.

Habana. No le habría pasado desapercibido al antiguo donado de san Francisco un detalle de poca importancia. El barco que lo extraía de la provincia donde, en razón de sus cualidades y pese a su color, había esperado medrar en el servicio de la Corona y ayudar a sus congéneres con el mayor respeto a la legalidad, llevaba el nombre de la patrona de muchas cofradías de negros.

Capítulo cuarto
La lucha por el honor

Las últimas reacciones de Manuel Pereyra antes de su expulsión de suelo venezolano manifestaron su profundo hastío. Embarcado en el *Nuestra Señora del Rosario*, con dos grillos en los pies, ya no le quedaba esperanza de imponer a la alta sociedad caraqueña la imagen de un "hombre honrado". No podía ser más completa la humillación. Aparentemente habían fracasado su pugna en pro de la dignidad del negro y su intento de vencer los esquemas sociales vigentes. Le había impuesto el sistema esclavista, a modo de venganza, el regreso a una condición física poco diferente de la del siervo. Pero quedaba libre su mente, y, si se vio obligado momentáneamente a admitir su derrota, sacó fuerza de flaqueza, apelando de nuevo a la legalidad. Exigiendo del escribano una notificación de las circunstancias de su destierro y un testimonio de su causa, ¿no dio pruebas de su intención de seguir el combate en La Habana cuyas autoridades representaban también al monarca que le había honrado? Durante la travesía, Pereyra haría un examen de los acontecimientos pasados para seguir con su defensa, revisando las posibilidades que se le ofrecían para salir del olvido y lavar su honor.

1. Circunstancias de la proscripción

La llegada al puerto de La Habana del navío *Nuestra Señora del Rosario y San Joseph* se efectuó el once de febrero de 1684. El maestre Marcos Salgado de Taguada entregó en el acto a los servicios del gobernador y capitán general Joseph Ramírez de Córdoba el testimonio de la sentencia pronunciada por Melo Maldonado. Enseguida se dio la orden al alcaide de El Morro de encerrar a Manuel Pereyra de día y de noche en un calabozo, "con toda guarda y custodia", sin permitirle hablar con nadie, "por ser el susodicho muy mañoso y de malas costumbres". Era tanta su habilidad, insistió el gobernador, que conseguiría engañar a los soldados del castillo. La alusión a esta tacha, una de las acusaciones de los vecinos de Venezuela, procedería de la carta personal de Melo Maldonado a su colega de Cuba que acompañaba la sentencia. En el mismo día el alférez Andrés de Espinosa, ayudante de sargento mayor del presidio de La Habana, cumplió la entrega de Pereyra con un par de grillos al capitán Andrés de Munive, alcaide de El Morro, el cual se obligó a cumplir la orden.

En un momento que no podemos precisar con exactitud, pero que se situaría por el mes de septiembre de 1684, el proscrito levantó una solicitud al gobernador para protestar contra lo dramático de su situación. Contrariamente a lo que se podía esperar, no rebajó su tono, afirmando con énfasis su título de capitán de infantería española de los morenos libres de Caracas otorgado por decisión real. Luego denunció lo arbitrario de la sentencia fulminada por Melo Maldonado sin haberle oído. Y, para más agravio, le habían encerrado en un calabozo con un par de grillos como si fuera un traidor:

> …estoi padeciendo para mas agrabio el tormento destar enserrado en un calaboso con un par de grillos, ynjuria que solo se obserua con un traydor a la Real Corona del Rey nuestro señor, a quien con tanta lealtad e seruido mostrandome señaladamente entre otros en funciones que se an ofrecido y por este adelantamiento e sido premiado con las mercedes con que he sido onrado de su Real mano…

El trato en El Morro, protestaba Pereyra, no tenía nada que ver con el tenor de la sentencia, ya impugnable en sí, dadas las circunstancias de su elaboración. Correspondía al peor de los crímenes para quien se preciara de suma lealtad como él, a saber, la traición. La conclusión era tajante: padecía los efectos de "una orden extrajudicial", y, dado su carácter anónimo, no le quedaría más recurso que pedir lo que le conviniese "contra quien ubiere lugar de derecho". De ahí su decisión de apelar a los fueros, según lo permitía su título, que le concedía inmunidad en semejante caso:

...con que por esta rason me falta el recurso de pedir lo que me conbenga contra quien ubiere lugar de derecho y lo otro porque no se puede sin atropellar los fueros que por su magd me son concedidos. Por razon de ser tal capitan no se puede executar contra mi persona por rason de dichos fueros los agrauios que estoi padeciendo, por cuia rason y las demas que son faborables a mi derecho, hablando con el respecto que deuo, protexto lo que protextar me conbenga y lo pido por testimonio...

La formulación jurídica de la protesta se debe, sin duda alguna, a la intervención del escribano a cuyos servicios acudió Pereyra. Sin embargo, no se le puede negar cierta capacidad en la materia. Ya era hombre avezado, debido a las experiencias pasadas, en contacto con las autoridades de la gobernación de Caracas, de la Real Audiencia de Santo Domingo y del mismo Consejo de Indias. A su natural entendimiento se había añadido un indiscutible discernimiento, que agudizarían los meses pasados en El Morro, lejos de la impulsividad impuesta por la vida exterior. Pero las pruebas no doblaron su determinación, por lo contrario. Al gobernador de Cuba, esta reacción le parecería corroborar las advertencias de su colega de Caracas acerca de la peligrosidad del individuo. De ahí la implacable decisión que participó Ramírez de Córdoba al alcaide de El Morro en 22 de septiembre de 1684: "Que se le eche otro par de grillos mas para su maior seguridad". Era necesario quebrantar esta indómita voluntad, del todo anormal en un negro. Ya sabía Pereyra a qué atenerse acerca de los motivos del ensañamiento, pero su lucha requería la preservación de su salud, la cual aminorarían sus condiciones de detención. Por eso decidió dirigirle otra súplica al gobernador: " por lo qual viendo mi salud desminuida cada dia con dicho par de grillos [...] a V. s. pido y suplico que usando de su acostumbrada piedad mande aliuiarme dicho par de grillos...". Esta es una de las pocas ocasiones, si no la única, en que la soberbia pudorosa de Pereyra cedió el paso a un acento patético. Debió de conocer el proscrito una fase de intenso sufrimiento, que traería sin cuidado al gobernador, en connivencia con su colega de Caracas.

Sin embargo, andando el tiempo, aceptó el alcaide tomar en cuenta el hiato entre la sentencia y el trato impuesto al preso en su castillo, si nos atenemos a la orden de quitarle los grillos impartida a sus subalternos el 8 de julio de 1685. Por fin se admitió el abuso que llevaba meses denunciando el preso, aunque se las arregló el castellano para encontrar un pretexto que no implicaría lástima de su parte. Se había dado cuenta de que los grillos "impedían y embarazaban" para cosas que [podían] ofrecerse en dicho castillo", sin decir más acerca de estas "cosas". ¿Qué había pasado? Suputaremos que Pereyra, frente al silencio del gobernador, logró pasar por encima de él para dirigir una súplica al rey. No era ésta la primera vez que escogía tal solución, pero cabría saber cómo se las arregló para concretarla en El Morro, sometido como estaba a una cercana vigilancia. Para transmitir sus cartas, se habría beneficiado de la connivencia de unos de los pocos visitantes que conseguían entrevistarse con él. No diremos más de momento, para volver a la motivación del castellano. Brinda la solución la respuesta que Andrés de Munive, gobernador militar de La Habana, dio el 25 de junio de 1685 a una demanda de explicación del Consejo de Indias, en nombre del rey.

En su carta, el responsable militar acusó recepción de una real cédula, de tono perentorio, despachada el 10 de octubre de 1684. Le ordenaba mandar al Consejo de Indias el expediente correspondiente a la causa de Manuel Pereyra, "capitan de los morenos de la ciudad de Santiago de Leon de Caracas". El documento no pasó por alto la titulación de la que tanto se ufanaba Pereyra. Aunque faltaba la precisión que se ponía en duda en Venezuela, o sea, "de infantería española", ya era algo, y esto daba a entender que seguía disfrutando de algún apoyo en el ministerio. Este personaje debió de manifestar su indignación al enterarse de las vergonzosas condiciones de detención de su protegido. De ahí la segunda exigencia de la real cédula, que, de una manera explícita, manifestó el desagrado que le provocó la noticia de la prisión del capitán con el empleo del verbo "agravar". Se intimó la orden de que "se excus[ase] agrauarle con prisiones quanto permitiere el que este con seguridad". El Consejo de Indias no podía legalmente imponer la liberación del detenido, haciendo caso omiso del proceso jurídico en marcha, sin incurrir también en lo arbitrario. En cambio le era factible denunciar la violación de la inmunidad militar de que se prevalecía Pereyra con tanto tesón. Esto, por vía de consecuencia, si lo pensamos bien, equivalía a admitir lo que se rechazaba en Caracas, o sea, que su grado era de "infantería española", y no sólo de milicia de negros libres. ¿No se trataba de una verdadera victoria para Pereyra, que compensaría en cierta manera los padecimientos morales y físicos sufridos en el calabozo de El Morro?

Pero hay más. Se siente alguna molestia en la respuesta de Munive. Intentó disculparse, echando indirectamente la culpa de la situación de Pereyra a su antecesor. Cumpliendo con el mandato real, remitiría la causa "en virtud de que mi antecesor le tenía preso en el castillo de El Morro y sea continuado ante mi". Ahora bien, la documentación parece contradecirle: fue a él, y no a otro militar, a quien el alférez Andrés de Espinosa entregó el preso. Fuera lo que fuere la orden de ponerle grillos a Pereyra procedió del gobernador y capitán general Joseph Ramírez de Córdoba, a instancia personal de Melo Maldonado.

Dejemos este punto para evocar otro que aclara dicha carta: hasta fines de junio de 1684, todavía no se había mandado al Consejo el expediente de la causa de Pereyra, cuando Melo Maldonado lo había confiado al maestre del *Nuestra Señora del Rosario*. El gobernador de Cuba debía encargarse de transmitirlo a la península para que, según el tenor de la sentencia, tomase el rey la decisión más adecuada. Pasó casi año y medio sin que nadie se preocupase por ello. Sin el recurso imaginado por Pereyra, la cosa iba para largo. Estaban olvidando al capitán negro en su calabozo. ¿No sería, al fin y al cabo, lo que deseaba Melo Maldonado, sin atreverse a formularlo para fingir respetar la legalidad? Al buen entendedor, pocas palabras bastaban. ¿Cumplió su promesa Andrés de Munive? El tono de su carta permitía pensar que sí. Pues bien, no se acordaría de ella, a juzgar por un documento firmado de su puño y letra el 12 de enero de 1686, cuando por fin dio la orden de mandar los autos a Madrid. Como Melo Maldonado antes, argüiría, si fuese menester, de sus múltiples ocupaciones para justificar el retraso. ¡Otra circunstancia muy extraña! Ya llevaba dos años el capitán Pereyra en El Morro de La Habana, sin saber a qué atenerse.

2. LA ACTUACIÓN DE MANUEL PEREYRA

Parece insólito el título adoptado para este párrafo, de tener en cuenta la situación arriba descrita. Pero no se dejó reducir el proscrito al olvido –lo que buscarían sus adversarios–, valiéndose, como hemos sugerido, de sus escasas relaciones con el exterior de la fortaleza. Serían de índole religiosa, las únicas permitidas, dadas las consignas impartidas de extrema vigilancia: a ningún condenado se le negaba asistencia espiritual.

El mayor de sus protectores en España sería un alto responsable del Consejo de Indias, a quien se dirigió efectivamente en 18 de mayo de 1685. No era la primera vez que lo hacía, como lo precisa el preámbulo de la carta: "Aunque por otras vias tengo molestado a V. s. con las quejas que se me ofrecen…". No sabemos más acerca de estas "vías", pero no serían muy diferentes de la que adoptó en este caso.

Sirvió de vector fray Félix de Artazona, de la provincia dominica de Cumaná y Caracas, que estaba de paso por La Habana, camino de la península por asuntos de la orden de los predicadores. Tenía buenas relaciones con el preso, a juzgar por lo que éste confiesa en su escrito:

> …fue en aquella ciudad uno de los testigos de bista de las molestias que alli padeci de orden del gouernador Don Diego Maldonado, el qual esta tambien muy enterado de las que quedo padeciendo en este castillo de El Morro de la hauana, y en fin señor es carta viba, que mexor que yo sabe las injusticias que padesco y las sin razones en que tiene origen mi prision y porque fio sabra explicarla su lengua mexor que yo si mi pluma y con mas autoridad en el credito para poder dar quenta informando de todo a Vssa de quien espero en mis trabajos el remedio y que de todos ellos me ha de sacar mediante la voluntad diuina y el amparo que siempre e hallado en Vssa como patrocinador de las causas de sus criados de Vssa, a quien guarde Dios nuestro señor muy largos y felizes años como sus menores criados de Vssa hemos menester, es quanto se me ofrece.

Fray Félix sería pues un testigo fidedigno de los padecimientos de Pereyra en Caracas y en La Habana. La gráfica expresión "carta viva" pone de realce la confianza depositada en su autoridad por el proscrito, asegurado que no se podría sospechar de su imparcialidad, habida cuenta de su dignidad. El tono sumamente cortés, incluso humilde, de Pereyra en estas líneas contrasta con la altivez de sus altercaciones con las autoridades administrativas de Caracas. El final de la carta quita toda duda: el destinatario era el protector de Pereyra en Madrid, a quien confiesa muy abiertamente haber acudido varias veces en el pasado, quizá con motivo de su nombramiento como capitán, lo cual explicaría su agradecimiento. Además de esta carta, fray Félix le remitiría otra, que le escribió el provincial de los dominicos, fray Raphael del Rosario:

> por esta entrara Vssa en conocimiento pleno de quien es la gente de Caracas y la forma que inben (sic) para poder con su negociacion atropellar la

verdad y hazer padecer a los que procuran emplearse como yo la hazia en quanto estaba de mi parte como le consta a el portador, quien tambien conoce a el dueño de la carta que digo remito a las manos de Vssa...

Estas referencias serían el resultado de una correspondencia que consiguió establecer el capitán negro con el provincial por la que nos interesaremos ahora.

Poco tiempo después de su llegada a El Morro, no se sabe la fecha exacta, tomó la pluma Pereyra para dirigirse a fray Raphael como provincial. Lo interesante de la carta es que su autor estableció un lazo directo entre su nombramiento por la Corona como "capitán de infantería española de los morenos libres de la ciudad de Caracas" y la misión de reducir los "negros cimarrones o bandidos que ay en aquella prouinçia de Benesuela". Según él, estimaría el Consejo que la autoridad del grado otorgado era imprescindible para el cumplimiento de la tarea. A decir verdad, los acontecimientos posteriores justificaron esta precaución, sugerida, no resulta difícil deducirlo, por el mismo Pereyra, seguro de que el mero título de capitán de milicia no le sería de mucha ayuda. Con el beneplácito del gobernador Alberro, siguió el detenido, logró considerables frutos de que fue testigo el provincial por haber llevado al convento de Santo Domingo "buen número de negros" para que se confesasen "porque siendo cristianos hauian vivido muchos años como si no fuesen". Venían estos negros de seis en seis a verle para que les llevase al convento. Estaba convencido el proscrito de que habría logrado plenamente su misión de no estorbarla el sucesor de Alberro. Melo Maldonado, por si fuera poco, se opuso a que los escribanos le diesen el testimonio de su causa. Acabó su carta Pereyra suplicando al religioso y a los frailes conocedores del asunto, que certificasen de un modo oficial los frutos obtenidos en su misión.

La introducción de la respuesta de fray Raphael, fechada el 18 de abril de 1684, fue contundente: en conciencia no podía "encubrir la verdad ni dexar de fauoreser la rasson y justicia". ¿Cuál era esta verdad? ¿Quién la encubría? Desde el principio del documento sitúa su intervención el fraile como una obligación moral relacionada con dos conceptos trascendentales: la razón y la justicia, aplicados –a esto queríamos llegar– a la actuación de Pereyra, un negro acusado de los peores males por sus contrincantes. Dio a su escrito fray Raphael el tono oficial solicitado por el suplicante. Como superior de la provincia de

Santa Cruz de las Indias, vio en tiempo de Cuaresma algún número de negros que venían de los montes y de las serranías a confesarse en el convento de San Jacinto[1], con licencia del ordinario, es decir, del obispo. Llegaban de noche y se volvían en seguida a sus montes:

> por no hauerlos admitido, dando para esto diferentes pareseres algunos Beçinos de aquesta ciudad, no considerando lo que piden aquellas pobres almas redimidas con la sangre de Christo Nuestro Señor quando su Magestad el Rey Nuestro Señor, que Dios guarde y prospere en su Monarchia, esta inuiando varias misiones a estas Yndias a sus expensas para atraer como señor tan catholico las almas de tanto gentio que esta fuera del conosimiento de Dios Nuestro Señor, y es lastima que tanto numero de Negros queriendo recogerse al aprisco y rebaño de la Yglesia no sean admitidos, o por lo menos no se les enuien misionerros o sacerdotes para que baptisen sus hijos y no se pierda tanta miez como se podia lograr pues ellos mismos se estan ofreçiendo a la obediencia de la Yglecia y al seruiçio del Rey Nuestro Señor como lo vide en la ciudad de Caracas.

Quedaba, para la época y el contexto, muy clara la suma gravedad de la acusación: la culpa del carácter casi clandestino de estas confesiones y, peor aún, de la imposibilidad para los penitentes de reducirse al gremio de la Iglesia, la tenían "algunos Beçinos de aquesta ciudad", a quienes les importaba un comino la responsabilidad de la Corona en materia religiosa, y particularmente en este caso. Y por si hubiera alguna contesta de su testimonio, precisó el provincial que más de 30 religiosos fueron testigos de los hechos. He aquí pues el tenor de la carta del responsable religioso, de un gran peso para la causa de Pereyra. Es evidente ahora que no fue nada casual la visita de fray Félix al preso de El Morro, durante su viaje a España.

Para mayor seguridad, Pereyra utilizó otra mediación para transmitir sus quejas al Consejo de Indias. Le había visitado en enero de 1685 otro religioso, pero de una orden diferente. Se trataba del comendador del convento de la Merced de Caracas, quien asimismo estaba de viaje hacia España. Le entregó el proscrito un memorial para el Consejo de Indias parecido al que confió a fray Félix. Es el que te-

---

1. Ya no existe el convento, que fue destruido, como muchos otros, después de la independencia. Se situaba en el sitio ocupado ahora por una plaza, frente a la casa familiar de Simón Bolívar, no muy lejos de la plaza mayor y de las casas del cabildo.

nemos a nuestra disposición, fechado el 17 de mayo, cuyo contenido se presentará más abajo. Así probaba Pereyra que los frailes dominicos no eran los únicos en interesarse por su causa. Recibió también el respaldo de un responsable de los mercedarios. Esta orden se implicaba menos que los frailes predicadores en el adoctrinamiento de los negros, lo cual daba más significación a la visita del comendador y a la objetividad de su testimonio para la corte.

En los prolegómenos de dicho memorial de 17 de mayo de 1685, se presentó Pereyra como víctima del comportamiento arbitrario de los gobernadores, que en su provincia se portaban como verdaderos déspotas y no como fieles representantes de la Corona. Por muy revestidos que fueran del favor real, se veían reducidos a la impotencia los "desgraciados" –alusión a los de su raza– y, más aún, "los pobres". Surge una visión muy pesimista de la política en el Nuevo Mundo, digna de los diferentes movimientos mesiánicos que marcaron su historia:

> ...he rogado [al comendador],por hallarme en la rigurosa prission en que quedo, para que se siruiese dicho padre ponermelos [los despachos] en manos de vssa y a mi con todos ellos a sus pies, para que dellos y del zelo con que ussa jusga las cosas pueda yo leuantarme faborecido de la justicia que por aca falta a la razon a aquellos que son como yo desgraciados y sobre todo pobres = y la razón, señor, que me muebe a dezir esto no es otra que el ver que, aunque se hallen con muchas graduaciones por su magd y con despachos de sus reales consejos y la prouacion de sus reales ministros tambien despachados como los que yo traje y e presentado en la ciudad de caracas, que fueron todos los que de esse real consejo traje, de nada me han seruido ya que los gouerrnadores hazen lo que quieren y los atropellan todos supuesto que para executar D. Diego de melo el destierrro y rigor en que me ha puesto...

Sufriendo las consecuencias de la misión justiciera, a él confiada por el mismo rey, como juez supremo, no le quedaba más que apelar a los depositarios de su voluntad. Otro rasgo de habilidad dialéctica de parte de Pereyra cuya sinceridad manifiesta un tono profundamente desengañado. Surge en estas líneas un personaje del todo opuesto al que construyeron los vecinos con la complicidad de Melo Maldonado. El memorial llegó al Consejo el 23 de octubre de 1685, y se dio la orden de juntarlo con los otros documentos del caso antes de remitirlo al fiscal, entregándose su estudio al relator Otero.

Se puede sacar de esos recursos –"a sagrado", nos atreveríamos a decir evocando la mediación de los frailes–, que Pereyra supo granjearse el apoyo de los responsables de dos órdenes religiosas para el cumplimiento de su misión y la benevolencia del ordinario de la diócesis de Venezuela. No se hubiesen adherido a su proyecto de haber visto en la reducción de los cimarrones tan sólo un medio para Pereyra de satisfacer una ambición perjudicial a la provincia y a los intereses de la Corona. El desafío a la autoridad de Melo Maldonado y a las presiones de los vecinos, sobre el cual es muy elocuente la carta del provincial de los dominicos, desembocó en un conflicto de índole política. Este aspecto echa una luz nueva sobre el destierro arbitrario de Pereyra, cuyas relaciones hacían efectivamente de él un personaje más poderoso de lo que parecía a primera vista.

En la carta del 18 de mayo de 1685, precisa Pereyra a su protector que ya había mandado una copia al condestable de Castilla para que la remitiese al rey. Este título hereditario pertenecía a un miembro de las familias más encumbradas del antiguo reino, muy cercanas al trono, a menudo emparentadas con el mismo rey. Aprovecharemos esta precisión para recalcar una deducción que resalta de lo antedicho. Se beneficiaba Pereyra de muy altos protectores en la corte, lo cual no deja de asombrar para un negro, por muy excepcionales que fueran sus hazañas en el pasado. Pero no podemos ir más adelante en la indagación sobre los motivos exactos de semejantes lazos.

La gran ventaja del preámbulo del memorial del 17 y de la carta del 18 de mayo de 1685 para nuestro propósito es que ponen de manifiesto la existencia de una red de protección establecida por el capitán negro. Por una parte disfrutaba, por motivos no del todo conocidos, del apoyo excepcional de altos personajes de la corte, cercanos al poder real. Por otra se había granjeado la significativa benevolencia de los responsables de los dominicos y mercedarios de Venezuela, pese a lo que se decía sobre sus "malas costumbres", para el cumplimiento de su proyecto. ¿Cómo se habrían dejado engañar personalidades tan diferentes por la ambición desmesurada de un negro si su plan no fuera de algún provecho no sólo para los cimarrones, sino para la provincia de Venezuela en el contexto referido y, por ende, para la Corona? Por un lado y por otro se imponía el realismo político. La dificultosa construcción de este plan era, de parte de un hombre de tan modesta condición, una manifiesta prueba de inteligencia, la cual no podía menos de reaccionar con alguna impaciencia frente a los obstáculos levantados por el interés personal y la mala fe.

3. Los memoriales

Un año antes de la redacción de los documentos evocados, se dirigió directamente Pereyra al rey el 21 de abril de 1684. Necesitó casi un año para llegar la carta al Consejo, donde se registró el 8 de abril de 1685. Empieza con un balance positivo de su acción, debido a la benevolencia del gobernador Alberro, bajo cuyo mandato "reduxo mucho numero de negros huidos". El sucesor en el puesto, Melo Maldonado, adoptó una actitud del todo opuesta, prohibiéndole "continuase en esta reduccion por contemplar a los vecinos". No insistiremos en el aspecto contundente de la fórmula que resume acertadamente la acusación de Pereyra por llamar la atención estas líneas en la explicación del ensañamiento de Melo Maldonado.

Para alejarle del proyecto de reducción que tanto molestaba a los poderosos vecinos, Melo Maldonado tomó en cuenta un aspecto de la misión confiada por la Corona al capitán negro; a saber, la defensa de la costa. En ella adquirió la fama que le valió su título. Era una manera de hacerle caer en sus propias redes, no pudiendo rechazar la orden, como militar obligado a obediencia. Pereyra, mal que le pesaba, se vio obligado a embarcar en un navío que, con nombre de "armadilla", envió el gobernador a Puerto Cabello, bajo el mando de Gerónimo de Costabarria. Llegaron así "a distancia de tiro de cañon" de una pequeña embarcación capitaneada por Chapín Rey. Estaba persuadido Pereyra de que se aprovecharían de su superioridad técnica para acabar con el pirata, como lo imponía su misión. Ardía por abordar el barco enemigo, cuando se le cayó el cielo encima. Costabarria se zafó de su obligación. Pero para librarse de toda responsabilidad, le enseñó a su interlocutor una orden personal del gobernador. So color de vigilar la costa, le había mandado que fuese a cargar cacao. Fácilmente se puede imaginar el estupor del capitán negro, quien no pudo menos, como buen militar, de denunciar esta felonía ante el mismo Melo Maldonado, prorrumpiendo "en quexas de que se atendiese solo el interes propio". No anduvo con rodeos pues: puso el dedo en la llaga, sin tener en cuenta que, como negro, de ningún modo le perdonaría haberle enmendado la plana en tal asunto. De ahí, le aseguró al rey, nació el odio del gobernador a su respecto. No le quedaba más que esperar una oportunidad para hacerle pagar el atrevimiento. La encontró en el pretendido desacato a la autoridad del alguacil mayor, a la que no estaba sometido por ser militar. Ya conocemos la continuación de los sucesos.

Le obsesionaba a Pereyra lo que tomó por la mayor deshonra de un soldado: huir del enfrentamiento con el enemigo, máxime cuando las fuerzas de éste eran inferiores. Puso de nuevo sobre el tapete la ignominia de Melo Maldonado en otra carta redactada tres días después, el 21 de abril de 1684. Al parecer era una costumbre para el gobernador distraer de este modo a los soldados pagados por el tesoro real, sacándoles de castillos y plazas para ponerles a su servicio o al de particulares. En Puerto Cabello, de donde se sacaba el cacao producido tierras adentro, otros dos navíos se dedicaban a la misma faena, en condiciones idénticas. Descubrió Pereyra un sistema bien organizado, con la participación de la mayor autoridad, de desvío de los recursos del Estado a favor de intereses privados y a expensas del interés supremo, o sea, la paz del territorio.

Para entender mejor las alusiones de Pereyra, no hay mejor manera que revisar las escrituras notariales de la época. Nos damos cuenta de que Francisco de Alberro, una vez acabado su mandato de gobernador, se transformó en hombre de negocios de gran categoría, aprovechándose de la red de relaciones establecida durante su administración que le permitió forjar un verdadero grupo de poder.

Durante el año 1683, en la escribanía de Juan Rangel de Mendoza, firmó una serie de poderes que patentizaban sus numerosas y diversas actividades económicas, sin olvidar precisar su antiguo rango: "caballero de la horden de Santiago gobernador y capitan general que e sido de esta provincia de Venezuela". Entre los primeros beneficiario de la escritura del 28 de mayo había miembros de su propia familia, como su hijo, el capitán don Gregorio de Alberro, caballero de la misma orden, y don Miguel de Lizardi y Alberro, al lado de miembros de la alta sociedad caraqueña como el general don Antonio de Laiseca Alvarado, también caballero de Santiago, el regidor perpetuo de la ciudad Pedro Jaspe de Montenegro, familiar y alguacil mayor del Santo Oficio, el capitán don Juan Gonzalo de Bohorques, don Manuel de Urbina, don Andrés de Landaete y el clérigo presbítero don Diego López Moreno. Todos juntos o cada uno de por sí podrían representar los intereses del poderdante en la ciudad, la provincia, las Indias e incluso España en compraventa de oro, plata, joyas, frutos de la tierra o de España, esclavos, ganados y

> otros bienes y haciendas de cualquier genero, especie o calidad que sean que se me estan deuiendo y deuieren de aqui adelante por escripturas o sin ellas, cedulas, vales, contratos, depositos, herencias, clausulas de testamentos, codicilos, sentencias, restituciones, cuentas corrientes e fenecimientos de ellas, partidas de registros, conocimientos, traspasos y en otra qualquier forma y manera y que por qualquier raçon me pertenezcan o deuan pertenecer...

Esta larga enumeración lo da a entender claramente: Alberro no era ningún neófito en materia de negocios. Sus múltiples actividades no podían haber surgido *ex nihilo*, después del retiro de su puesto oficial. Habían requerido tiempo, habilidades y relaciones para afirmarse[2].

El 22 de junio, Alberro concedió semejante poder para cuatro vecinos de la ciudad de Veracruz, adonde mandaría barcos cargados de cacao. Con el producto de la venta comprarían mercancías para Venezuela[3]. Al final del año, el 21 de diciembre, nombró para representarle en condiciones exactamente parecidas a las del 28 de mayo a dos vecinos de Caracas, Diego de Chivero y Francisco de Mendoza[4].

El mismo Francisco de Alberro fue beneficiario de varias escrituras de la misma índole como la de don Manuel de Urbina y don Andrés de Landaeta, concedida en 19 de diciembre para cobrar en Sevilla o en otra ciudad de España "cantidades de pesos y reales"[5]. Ahora bien, estos dos personajes aparecen en el poder otorgado por Alberro el 28 de mayo, prueba de que existía esta red a la que aludimos más arriba. El 25 de diciembre, el castellano don Manuel de Moscoso eligió a Alberro, al capitán Juan de Ahumada, vecino de Cádiz, al capitán Manuel Delgado y al contador Francisco Romero, vecinos de Sevilla, para cobrar ciertas cantidades en estas ciudades o en cualquier sitio de España[6]. Y, por fin,

---

2. AGNC, Escribanías, 139 B, ff. 30a-32a.
3. Íd., ff. 41r-43a.
4. Íd., ff. 174r-178a.
5. Íd., ff. 173a-174a.
6. Íd., ff. 181r-182r.

el 30 de diciembre, el capitán Francisco Menéndez Rodríguez le capacitó para que representase sus intereses para obtener mercedes del Consejo de Indias en "atención a sus méritos, calidad y servicios", exhibiendo los recaudos, testimonios, memoriales y súplicas a él confiados[7]. Este último documento prueba que Alberro no vacilaba en mezclar favores y negocios. De este modo, en Caracas, se encontraba en el centro de una amplia organización intercontinental de ayuda mutua que no hubiera podido constituir sin valerse de su influencia de gobernador.

A este sistema se refiere Pereyra cuando habla de confusión de poderes, soborno y corrupción.

Si se negó el capitán a ir más allá en la protesta fue para no merecer la acusación de apasionamiento por motivos personales, dando a entender que había más, pero que no le correspondía decirlo. Limitándose a lo que le concernía, sacó a colación el caso de Guerra, el favorito del gobernador Melo Maldonado, para mejor acentuar el comportamiento arbitrario de su jefe, empleando palabras tajantes:

> ...y quiere que lo beneren tanto que quiere una sin rasson, y es que los capitanes ayan de obedecer y reuerençiar a un criado que no representa mas que a su persona, tanto como a un Gouernador que Representa la de un rey...

A la corrupción, al soborno se añadía cierta forma de nepotismo, que no aceptó Pereyra en la medida que le humilló en su dignidad. Aludía así a los insultos raciales, las "atreuidas demaçias contra [su] natural". Tampoco se olvidó de evocar la altercación con el alguacil mayor y la negación de su grado militar para tratar de su detención y de su destierro. En cuanto a éste, tampoco era inocente la elección del gobernador cuyas relaciones con su colega de La Habana, hermano de don Nicolás de Córdoba, marqués de la Granja, le permitieron concretar su inquina, sin posibilidad de intervención de parte de sus amigos, con el pretexto de alejar de la provincia a un personaje peligroso.

El largo memorial del 17 de mayo de 1685 es un verdadero pliego de quejas. Ya hemos aludido ampliamente a los aspectos personales que, con más nitidez por cierto, aparecen de nuevo en el documento. Pero se diferencia de las otras cartas por demostrar Pereyra su capacidad de sobrepasar sus propias desgracias para desembocar en una vi-

---

[7]. Íd., f. 184a-r.

sión superior, lo cual salta a la vista si intentamos resumir estas quejas. Veamos esto de más cerca:

1. A los gobernadores de las Indias, les traen sin cuidado las medidas estudiadas por los ministros y despachadas por los reales consejos en nombre del rey:

"...los gouernadores hacen lo que quieren...".

2. Algunos de estos gobernadores, pese a representar la real justicia, se portan de una manera arbitraria, engañando a sus superiores con lisonjas para ocultar sus obras:

"...algunos gobernadores solo tiran a persuadir con sus informes lo que les parece contra aquellos a quienes cobran algun odio de que no conuienen con muchas cosas mal echas contra Dios, contra el rey y contra la ley...".

3. Melo Maldonado no respeta las normas del derecho en materia de defensa.

4. Melo Maldonado falsifica los documentos oficiales cuando le conviene.

5. Melo Maldonado, descartando a la gente de bien, entrega parte de sus prerrogativas a sus favoritos, dando en el nepotismo.

6. Melo Maldonado se preocupa más por su propio interés, o el de sus amigos, que por el de la Corona.

7. Melo Maldonado no cumple con sus obligaciones en materia religiosa:

"...quiera Dios nuestro señor no le suceda a Don Diego de melo y aquella ciudad los trabajos que ellos mismos quieren de su voluntad acarrearse por no querer abrazar las cosas que son del seruicio de Dioz y del prouecho del reino obrando las injusticias que se dejan ver claras...".

8. Melo Maldonado se olvida de que el real servicio pasa por la seguridad interior (los cimarrones) o exterior (los piratas).

Por cierto no era Pereyra ningún arbitrista, no se lanzó en un tratado de "buen gobierno", a la usanza de la época. Nunca alcanzan sus memoriales una dimensión abstracta. Sin embargo, en el último, a partir de su propia experiencia, dominando su rencor personal, sin citar nombres, excepto el del principal culpable, Pereyra se mostró capaz, desde su calabozo de El Morro de La Habana, de proponer, *a contrario*, un auténtico plan de reforma de la administración de las provincias ultramarinas. El alejamiento, la falta de control, la lisonja, la arbitrariedad, la codicia, la corrupción, el nepotismo desvían de su finalidad las disposiciones emitidas en la corte. En Venezuela, y se ha visto que no vacila Pereyra en generalizar en algunos casos, los propios representantes de la Corona se burlan del servicio de "las dos majestades", es decir de Dios y del rey.

Por ser pragmática, esta visión política no carece de dimensión "prospectiva". Más aún: la sitúa Pereyra en el debido contexto que calificaríamos hoy en día de "geopolítico". ¿Cómo admitir, pregunta al final del memorial, que cuando "17 embarcaciones grandes y quatro de fuego" amenazan las costas de Caracas, un gobernador rechace la buena voluntad de los cimarrones que volvieron "desconsolados a sus montes", "quando con ellos pudiera asegurarse de algunos riesgos no pequeños que oy por muy ciertos se dizen...".

El encierro en el calabozo le permitió al capitán adquirir cierto dominio de sí mismo, pulir las asperezas del amor propio, por muy justificadas que fueran. El discurso se hizo menos impulsivo, menos confuso, más constructivo, más operativo. A todas luces, Pereyra era un hombre peligroso, no para la provincia de Venezuela, sino para la clase dominante, dando pruebas de que la lucha por su dignidad personal desembocaba en la lucha por el "real servicio" que llegó a ser el *Leitmotiv* del memorial del 17 de mayo de 1685.

Capítulo quinto

El debate entre cabildo y Consejo

Conforme iban llegando las cartas de Pereyra, y antes de que tuviese en mano el largo memorial suyo, manifestó el Consejo de Indias su preocupación por el caso del capitán negro. Aparentemente no dudaba éste de su benevolencia a su respecto, o, por lo menos, de algún miembro de la entidad, y de la influencia de otros personajes, a la que hemos aludido. Lo más arduo para él era conectarse con ellos: ya sabemos cómo se las arregló. No pecaba de presumido el preso, por llegar a Caracas las demandas de explicación, suscitando las últimas, que se hacían más apremiantes, refutaciones indignadas del cabildo de Caracas. No consiguieron sin embargo acabar con las buenas disposiciones del Consejo, el cual actuó de la manera más lógica que podía.

1. Nuevas protestas del cabildo de Caracas

Prueba de la eficacia de la mediación de los frailes en 1684 fue el envío de una cédula por el Consejo con fecha de 10 de octubre de 1685 al gobernador de La Habana, don Joseph Fernández de Córdoba. Se declaró informado por el mismo Pereyra de la causa fulminada por Melo de Maldonado, de su rigurosa prisión en el castillo de El Morro, sin ningún testimonio de la sentencia pronunciada en su contra. Después de contemplar el caso –privilegio significativo–, los consejeros decidieron solicitar más datos, exigiendo de Fernández de Córdoba el envío de los autos en la primera ocasión. Como no sabían exactamente a qué atenerse, no levantaron la orden de tener a Pereyra con seguridad, pero reanudaron, por si acaso, la orden impartida unos meses antes, el 25 de junio de 1685, de quitarle las prisiones, o sea, los grillos. Sabemos que el gobernador de armas, Andrés de Munive, obedeció el 8 de julio en lo que se refería a los grillos y tan sólo el 12 de enero de 1686 para el envío de los autos.

Pero luego se impuso un largo silencio. Debió de dolerle mucho al proscrito, que se quedaría en su calabozo, aunque sin grillos.

El 30 de febrero de 1689, el cabildo mandó al Consejo un memorial sobre la proposición de libertad de los fugitivos. Sería la respuesta a una solicitación de la que no disponemos. En Madrid se habría de nuevo puesto la cuestión sobre el tapete, no se sabe con qué motivo. Habían cambiado varios de los regidores, aunque muchos de ellos pertenecían a las mismas familias. Firmaron el documento al lado del nuevo gobernador, marqués de Casal, Luis Blanco y Villegas, Pedro Blanco Infante, Juan de Ibarra, Fernando de Tovar Baños, Baltasar de Soto, Joseph Salvador de Medina, Pedro de Laya Mujica, Antonio de Laya Mujica, Nicolás Sainz de la Varguilla y otros dos vecinos, de firma ilegible.

Después de resumir brevemente los considerandos el proyecto de Manuel Pereyra y el contenido de la real cédula de 1686 que pedía el parecer del cabildo, los vecinos no perdieron tiempo, pasando a la conclusión: la oferta era "temeraria para ofrezida e imposible para puesta en execussion". La respuesta era cortante, y la motivación mucho más violenta que anteriormente:

> ...se allaron grauisimos ynconbenientes en las proposiciones que el dicho manuel pereyra yzo en el Real Conzejo las quales se conosieron eran mas encaminadas a tener un dominio absoluto sobre todos los esclauos y a que de su boluntad estubiese pendiente la serbidumbre que dauan a sus amos...

Con el alejamiento del capitán negro dieron rienda suelta a su rencor, olvidándose de eufemismos. Le pintaron como un tirano que manejaba a los esclavos para satisfacer su desmesurada ambición. De creerles, con el solo rumor de libertad que hizo correr, se sublevaron los esclavos de muchas haciendas, sin tener en cuenta la condición previa de diez años de huida. Otra exageración, ya que antes no se hablaba más que de algunas. Tercera manifestación del proceso retórico, no vacilaron los vecinos a evocar "una mocion general" que "lleno esta ziuda de temores", recalcando que "fue conozido peligro a republica tan corta". El transcurrir del tiempo y el destierro de Pereyra no habían sosegado los espíritus, esbozando los vecinos una visión apocalíptica que no tenía nada que ver con la realidad. El propósito del manifiesto abultamiento era acabar de una vez con el interés despertado por las proposiciones del capitán. Presentaron los vecinos a Melo Maldonado como el salvador de la provincia, aunque su información carecía de rigor: según ellos, el gobernador había desterrado Pereyra a Nueva España.

Para mejor entender el ensañamiento de los vecinos en contra de Pereyra, basta con revisar los libros de escribanías de la época. Gran parte de las escrituras corresponden a compras de "piezas" de esclavos procedentes del asiento de Domingo Grillo, representado en Caracas por el capitán Pedro Mathías Cavaleri[1]. Estaba perfectamente integrado el factor en la sociedad colonial, a juzgar por el título de "capitán" que acabó por adquirir. Por supuesto sus clientes pertenecían a todas las clases: gente menuda (en particular artesanos), eclesiásticos, monjas, incluso negros y mulatos libres, como en todas las provincias de las Indias Occidentales. Pero eran en su mayoría miembros de las familias más destacadas, representadas en el cabildo, hacendados que necesitaban una mano de obra servil cada vez más abundante para sus plantaciones de cacao, dado el progreso de la producción. Para ellos el proyecto de Pereyra correspondía a una incitación al cimarronaje que ponía en peligro la fuente de sus ingresos.

Como prueba de lo perjudicial de la reducción de los cimarrones, se valieron del ejemplo de San Carlos, donde, sin esperar la convalidación de la medida por la debida real cédula, se reunió a unos 60 negros fugitivos que "aterrorizaban la ciudad". No era válida la justificación religiosa –bien se daban cuenta los vecinos de la importancia del argumento–, ya que podrían los cimarrones recibir la necesaria asistencia espiritual en casa de sus amos. La mayor manifestación de caridad para con ellos sería "serar la puerta a semexantes exemplares".

---

1. A partir de 1677, las escrituras se refieren "al consulado del comercio de la Ciudad de Sevilla por asiento hecho con su Magestad". Por ejemplo, en mayo de 1677 llegó al puerto de La Guaira el navío negrero *Carlos II*, procedente de Cabo Verde. De entonces en adelante, las mismas escrituras dejan constancia de la llegada regular de barcos negreros del consulado.

Pasaron luego los vecinos a otro riesgo, que no habían desarrollado con tanta nitidez en sus memoriales anteriores: la amenaza de la alianza que hacían cernir los cimarrones con los holandeses que les compraban el cacao robado. Los fugitivos suministraban armas a los negros y les acogían en sus palenques, donde se decidían las condiciones que imponían a sus amos para seguir trabajando. De no aceptarlas los dueños, los esclavos se transformaban en cuadrilleros. Lo más temible sería una rebelión general, "mas peligrosa guerra que la de los piratas" porque el enemigo se encontraría en las propias casas de los propietarios. En su conclusión adoptaron un tono solemne, suplicando al rey que se sirviese "mandar poner sesazion a esta materia no ostante qualquier pretexto o ynsinuazion que con capa de zelo se ysiere en el real Consejo". Era clara la alusión a la influencia de los protectores de Pereyra, de ahí la dramatización de la situación.

Siguió la contraproposición de los vecinos, que consistía en devolver a sus amos todos los cimarrones de la reducción de San Carlos. Luego, a modo de ejemplo, habría que castigar a los más antiguos "en este bizio" por el mal ejemplo que daban a los otros.

2. El problema de la reducción de San Carlos

Al Consejo no le dejó indiferente el hecho de que se hubiera formado la reducción de cimarrones en San Carlos sin el previo permiso de la Corona. Una de las pocas decisiones tomadas por Melo Maldonado a favor de los cimarrones de la sierra, cediendo a las súplicas de Pereyra, fue reunirles en la proximidad de la reducción de indios de San Carlos de Austria, puesta bajo el control de frailes capuchinos. Al enterarse éstos del destierro del capitán negro, decidieron meter baza en el asunto y pedir confirmación a la Corona de lo que ya habían aceptado el gobernador y el obispo de Caracas.

En 1689 el capuchino fray Gabriel de Sanlúcar, de las misiones de los llanos de Caracas, dirigió un memorial al rey cuyo preámbulo trata de la anterioridad de la huida de los cimarrones que estimaba a unos 30 años. Es decir, que remontaría la formación del palenque evocado por Pereyra al año 1650 más o menos.

> Y porque ha más de treinta años que muchos negros y negras esclavos de los vecinos de Caracas se huyeron a los montes y en ellos se han aumentado y procreado hasta setenta almas, estimulados de la concien-

cia y viendo a sus hijos sin el sacramento del bautismo ni sacerdote que les administrase el de la penitencia, pidieron al obispo y gobernador que, como les diesen libertad en nombre de Vuestra Majestad, pide y suplica sea servido de confirmar la libertad a estos negros sin que se entienda con otro alguno que en adelante se hubiere, y que los puedan poblar en un pueblo aparte, desviado de los pueblos de los indios tres o cuatro leguas, por los inconvenientes que resultan de la cercanía y por parecerle, señor, conveniente al servicio de Dios y de Vuestra Majestad el que para que estos pueblos de indios de la misión se conserven en paz y justicia[2].

Los frailes propusieron las condiciones de esta reducción. Se reuniría a los cimarrones, excluyendo a los nuevos fugitivos, en un pueblo situado a tres o cuatro leguas del de los indios, para que no les hiciesen daño.

Con fecha de 22 de septiembre de 1689, el rey mandó una cédula al marqués del Casal. Habiéndolo visto en el Consejo, después del parecer del fiscal, el soberano confirmó la libertad de los cimarrones de este pueblo siempre y cuando no la contradijeran sus antiguos dueños:

...he tenido por bien confirmar, como por la presente confirmo, la libertad que en mi nombre se concedió a dichos negros, con calidad de que no la contradigan sus dueños, pues sólo en este caso y de nos seguírseles perjuicio alguno, los deba ser atendidos, les concedo la dicha libertad, pues la Iglesia nunca llama a los infieles y apóstatas con pactos sino voluntariamente, sin más fin que el de su salvación, en cuyo caso, y viniendo los dueños de dichos negros en ceder el derecho que tienen a ellos, haréis, como os mando hagáis, se les forme población separada...

Se les colocaría bajo el control del teniente de gobernador de la villa de San Carlos, a quien le tocaría visitarles dos veces al año. Pero como no se fiaba de la buena voluntad de los capuchinos, amén de precisar que la fundación de la reducción tendría que efectuarse en un lugar retirado del pueblo de los indios, exigió la cédula que se edificase entre poblaciones de españoles, o sea, en parte segura, para evitar algún levantamiento o alguna alianza con posibles invasores, que, por supuesto, no podían ser otros que los temidos piratas[3].

---

2. En: P. Buenaventura de Carrocera, *Misión de los capuchinos en los llanos de Caracas*, ob. cit., p. 422.
3. El texto de la real cédula se encuentra también en: P. Buenaventura de Carrocera, *Misión de los capuchinos en los llanos de Caracas*, ob. cit., pp. 430-431.

Obviamente, los capuchinos abandonaron el proyecto de Pereyra, poco deseosos de enemistarse con los vecinos. No fueron más allá de las decisiones de Melo Maldonado, adoptando en esto una postura diferente de la de los dominicos. Ya era algo, porque el cabildo de Caracas seguía expresando la mayor reserva en esta materia. Pero ni siquiera así, como hemos visto, consiguieron los capuchinos convencer a los vecinos[4].

En nombre del cabildo de Caracas, don Joseph Ramírez de Arellano, procurador general de la ciudad, mandó un memorial al Consejo para tomar de nuevo el contrapié del proyecto de Manuel Pereyra, que se recibió en 20 de mayo de 1690.

A. En un primer momento, reanudó la dramatización apocalíptica de la carta de los vecinos del 28 de febrero de 1689, acudiendo a las mismas razones basadas en la misma exageración. Su proposición, según el lema ideado por los vecinos, "era tan temeraria para ofrecida como ynpusible para ejecutarla" porque:

1 su finalidad era darle [a Pereyra] "un dominio absoluto sobre los esclauos";

---

4. No sería nada extraño que los capuchinos se dejaran influir por las posturas de sus colegas Francisco José de Jaca y Epifanio de Moirans. Jaca llegó a Venezuela en 1678 para dedicarse a la misión de los llanos de Caracas. En 1681, le mandaron al Darién, pero se vio obligado a quedarse en Cartagena de Indias antes de dirigirse a La Habana en espera de su regreso a la península. Allí encontró a otro capuchino, el francés Epifanio de Moirans, quien, después de una estadía en Martinica y en la isla de San Vicente, pasó a la provincia de Cumaná, de donde le expulsaron por ser extranjero. Él también esperó en La Habana en 1680 una posibilidad de volver al viejo continente. Ambos dedicaron su tiempo a protestar contra la esclavitud de los negros, en sus sermones y en sus escritos. El primero escribió "Resolución sobre la libertad de los negros y sus originarios, en el estado de paganos y después ya cristianos"; el otro, "Servi liberi seu naturalis mancipiorum libertatis iusta defensio (Siervos libres o la justa defensa de la libertad natural de los esclavos)". Se consultarán estos textos en: Tomás López García, *Dos defensores de los esclavos negros en el siglo XVII: Francisco José de Jaca, ofm cap., y Epifanio de Moirans, ofm cap.*, Caracas: s. e., 1982. El promotor fiscal del obispado de La Habana les acusó de predicar doctrinas "de que se ha seguido en esta Republica grave escandalo pasando a temerse alguna sublevacion de los negros esclavos contra sus amos por decir no tenida justificada su servidumbre" (ob. cit., p. 309). No es imposible que hubieran conocido a Manuel Pereyra en Caracas. Sus proposiciones iban mucho más allá de las del capitán, lo cual explica que, pese a su estado, fueron también víctimas de la justicia colonial, precisamente en la misma ciudad donde fueron recluidos en fortalezas, antes de que se les mandase a España.

2 "con la bos de la libertad soleuo a muchos esclauos de las aciendas y cassas";
3 "causo una mocion general en toda esta gente de tal calidad".

B. En la segunda parte, Ramírez de Arellano volvió a la refutación de los argumentos de Pereyra, que ya conocemos, añadiendo el caso de la reducción de San Carlos, cuya existencia puso en tela de juicio.

Esta machacona frecuencia, nada gratuita, revelaba la inquebrantable determinación de los vecinos, por mucho que se hiciera dentro de la provincia y fuera, y en particular en el Consejo. Lo dejaba todo bien claro, rayando en una implícita advertencia acerca de la influencia de los protectores de Pereyra. Valoriza el proceso la exposición sinóptica propuesta a continuación.

1. Primer punto:
a. En el pasado, nunca se elaboró un plan para conceder la libertad a los cimarrones.
b. Si viven fuera del gremio de la Iglesia, en "maldades y barbaros errores", es porque se privan "boluntariamente del pasto espiritual" que tienen en casas de sus amos.
c. Concederles la libertad en vez del castigo merecido es una incitación a la huida.
d. La consecuencia será la ruina de los vecinos, de las rentas reales, y la "perdicion" de la provincia.

2. Segundo punto:
a. El pueblo de cimarrones reducidos sería de ninguna utilidad para la república porque son los negros de "peores costumbres" y de mucha "flojedad".
b. Como no podrán mantenerse por sí solos, se darán al hurto y otros delitos, siendo el pueblo un "receptáculo de maldades".

3. Tercer punto:
a. En las entradas del pasado, siempre se encontró a los amos de los cimarrones o a sus herederos.
b. Es una prueba de que hay otros medios para solucionar el problema que concederles la libertad.

4. Cuarto punto:
a. Las entradas del pasado siempre fueron benéficas para los amos.
b. Siempre se castigó a los caudillos.
c. Nunca fue necesario formar un pueblo con gente para hacer las entradas.

5. Quinto punto:
a. Nunca los cimarrones entraron en los pueblos y casas para hacer robos o hurtar negras.
b. Las que huyeron con ellos en los campos o ríos fue "de su voluntad para goçar de sus vicios mas que por ninguna violencia".

6. Sexto punto:
a. Siempre se acudió para las entradas a gente experimentada y de confianza.
b. No es el caso de Pereyra por no ser natural de la tierra, ni "aber bibido en ella".

7. Séptimo punto:
a. El rumor de libertad les dio mayor altivez a los esclavos.
b. Lo que jamás había sucedido antes, se ponen armados a robar cacao en los valles de la costa y tratan con los extranjeros para vender el fruto de sus robos.
c. Estos negros incitan a los otros a imitarles reuniéndose con ellos en sus palenques, dándoles armas.
d. Los esclavos se atreven a negociar con sus amos sobre sus condiciones de trabajo y se hacen cuadrilleros si no son aceptadas.

8. Octavo punto:
a. Los esclavos son gente bárbara y no entienden las condiciones de la reducción propuesta por Pereyra.
b. Les anima en su actitud la reducción de 60 familias de negros en las cercanías de la villa de San Carlos por disposición del gobernador Melo Maldonado y del obispo don Diego de Baños y Sotomayor. Es una incitación a la huida para los esclavos.
c. El pretexto del "pasto espiritual" como justificación de la reducción de San Carlos no es legítimo: lo tendrían en casas de sus amos si se les devolviese, ya que no sería difícil encontrarles.

d. Se teme una sublevación de los esclavos, la cual sería más peligrosa que la guerra con los piratas en las costas.

C. En su conclusión el procurador propone:

1. Por los riesgos expuestos, poner "perpetuo silencio" a esta materia, pese a cualquier representación en el Consejo de Indias de cualquier sujeto, eclesiástico o secular, de la provincia o fuera de ella.
2. Entregar a sus amos los cimarrones reducidos de San Carlos.
3. Castigar a los caudillos y a los que les incitan a los esclavos a cometer estas "maldades".
4. Nombrar cada año a dos capitanes de cimarrones para que salgan con la gente necesaria a buscar a los cimarrones,
- el uno por los valles de la costa donde los cimarrones hurtan cacao para venderlo a los extranjeros;
- el otro por los llanos, donde los cimarrones hacen hurtos de ganados, mulas y caballos.
5. Conceder un premio de 60 pesos por la captura de un varón y 40 por la de una mujer, cantidad que se podría aumentar con el permiso de la Corona.

El memorial del procurador general del cabildo de Caracas se inscribe en la duración. Reanuda los diferentes puntos de la primera protesta de los vecinos contra las proposiciones de Pereyra, dándoles sin embargo un vigor que raya con el ultimátum y acudiendo a una dramatización apocalíptica ideada por los vecinos, atentos a sus intereses a corto plazo. De ahí la estigmatización del proyecto de Manuel Pereyra, a quien se le acusa de querer hacerse el tirano de la provincia con el pretexto de solucionar el problema de los cimarrones.

Se ha visto que, de una parte y de otra, no se dejó de evocar el "pasto espiritual" que se debía a los esclavos. Ahora bien, en los diferentes expedientes del legajo estudiado, no se encuentra ninguna prueba de intervención de la Iglesia, aunque el Consejo de Indias solicitó el parecer del obispo sobre el proyecto de la reducción de los cimarrones cerca de San Carlos. De modo que resulta difícil aclarar la postura de la entidad sobre las proposiciones de Pereyra. Era también propietaria de esclavos, ciertos de los cuales se daban a la fuga, como patentizan las actas del cabildo eclesiástico de Caracas. El 15 de abril de 1628 se encargó al mayordomo de buscar a un esclavo de la catedral que estaba preso y se había huido. El 3 de septiembre de 1647, los canónigos dieron la orden de vender a un esclavo que "estaba ausente", eufemismo significativo. En 1655, excomulgaron a los esclavos inobedientes que poseían en Coro, ciudad donde se situaba inicialmente la sede del obispado, lo cual imposibilitó su venta por negarse los vecinos a comprarlos. De ahí la obligación en que se vieron los canónigos de absolverles. A decir verdad, se las arreglaban para vender a los siervos reacios lo más pronto posible. Así, el 18 de 1672 se separaron de un negro de la catedral por los 450 pesos que costó, "a causa de haber salido malo"[5].

Alrededor del año 1679, el obispo dominico fray Antonio González Acuña intentó hacer algo a favor de la evangelización de los esclavos de las haciendas, a petición de un cura doctrinero, Lorenzo de Zurita. Se fundó una capellanía de haciendas en tierras altas del valle de Pacairigua, con una capilla y una casa de vivienda, siendo el primer cura capellán el licenciado Tomás de León. El mantenimiento del lugar y los estipendios del cura de las haciendas de Guatire, Pacairigua y Araira correrían a cargo de los hacendados de la comarca[6].

Ahora bien, si nos referimos a las constituciones sinodales elaboradas en 1687 por el sucesor de fray Antonio, el obispo Diego de Baños y Sotomayor, no surtió muchos efectos la decisión. En las constituciones del Libro II que van del número 357 al 368, el prelado se demoró no sólo en la educación religiosa de los esclavos, sino también en sus condiciones de existencia, de las que acusó a los hacendados, responsabilizados desde un punto de vista cristiano por la potestad domini-

---

5. *Actas del cabildo eclesiástico de Caracas. Compendio cronológico*. T. I (1580-1770), Caracas: Biblioteca de la Academia Nacional de la Historia 64, 1963, pp. 89, 116, 121, 150.
6. <www.guatire.com> (31/3/2012), artículo de René García Jaspe, vicepresidente de la Academia de la Historia del Municipio de Zamora. El 14 de octubre de 1690, el obispo de Caracas mandó a la Corona la lista de las "Capellanias de las Haziendas de la Jurisdizion de Caracas y su Diocesis que se siruen con esclauos a quien se administran sacramentos". Eran las de los valles de Santa Cruz de Caparigua, Carguao, Caracas, Caraballeda, Cuyagua, Chorini, Cata, Macarao, de los hatos de Tisnados, Paraima, Lajas, el Caimán; de los valles de Mariaria, Agua Caliente, Ocumare, Patanemo, San Esteban, Borburata, Guayguaza, Morón, Vrama, Orikuco, de la Cruz. Según el obispo, todas estas capellanías disfrutaban del servicio de un clérigo. Véase: *Documentos para la Historia de la Iglesia Colonial en Venezuela*, estudio preliminar por Guillermo Figuera, t. 1, Caracas: Biblioteca de la Academia Nacional de la Historia 74, 1965, pp. 161-162.

ca[7]. Para redactarlas, confesó que se fundó en la experiencia de sus visitas de la diócesis. Interesa citar en particular las constituciones 364, 365, 366 y 368 que esbozan una visión tremenda de la vida de los siervos, justificando de un modo indirecto sus reacciones. En la n° 364, Baños y Sotomayor recuerda el deber de los hacendados de infligir castigos moderados

> ...con la moderacion que pide la piedad y caridad cristiana sin pasar a lo que con horror y sentimiento nuestro, hemos oido algunas veces: pues si acaso el delito del esclavo fuere muy grave, será bien que la justicia real le castigue, segun la gravedad de su delito; y en los ordinarios que cometen y que deben corregir dichos padres de familias: mandamos no se use de caña de brea, lacre, velas encendidas, ni otros instrumentos de fuego, pena de excomunión mayor, ni en los azotes se exceda de tal manera que pase de correccion, ni las prisiones sean tan dilatadas, que les embaracen a cumplir con la Iglesia, sobre que mandamos a nuestros Curas, en conformidad de lo dispuesto por el Santo Concilio de Trento, miren en el modo que pudieren por la fatiga de tan miserables personas...

En la constitución n° 365, protesta el obispo en contra de los descuidos de parte de los dueños de haciendas relativos al mantenimiento y a la vestimenta de sus esclavos, de modo que éstos se ven obligados a laborar en sus conucos los días festivos en vez de cumplir con sus obligaciones religiosas. En la n° 366 aborda el tema de la libertad, que tanto motivaba a Manuel Pereyra:

> Y declaramos que cuando contrataren los señores con sus esclavos en orden de su libertad o en otro genero de contrato, tienen obligación de justicia de cumplirles lo que han contratado: pues por el mismo caso de contratar con ellos los hacen hábiles: y los tales esclavos lo son, para que de su peculio y trabajo que ejecutan, con permiso de sus amos y sin faltarles a sus tareas satisfagan lo que han quedado.

El hecho de contratar con los siervos equivale a admitir su "habilidad", es decir, su dignidad humana. Cabe insistir en lo trascendental de la proposición.

---

7. *Sínodo de Santiago de León de Caracas de 1687*, Madrid/Salamanca: Centro de Estudios Históricos del CSIC/Instituto de Historia de la Teología Española de la Universidad Pontificia de Salamanca, 1986, pp. 192-193.

En la n° 368 apela el prelado al derecho natural para condenar el abandono de los ancianos improductivos[8]:

> Y porque de ordinario sucede, que habiendose servido los dueños de los esclavos de ellos todo el tiempo de su vida, a la vejez o enfermedad larga, en que mas necesitan del abrigo y amparo de sus amos, estos los despiden de sus casas: exhortamos en el Señor a los dichos amos y dueños de esclavos no cometan semejante crueldad con el derecho natural y piedad cristiana, pues es de justicia que se les asista en la ultima parte de la vida, a los que la han gastado en servicio de sus amos y dueños.

Huelga insistir en la diferencia de enfoque, a escasos años de distancia, entre la carta del procurador del cabildo de Caracas y las sinodales de Baños y Sotomayor. Para el primero los esclavos son bárbaros que se sustraen voluntariamente al "pasto espiritual"; para el segundo, la actitud de los dueños va en contra del Derecho natural y de la caridad cristiana.

3. Proposiciones del fiscal del Consejo de Indias

El Consejo, el 20 de mayo de 1690, entregó al fiscal, para que preparase su parecer, el memorial, los seis memoriales presentados por Manuel Pereyra y las cédulas reales que iban insertadas en el testimonio de autos.

Fue preciso esperar hasta el 28 de junio de 1691 para que el fiscal diese su respuesta al Consejo.

A. En la primera parte, resumió escrupulosamente:

    1. Las circunstancias que llevaron a Pereyra a hacer su proposición al Consejo de Indias.
    2. La demanda de información del Consejo y las respuestas de los vecinos, tanto negativas como positivas.
    3. La misión de investigación sobre los cimarrones que le

---

[8]. El mismo Cervantes denunció esta ingratitud en el *Quijote*. No faltan protestas de la misma índole en la documentación religiosa de la época, como hemos demostrado en otros trabajos.

confió el gobernador Alberro a Pereyra, y la suspensión de toda decisión sobre sus proposiciones.

4. La acusación de Pereyra por Melo Maldonado con motivo de su falta de respeto y resistencia a la justicia y a un ayudante del gobernador. La sentencia de destierro a El Morro de La Habana, notificada al condenado en el barco, sin enviar con el preso dicha sentencia ni los autos de la causa.

5. Cuando por fin llegaron los autos, llegaron también cartas del gobernador de La Habana que anunciaron la huida de Pereyra. Se valió del traslado de El Morro a la cárcel pública; originado por una demanda del comisario de la Inquisición [aspecto sobre el cual volveremos]. De modo que no se pudo tomar resolución en la causa [aquí tenemos la explicación de la demora del Consejo].

B. En una segunda parte, emitió el fiscal sus deducciones:

1. La causa hecha por el gobernador de Caracas no tenía "substancia alguna" ni se probaba la resistencia a la justicia.

2. Antes sí la provocación y el maltratamiento del alguacil mayor en su ronda justificaron la reacción de Pereyra.

3. Se probaba que la actitud del alguacil mayor se explicaba por el dinero prestado por Pereyra.

4. La soberbia de los negros no se debía a Pereyra, como pretendían los vecinos y el gobernador, sino que era "generalidad".

5. Como Pereyra era "hombre de valor", los vecinos temían un levantamiento. Pero Pereyra no tenía otra intención que la de reducir a los negros huidos desde hacía más de 10 años.

6. Por lo tanto, los recelos de los vecinos no tenían sentido.

C. En una tercera parte presentó sus razones:

1. Había que esperar el informe del obispo de Caracas para que el Consejo pudiese tomar una resolución sobre los negros cimarrones.

2. Sin embargo, había pruebas de que se podía adoptar la solución de la reducción de los cimarrones, si se tenía en cuenta lo que pasó en Nueva España, donde se fundó un pueblo entre las villas de Córdoba y Orizaba:

…solo puede decir que en la Nueva españa ay ejemplares en propios terminos de auerse alzado y hecho fuga del seruicio de sus amos cantidad de negros, retirandose a los montes y espessura que estan entre las villas de cordoua y orizaba, donde no abiendo podido recobrarles les dueños por aberse de sustentar salian a los caminos y cometian repetidos robos y otros insultos en los pueblos de indios comarcanos, sin que las justicias y otros jueces de commision nombrados para que aprehendiessen y castigassen dichos negros lo pudiessen conseguir, dificultandolo por la grande espesura de los montes en que se abrigaban, y, reconosiendo la impossibilidad, se eligio el medio de procurar atraerlos ofreciendoles la libertad por el virrey marques de zerralbo, con la calidad de congregarse en pueblo formado y con diferentes condiciones, siendo una de ellas la de que no aian de admitir en su pueblo a ningun esclauo fugitibo y antes si auia de ser de su obligazion el aprehender y remitir a sus dueños todos aquellos que se retirassen a su pueblo y se fuessen a refugiar a los montes comarcanos; el que se (conoce) oy con el nombre de san Lorenzo de zerralbo, y se han experimentado muy buenos efectos y no auer faltado en nada a lo capitulado, nombrando ellos entre si juez y gouernador y sus rexidores y alcaldes al modo y estilo que lo executtan los Indios en sus pueblos. Y tiene entendido el fiscal que ay otro tambien de negros en la jurisdicion de Xalapa, aunque no esta ciertto del origen de su formacion; si fue a ymitacion del de san Lorenzo de Zerralbo o si eran libres y poblaron y congregaron voluntariamente…[9]

Se podría entonces imitar este ejemplo en Venezuela.

3. Si era verdad que, desde el punto de vista jurídico, el cimarrón seguía esclavo de su amo, se debía tomar en cuenta la utilidad común para evitar los perjuicios cometidos por los fugitivos, máxime cuando ni sus amos ni la justicia consiguieron recogerles.

4. Por si fuera poco no eran legítimos todos los títulos de propiedad de los amos sobre sus esclavos, debido al contrabando muy común en Venezuela.

---

9. Es exacta la información del fiscal, sacada de los archivos del Consejo de Indias. En la caja 15 (1690-1692) de la sección "judiciales" del Archivo Arquidiocesano de Caracas, no se encuentra nada al respecto.

5. Si los amos no consiguen recoger a sus esclavos fugitivos durante un largo tiempo, éstos se encuentran "sin pasto espiritual y próximo de su condenación" y los amos no cumplen su potestad dominica, la cual define el fiscal de esta manera: "...la obligazion que tienen los dueños a recoger su familia y moderarla y corregirla a que biba modesta y politicamente". De modo que los amos son responsables del perjuicio causado a la república por sus esclavos huidos.

6. Puede ser que la huida de algunos esclavos se deba a las sevicias impuestas por los amos.

D. En conclusión, presentó el fiscal sus proposiciones:

1. Se pedirá al gobernador y al obispo de Caracas que

- hagan un informe sobre la forma más conveniente de reducir a los cimarrones.
- digan cuál sería la mejor forma para que los dueños de esclavos presenten sus títulos de propiedad y justifiquen sus derechos.

2. En cuanto a Manuel Pereyra:

- se preguntará al gobernador de La Habana para saber si había vuelto a la cárcel o si le habían capturado;
- se le había hecho "injusticia notoria en lo riguroso de la sentencia del gobernador";
- como era "hombre de espiritu y de valor", se podía temer su incorporación por los piratas, circunstancia que sería muy perjudicial a la causa pública;
- lo cual no era imposible, dado que había quedado sin resultado su recurso al Consejo para lograr reparación a "las injustas uejaciones con que se le afligian, acasso sin mas motivo que verle honorificado de mano de su Mgd".

El informe del fiscal pasó al Consejo, quien, en su reunión del 30 de junio de 1691, lo entregó al relator, licenciado Ceballos. Éste preparó la decisión que tomó el Consejo el 3 de octubre. Se solicitaría el parecer del gobernador y del obispo de Caracas sobre lo que más conviniese para la reducción de los negros fugitivos y para que viviesen "en politica y uida christiana". Entonces, el Consejo podría "resoluer lo que pareziere counenir para el mas seguro reparo destos daños". La última palabra es de mucho peso: daba por cierto el Consejo que hubo daños.

Pero para nuestro caso, lo más importante es el último reparo del fiscal. Además de reconocer la injusticia de que había sido víctima Pereyra, admite las cualidades que reivindicaba el capitán negro: "era un hombre de espiritu y de valor". No excluye la posibilidad de que las "injustas vejaciones" que había sufrido se debieran a las honras concedidas por la Corona. No era pues sólo un capitán de milicias de negros, sino de veras un "capitán de infantería española", cuya pérdida podría ser perjudicial para la causa pública y de gran provecho para el enemigo[10]. Dicho de otro modo, la culpa de una posible deserción de Pereyra, la tendrían los mezquinos vecinos.

El parecer del fiscal equivalía al reconocimiento no sólo del honor del capitán negro Miguel Pereyra, sino también de su inteligencia, después de más de 20 años de lucha por su dignidad en contra de la sociedad esclavista. Quedaba por cierto el problema de sus proposiciones, pero las conclusiones del fiscal y la decisión del Consejo de 3 de octubre de 1691 daban a entender que se encontraría una solución positiva.

---

10. Sabría el fiscal lo que estaba diciendo. No faltaron los casos parecidos. Uno de ellos fue evocado por el inglés Thomas Gage, en *The English American: His travel by Sea and Land or A New Survey of the West Indies...*, obra publicada en 1648. Gage estudió en España y fue mandado a Nueva España y Guatemala, donde pasó varios años como fraile predicador. Al salir en 1637 de Guatemala para el Viejo Mundo, su barco cayó entre las manos de piratas holandeses cuyo capitán era un mulato de La Habana. Para escapar de malos tratos, había huido en un bote que recogieron unos barcos holandeses. Agradecido, "prometió servirles fielmente contra su propia nación, que tan injusta y equivocadamente había abusado de él e incluso (como supe después) le habían azotado en La Habana". Se mostró tan leal que le hicieron los holandeses capitán de un barco del pirata Pie (por "Pata") de palo. Véase: Thomas Gage, *Viajes por la Nueva España y Guatemala*, edición de Dionisia Tejera, Madrid: Historia 16, 1987, p. 426.

Capítulo sexto
¿Hacia un epílogo?

Hizo alusión el fiscal a la huida de Miguel Pereyra de la cárcel pública de La Habana, adonde se le había llevado a petición de la Inquisición, sin evocar los motivos. En el legajo, no aparece la menor información al respecto, por tratarse de un caso que remitía al secreto del Santo Oficio. Sin embargo, se encuentran cartas del comisario y de las autoridades que permiten elucidar las circunstancias de la huida que plantea un problema por su aspecto rocambolesco.

1. La intervención del comisario de la Inquisición

En 1686, cuando se efectuó la huida de Pereyra, ya llevaba el proscrito más de tres años y medio en El Morro de La Habana, encerrado en un calabozo. No se sabe cómo ocupaba el tiempo y si tenía alguna libertad de movimiento, alguna ocupación. Obedeciendo las órdenes del Consejo, el alcaide se vio obligado a quitarle los grillos, pero ningún documento prueba que se le había suprimido la pena de aislamiento más completo ordenado por el gobernador, a raíz de la recomendación hecha por Melo Maldonado. Sin embargo, como lo patentizan sus cartas al Consejo, se le permitía recibir visitas de religiosos, posiblemente so pretexto de asistencia espiritual.

El 25 de junio de 1686, intervino el licenciado Joseph Díaz Garaondo, comisario del Santo Oficio de la Inquisición. No había tribunal del Santo Oficio en La Habana, situándose el más próximo en Cartagena de Indias. Delegaban sus poderes de investigación los jueces a un sacerdote, simple clérigo. En su nombre pues actuó el susodicho personaje.

Con la mediación de Luis Ramírez de Lescano, notario del Santo oficio en la ciudad, redactó una carta oficial a Andrés de Munive, capitán de caballos corazas, gobernador de armas y castellano de El Morro, para participarle la orden de trasladar a Pereyra a la cárcel pública de La Habana. Antes de llegar a la explicación de esta decisión, hay que precisar que el Santo Oficio, por no tener tribunal en la isla, tampoco disponía de las famosas cárceles secretas donde solía encerrar a los reos por culpas de alguna gravedad.

Si el comisario no podía justificar su demanda, por deber quedar secreta la motivación de la acusación, según las normas del Santo Oficio, por lo menos suministró alguna información sobre las circunstancias exteriores que le llevaron a interesarse por Manuel Pereyra. Poco antes de escribir al alcaide, recibió una carta por mano de un religioso de la orden de los predicadores. El contenido le impuso la decisión comunicada a Munive. Y nada más, como era normal en semejante contexto.

No nos queda más que emitir hipótesis que no se aparten de la verosimilitud. Primero, no cuesta mucho trabajo imaginarlo, la motivación de la orden del comisario sólo podía ser religiosa, o, más bien dicho, tener una relación directa con los casos de Inquisición. Ésta sólo podía meterse en casos de "herejía", es decir, de error en materia de fe. En los documentos relacionados con el caso de Pereyra no trasparece ningún indicio de un posible alejamiento de la ortodoxia católica. Más aún: no dejó el capitán negro, en su actuación en pro de los cimarrones, de lograr el apoyo de los responsables de las órdenes religiosas. Éstos no se lo hubieran otorgado y no le hubieran visitado en El Morro de haberse enterado de algún desvío de Pereyra. Acordémonos también de que los vecinos de Maracaibo evocaron su pertenencia al grupo de los donados de san Francisco en su ciudad. Aparentemente, pues, siempre se preocupó Pereyra de manifestar su plena adhesión a la Iglesia. ¿Quería proteger de este modo alguna discrepancia dogmática? Su lucha contra los piratas ingleses le habría sumido entonces en plena contradicción: su captura le ofreció efectivamente la oportunidad de abandonar la fe católica a favor del protestantismo, de la cual no se aprovechó.

Entonces, habría que mirar por otro lado. No es de olvidar que muy pronto la Inquisición quiso controlar no sólo la fe de los católicos, sino también sus costumbres, que habían de respetar las normas impuestas por la Iglesia. Quedaría por preguntar qué aspecto de la vida de Pereyra podía motivar la intervención del comisario de La Habana. Muy pocos datos permiten fundamentar una hipótesis lógica. Tan sólo se podría argüir de unos leves indicios que surgen escasas veces en la documentación, así que conviene ir con pies de plomo. Según los vecinos de Trujillo, toda la ciudad le conocía "las depravadas costumbres que quizo disimular en ella con el hauito de donado de la orden de nuestro padre san francisco" y no pensaban que con el tiempo podía haber mejorado "su mal natural". ¿Cuál podía ser este "mal natural" que le hacía incurrir en "depravadas costumbres"? A todas luces no tenía nada que ver este mal con la altivez y la soberbia en que todos se explayaron. ¿El pudor impedía a los trujillanos ser más explícitos?

Pongamos esta posibilidad como hipótesis. Queda otro problema por solucionar. ¿Cómo podía denunciar un dominico a Pereyra, más de tres años después de abandonar éste el suelo venezolano? ¡Extrañaría que un miembro de la orden que le brindó todo su apoyo hiciera de delator! A no ser que hubiera algo más. Es conocido que, para escapar del maltrato de sus dueños, no pocos esclavos pronunciaban en público algún "reniego de Dios", viéndose el amo en la obligación de entregar el culpable en el acto a la Inquisición. Ésta se encargaba entonces del caso, pasando el esclavo bajo su control. Si condenaba al siervo a un leve castigo, que tomaba en cuenta las circunstancias atenuantes, en cambio le prohibía al amo seguir con tal trato so pena de un castigo de más gravedad. De un modo paradójico, el recurso al Santo Oficio por los esclavos en las Indias Occidentales podía ser un modo de defenderse contra la arbitrariedad de los dueños[1].

¿No pensó Pereyra en esta posibilidad para salir del aislamiento de El Morro? Se hubiera valido entonces de la complicidad de sus protectores dominicos, quienes encargaron a un fraile de su orden escribir la carta de delación, con el secreto del anonimato impuesto por el Santo Oficio.

---

1 Véase: Jean-Pierre Tardieu, *Los negros y la Iglesia en el Perú (ss. XVI-XVIII)*, Quito: Centro Afroecuatoriano, 1996.

2. Las circunstancias de la huida

Al recibir la orden del comisario, Munive se vio obligado a obedecerla en el acto, como explicó en un auto del 28 de junio de 1686. Dio orden a Manuel Rodríguez, sargento del castillo, para que se trasladase a Pereyra "con la guarda y prisiones necesarias" a la cárcel pública.

A los tres meses, para mayor exactitud el 24 de septiembre de 1686 a las cuatro de la tarde, Miguel Jerónimo de Almonte, alcaide de la cárcel pública, informó a Munive, como gobernador de armas de La Habana, de la fuga del capitán Manuel Pereyra. Se efectuó la huida entre las dos y las tres de la misma tarde. Sin esperar más, ordenó Munive que se recibiese la declaración del alcaide y de la gente necesaria para pasar a las diligencias requeridas por el caso.

Se tomó la declaración de Almonte el mismo día. A eso de las dos de la tarde, después de abrir los calabozos como solía hacerlo diariamente, salió a una diligencia, dejando la cárcel al cuidado de Juan López, el sotoalcaide. Al volver la halló en mucho desorden, refiriéndole los mulatos Juan de Lemos, Juan de Montiel y Juan de Padilla que se había huido Pereyra. Precisó Almonte dos circunstancias que no carecen de interés. Se encontraba Pereyra sin los grillos que le habían puesto al salir de El Morro, habiendo ordenado el comisario que se los quitasen por haberle insinuado el preso que estaba enfermo. Le habían informado que el capitán estaba retraído en el convento de Santo Domingo en compañía… del sotoalcaide Juan López. No sabía más sobre posibles cómplices "porque el dicho capitan Manuel perera es de tan indigesto y respido natural que con persona alguna hacia amistad en dicha carcel".

El 12 de febrero de 1687, acusó recepción Munive del real despacho fechado en octubre de 1685 que exigía el envío de la causa de Manuel Pereyra. Como no le había llegado, remitió en los galeones los autos que tenía a mano, precisando que el capitán había huido de la cárcel pública donde se encontraba a petición del comisario del Santo Oficio, según constaba en los autos que acompañaban su carta.

Y nada más. No aparece otro documento en el legajo en lo que toca a la huida de Manuel Pereyra. Sólo sabemos que, cuando el fiscal del Consejo de Indias preparó sus proposiciones, en junio de 1691, o sea, cinco años después de su fuga, no se conocía el paradero del capitán negro. Incluso emitió el fiscal la hipótesis de su paso a las fuerzas enemigas. Lo que sí se puede deducir es que habría escapado del convento de Santo Domingo, pese a la vigilancia a que debían estar sometidas las inmediaciones del edificio, protegido de cualquier intervención de la justicia por la inmunidad eclesiástica.

Ha llegado el momento de reflexionar sobre las motivaciones y las circunstancias de la huida de la cárcel y del escape del convento. Llama la atención el protagonismo de los dominicos en el asunto. No sería ninguna casualidad primero que el delator de Pereyra al Santo Oficio fuera un fraile de la orden, quien habría elaborado con el preso el pretexto para sacarle de la fortaleza de El Morro. Y luego que se acogiese el capitán a sagrado, precisamente en el convento de Santo Domingo, de donde a los frailes no les resultaría trabajoso extraerle secretamente. Por fin, no se puede pasar por alto un detalle que suministró Munive. Aunque afirmó que no se sospechaba de una posible complicidad con alguien de la cárcel, debido al comportamiento displicente del preso, precisó que se refugió en el convento en compañía del sotoalcaide, Juan López, quien, precisamente en el momento de la huida, cuidaba de la cárcel por la ausencia momentánea del alcaide. La contradicción es patente, y plantea un problema que podría relacionarse con lo estipulado por el gobernador Joseph Ramírez de Córdoba al castellano Munive el 11 de febrero de 1684, en la relación con las instrucciones suministradas por Melo Maldonado:

> ...mando que dicho capitan Manuel pereyra se lleue al dicho castillo de El Morro y se entregue al castellano del y se le nottifique al suso dicho ttenga en un calabosso de dicho castillo al dicho capitan negro de dia y de noche y con toda guarda y custodia, sin permitir hable con persona alguna por ser el susodicho muy mañosso y de malas costumbres y que, segun su arte, engañara la ynfantteria de dicho castillo como su ssa se le ynsignua por carta.

Por lo visto, se mostró Pereyra lo bastante "mañoso" para engañar al castellano de El Morro, pero de un modo más sutil de lo que se podía suponer. Le resultó más fácil, según parece, aprovecharse de la ingenuidad del sotoalcaide de la cárcel pública. Extraña algo que el gobernador previniese al castellano Munive de las "malas costumbres" del proscrito, pero no se puede sacar una deducción tajante al respecto.

Lo que sí en cambio se puede adelantar es que la "maña" de que se le acusaba remitía al juicio del fiscal, quien no vaciló en afirmar que

Manuel Pereyra era un hombre "de espíritu", o sea, de gran inteligencia. No cabe duda de que también la admitieron los dominicos, convencidos de los buenos fundamentos de su proyecto de reducción de los cimarrones de Venezuela, e indignados por las sevicias impuestas al autor por parte de los vecinos principales de Caracas. Por estos motivos le prestaron al capitán negro su ayuda hasta desafiar a las autoridades locales, actitud motivada por lo que se llama en teología la "restricción de pensamiento".

Queda por elucidar el papel del comisario en el asunto. Joseph Díaz Garaondo no era cualquier comisario, y parece que solía extralimitarse en el cumplimiento de su cargo. No vaciló en proteger a personajes de dudosa honestidad. Fue el caso en 1682 del gobernador de Trinidad, Miguel de Albuquerque, acusado de complicidad en la admisión de extranjeros y de introducción de esclavos y de mercancías de contrabando. Alegando que era notario de la Inquisición, el comisario obtuvo su liberación, pese a que estaba preso por orden del gobernador de Cuba. El acusado aprovechó la oportunidad para refugiarse en el convento de San Agustín, de donde desapareció al poco tiempo. Resulta difícil pasar por alto el hecho de que Manuel Pereyra, cuatro años más tarde, benefició de una situación muy parecida. Y, por si fuera poco, en 1687 Díaz Garaondo se vio complicado en un caso de contrabando de esclavos por el puerto de Matanzas, que suscitó la reprobación real. Incluso el rumor público le hizo responsable de la muerte del gobernador Córdoba, envenenado en 1685. Todo nos lleva a pensar pues que nuestro personaje, por instigación de cómplices –quizá sus amigos dominicos–, se valió de la venalidad del extraño comisario del Santo Oficio en La Habana[2].

El capitán negro que tanto se preciaba de respeto hacia la legalidad, se vio obligado, por circunstancias ineludibles, a adoptar los medios que servían a su fin, es decir, seguir bregando por la dignidad del hombre negro, aunque no se sabe de qué manera, posiblemente en la clandestinidad. Tremendo desengaño sería el suyo, pero no le haría renunciar a ser "hombre de espíritu y valor".

---

[2] Eugenio A. Alonso López, "Mohinas de la Inquisición", <www.kislakfoundation.org/prize/200201.htlm>, (8/4/2012). El autor se apoya en documentación sacada de: AGI, Santo Domingo, legajo 111 (El Consejo de Indias, consulta de 16-XI-1690), legajo 1610, R 21, expd. 07, 46; en la real cédula de 15-VI-1687, y en la obra de René León, *San Cristóbal de La Habana. S. XVII*, p. 62, Charlotte, NC, edición particular, 1994.

Conclusión
Historia de un desengaño

¿Qué fue de Manuel Pereyra? A los cinco años de su huida de la cárcel pública de La Habana, pese a las pesquisas insoslayables para un caso que incumbía conjuntamente a la justicia real y a la Inquisición, no se sabía nada sobre el paradero de Pereyra. Dados sus antecedentes, no podía haber solicitado el amparo de una de las numerosas comunidades cimarronas de la isla: su combate no era el suyo. De manera que es preciso buscar por otro derrotero.

No parece incongruente volver al temor expresado por el fiscal del Consejo de Indias de una posible reunión del fugitivo con "el enemigo", el cual, según aseveró el alto funcionario real, no dejaría de valerse de su inteligencia y de su valentía en contra de los intereses españoles en el Caribe. De haberse concretado este miedo, se trataría de saber cuál sería este "enemigo". Salir de Cuba no le habría costado mucho trabajo al capitán negro, con el apoyo de los frailes dominicos, celosos de su derecho de inmunidad, haciéndose pasar por un esclavo suyo hasta un embarcadero clandestino de Oriente. De allí se habría dirigido hacia la parte occidental de Santo Domingo, ocupada por los franceses, y más precisamente a la isla Tortuga, donde los últimos bucaneros le habrían acogido, de acorde a sus principios de libertad e igualdad[1], y luego, posiblemente, hacia una de las Antillas menores, inglesas u holandesas.

Por cierto, a los ingleses les hubiera agradado sacar provecho del buen conocimiento que tendría Manuel Pereyra del castillo de El Mo-

---

1. A la sazón, los bucaneros vivían sus últimos años en La Tortuga. En 1684, España y Francia se pusieron efectivamente de acuerdo para echarles fuera. Pero se habían instalado también en la isla de Gran Caimán.

rro que, con el de La Punta, defendía La Habana. Si Morgan no se atrevió a atacar a este puerto se debía en gran parte a dichas fortalezas[2].

Sin embargo, la Liga de Augsburgo (1686-1697), que se formó con la coalición de España, Holanda e Inglaterra contra la Francia de Luis XIV, puso un fin momentáneo a las hostilidades[3]. Y, como es sabido, los ingleses esperaron hasta 1762 para invadir la isla, con el pretexto del tercer Pacto de Familia entre los Borbones de Francia, España, Nápoles y Parma.

Si no se reunió Pereyra con los ingleses, queda por saber dónde lógicamente pudo refugiarse el prófugo. ¿No habría pensado acercarse lo más posible a la costa venezolana, que conocía perfectamente debido a sus actuaciones anteriores, dirigiéndose hacia la isla de Curazao, desde la cual los holandeses se dedicaban al contrabando de cacao, actividad que, como sabemos, denunció en su tiempo? Allí les prestaría una ayuda nada desdeñable para conectarse con los cimarrones que les vendían la fruta robada en las plantaciones por los esclavos. ¿No sería ésta otra manera de socorrer a sus congéneres?

Desgraciadamente, hemos de confesar, ningún indicio nos permite comprobar esta hipótesis. Sin embargo encontramos en la sección "Judiciales" del Archivo Arquidiocesano de Caracas un documento que prueba que no es de ningún modo descabellada. Veamos el caso. El 27 de junio de 1705 el obispo de Caracas, Diego de Baños, le concedió la inmunidad al capitán Antonio Mayorquín, refugiado en el convento de la Merced. Preso en la cárcel real de la ciudad por robos a mano armada en el campo, en los caminos y en las costas, había hecho fuga para acogerse a sagrado. Pero lo interesante para nuestro tema son los rumores propalados por dicho capitán, que le imputaron también las autoridades. Había evocado su proyecto de "pasar a la Isla de Curasao de adonde hauia de venir a esta prouincia a executar hostilidades"[4]. Así que no sería imposible que Manuel se hubiera quedado en el anonimato de los filibusteros de segunda categoría que actuaban desde la isla,

---
2. Véase Rafael Abella, *Los piratas del Nuevo Mundo*, ob. cit., p. 101.
3. Acabada, momentáneamente, la amenaza inglesa, se presentaba otra. En 1696, llegó al conocimiento del gobernador de Venezuela una noticia sobre la preparación en La Martinica de la invasión de las costas de Maracaibo por el conde de Blenack (sic) que estaba reuniendo corsarios con esta finalidad. AGNC, Diversos, T. 2-31: "Sobre una noticia que el Conde de Blenack, general de la Martinica intentaba reunir todos los corsarios para invadir a Maracaibo e infestar las costas-1996".
4. Archivo Archidiocesano de Caracas, sección Judiciales, signatura 15-7.

dada su proximidad al continente. De allí se pasaba con bastante facilidad a la costa venezolana, como prueba la documentación. En junio de 1690, por ejemplo, el gobernador, marqués del Coral, y las autoridades de la Capitanía General tuvieron que tomar una decisión acerca de un grupo de 14 esclavos fugitivos de Curazao (13 hombres y una mujer) a quienes se encontró en la desembocadura del río de Ricoa en la costa de la ciudad de Cora. Ocho de ellos pertenecían a la Compañía Occidental y seis a diferentes vecinos de la isla. En una lancha huyeron del hambre y de los maltratos infligidos en el territorio holandés, según alegaron, con la intención de pedir el amparo del Derecho español, el cual lo brindaba efectivamente a los siervos de las colonias extranjeras sometidos al protestantismo. No nos explayaremos en el caso, que suscitó la viva protesta del gobernador de la isla y la duda escéptica de los responsables que, habida cuenta de la paz que existía a la sazón entre las Provincias Unidas y España, decidieron devolver los fugitivos[5].

La desaparición de Manuel Pereyra, por lo menos de un modo oficial, recalca el patetismo de su corta vida pública. Al reconocerle sus merecimientos personales el fiscal del Consejo de Indias, tendría como 44 años, tres de los cuales pasó encerrado en un calabozo de El Morro de La Habana. Desde su salida de Cartagena de Indias, motivada posiblemente por una desgraciada circunstancia que sus detractores intentaron dramatizar de una manera negativa, no cesó de enfrentarse con la adversidad que explicaría su vagabundeo por la costa caribeña.

Todo parece haber pasado como si su preocupación esencial fuera imponer su nobleza de alma y su valor contra los estereotipos tan trillados como llevados sobre el negro que marcaban la sociedad colonial de su profunda impronta. Desde su niñez, en el emporio americano de la trata, sufriría los estigmas de su raza, pese a su condición de negro libre. Para imponerse a los demás, creería que le bastara mostrarse más inteligente y más valiente, en la única actividad que le brindaba alguna posibilidad de medrar, la de las armas. No faltaban las ocasiones de lucirse en el Caribe, incesantemente surcado por los piratas, ávidos de las riquezas trasladadas a la península. Supo aprovecharse de una hazaña que patentizó su heroicidad para granjearse la benevolencia del mismo Consejo de Indias. Hecho algo inverosímil, que no he-

---

5. AGNC, Diversos, t. 1, 33, f. 409.

mos aclarado del todo, consiguió llamar la atención de altos personajes de la corte que nunca le negaron su protección. Buena prueba de una destacada inteligencia.

Así las cosas, pensaría que le fuera asequible hacer olvidar el borrón de su nacimiento. De ahí una extrema susceptibilidad, a la medida del alto concepto que tenía de sí mismo, que le transformó en desollado vivo. La admitían a duras penas los miembros de la sociedad dominante, cuyo mejor exponente fue el alguacil mayor Rojas: su deuda con Pereyra acrecentó su odio. A su modo de ver, el comportamiento del flamante capitán empezó a ser una amenaza para sus intereses económicos. Bien sabía Pereyra que sería contraproducente ponerlos en tela de juicio. Nunca pretendió trastornar el mundo, como lo afirmaron los vecinos. Sólo quería, proyectando su inteligencia y su nobleza de alma en sus interlocutores, imponerles el respeto de la dignidad del hombre, incluso del hombre negro, lo cual, es cierto, no era poca cosa para la época.

Como no podía contar con el altruismo, ni siquiera con la caridad cristiana de esta gente aparentemente tan apegada a su catolicismo, sólo le quedaba una vía para convencerles: apelar a su sentido del lucro. El cimarronaje, originado por la sed de dignidad de los esclavos frente a los abusos de la servidumbre, era una lacra para la economía de la provincia de Venezuela, por imponer, tierra adentro, una continua amenaza a la paz pública, cuando, por la costa, los piratas estaban en perpetuo acecho.

Con mayor razón se podría aplicar en el territorio la solución escogida en otros lugares, es decir, la negociación entre los fugitivos y las autoridades locales que desembocaría en el reconocimiento de la libertad de hecho de que gozaban los cimarrones. No perjudicaría la potestad dominica, obsoleta desde hacía tiempo en la circunstancia. En cambio permitiría integrar a estos hombres avezados en bregar contra la naturaleza para sobrevivir, de forma que desarrollaran el fomento de las tierras incultas que abundaban. Y, por si fuera poco, propondría Pereyra otra ventaja: se podría sacar provecho de las aptitudes de resistencia de los cimarrones reducidos para la defensa del país contra los piratas, alistándoles en la compañía de negros libres cuyo mando le había confiado la Corona. Él les daría la formación adecuada: ¿no era "capitán de infantería española"?

Esta visión prospectiva, manifestación de un irrefutable sentido político, tropezó con la cortedad de miras de los vecinos principales.

Su condicionamiento social les incitó a desvirtuar el pensamiento realista, pragmático de Pereyra: pudieron más el interés inmediato y la soberbia de la mayoría que la clarividencia de unos cuantos de ellos. Pereyra pecó de ingenuo al creer que el inevitable enfrentamiento se efectuaría limpiamente. Si esperó el último momento, cuando era menester defenderse ante el Consejo, para dar el toque de remate a la pretendida lealtad a la Corona del gobernador y de sus cómplices, sus enemigos no vacilaron en acusarle de una desproporcionada altivez, de malas costumbres, de desacato a la justicia, de hipocresía religiosa, y, por si fuera poco, de crimen de lesa majestad, prestándole ambiciones de tirano. Como carecían de pruebas para asentar la última tacha, urdieron trampas para intentar justificar las primeras, acudiendo a la justicia arbitraria de una parte que se transformó en juez.

El proceso expeditivo no le dio el tiempo a Pereyra de organizar su defensa. Como traidor a la Corona, se le encerró en la más tremenda fortaleza del Caribe, negándole así toda posibilidad de acudir a su red de protección pacientemente elaborada. Era no contar con su inteligencia. Sacando fuerza de flaqueza, se las arregló para construir su alegato de la manera más objetiva posible, posponiendo su propio interés o el de su comunidad étnica al bien común, y llevarlo de una manera clandestina al conocimiento de la autoridad suprema.

Pero cuando ésta, detrás del largo tramitar impuesto por la legalidad, acabó por rehabilitar a Manuel Pereyra y quiso empezar tímidamente a aplicar su proyecto a favor de los cimarrones de Venezuela, ya era demasiado tarde. Habían vencido a su otrora empedernida lealtad el abatimiento físico, de que dio señales fehacientes, y posiblemente el desengaño. Como no sabía que en Madrid estaban a punto de tomar su plan en cuenta, no pudo esperar más. Con la ayuda de unos amigos y cómplices, imaginó una rocambolesca fuga que concretaba la pérdida de sus ilusiones sobre la posibilidad para un negro de imponer su nobleza de alma por las buenas.

La neurosis[6] que sufrió Manuel Pereyra podría remitir al análisis que expuso Frantz Fanon en *Piel negra y máscaras blancas* (1952)[7]. En

---

6. Se emplea aquí esta palabra con el sentido de neurosis traumática reactiva, consecuencia de un acontecimiento traumático síquico, o sea, en este caso, la toma de conciencia por Manuel Pereyra de que su color se oponía al reconocimiento de su hombría de bien.
7. Frantz Fanon, *Peau noire, masques blancs*, Paris: Editions du Seuil, 1995.

esta obra, el psiquiatra estudió el complejo asimilacionista de los negros antillanos en la sociedad francesa de la posguerra mundial. Para "obtener la certidumbre de sí mismo", aseveró, el negro necesitaba "la integración del concepto de reconocimiento"[8]. Para ilustrar su pensamiento, se valió Fanon del ejemplo del personaje de Andrés de Claramonte en *El valiente negro de Flandes* cuya actitud estudiamos hace tiempo[9], concluyendo que axiológicamente Juan de Mérida era un blanco. La única solución para él era acudir a la "sobrecompensación"[10].

Parece que no pasó exactamente igual para Manuel Pereyra. No cedió ni un ápice de sus convicciones, muy adelantadas para la época. Por cierto sufrió un auténtico vía crucis, que no dejó de denunciar, pero sin por ello complacerse de un modo patológico en la "autoacusación" evocada por Fanon. Pereyra era un desollado vivo, sí, pero no un "crucificado". Se portó, durante gran parte de su vida conocida como un luchador decidido a asumir su lealtad hasta el cabo.

La huida final correspondería a una ruptura que le impuso otra modalidad de combate por la misma finalidad.

Quizá la documentación archivística permita un día escribir el verdadero epílogo de esta historia de un desengaño. De momento no cabe duda alguna de que, en el Nuevo Mundo, por muy desconocido que sea, marca un hito el combate del capitán negro Manuel Pereyra en la lucha en pro de la dignidad del hombre negro.

---

8. Íd., p. 176. Fanon fundamentó su estudio en *Fenomenología del espíritu* de Hegel, en la traducción francesa de Jean Hyppolite. En el capítulo IV, titulado "La verdad de la certidumbre de sí mismo", el filósofo alemán trata de la singularidad del ser humano: su "ser-otro" requiere una dialéctica con los otros. Véase *Phénoménologie de l'Esprit*, ob. cit., pp. 143-176.
9. J.-P. Tardieu, *Le noir dans la littérature espagnole des XVIe et XVIIe siècles*, ob. cit.
10. F. Fanon, ob. cit., pp. 173-174.

CONCLUSIÓN GENERAL

Conclusión general

Del rey Miguel al capitán Manuel Pereyra había un trecho. Aparentemente les separaba un profundo foso a estas dos personalidades de la historia de los negros en Hispanoamérica.

El primero, modesto esclavo minero, rompió las cadenas de una abrumadora servidumbre que no dejaba ninguna esperanza a sus víctimas. Tuvo la fuerza necesaria de carácter para suscitar una toma de conciencia de parte de sus compañeros. Pero hasta ahora, si no hubiera pasado algo, no sería Miguel más que uno de los numerosos cabecillas de las rebeliones serviles, muchos de los cuales quedaron desconocidos para siempre, debido al silencio impuesto por el sistema esclavista.

El personaje histórico, evocado a lo caballeresco por Juan de Castellanos según los criterios imperantes a la sazón, generó una descendencia literaria acorde con los esquemas sociales. Los cronistas fueron desautorizando el "grito de libertad" del rey Miguel para hacer de él un demonio destructor de la civilización y luego, un ser burlesco desprovisto de toda dignidad. Este proceso distorsionador correspondía, sin duda, a una necesidad de compensación de parte de la sociedad colonial, profundamente condicionada por la psicosis procedente de sus contradicciones.

Ahora en Venezuela, desde hace algunos decenios, se está intentando deconstruir al personaje para reconstruirlo, pese a la ausencia de documentación, merced a los progresos de las ciencias humanas y, de un modo paradójico, a la ficción. Y ocurre últimamente que esta reconstrucción alcanza una dimensión ideológica muy marcada.

El capitán Pereyra, por su parte, escogió un camino muy diferente para hacer admitir la dignidad del hombre negro. De un modo obsesivo, hizo cuanto pudo para que no se le confundiera con la escoria de la sociedad colonial. Bien podría tomarse esta neurosis como la marca de una profunda alienación mental, si no se afanara el capitán por defender a sus congéneres frente a la oligarquía criolla. Ésta no pudo librarse de él como lo hizo en el siglo anterior con Miguel: su gran inteligencia no dejaba de valerse de la legalidad y de las altas protecciones que supo granjearse. Pero se las arregló para desacreditarle, un poco como lo hicieron los cronistas en sus interpretaciones literarias a propósito del rey Miguel.

Ofreció el capitán una férrea resistencia a los tejemanejes de los propietarios, dando pruebas de una excepcional determinación que distaba de una etiología patológica. La motivaba una adelantada visión prospectiva de la condición humana, y en este sentido, sí que se parecía Manuel a Miguel, por muy diferentes que fueran sus casos. Por eso fueron ambos víctimas de una demonización. Por supuesto cambiaron las manifestaciones, de acuerdo con los tiempos. No cabe duda de que el drama vivido por Manuel, tal como aparece en los autos de su causa, hizo de él un verdadero personaje de tragedia griega. Cuando Miguel no pudo más que escoger la ruptura con la sociedad esclavista para devolverle la dignidad a sus compañeros, Manuel optó por el reformismo[1] para transformar paulatinamente esta misma sociedad, tratando de proyectar su visión idealizadora en los representantes de los grupos de poder. Pero, a diferencia de los protagonistas de las tragedias griegas, se vio obligado, mal que le pesara, a renunciar a su determinación para no caer en la impotencia, decidiendo quizá adoptar, como último remedio, la elección de Miguel. Su opción era demasiado adelantada para imponerse a las mentalidades coloniales, incapaces de admitir posibles cambios estructurales en el dominio socioeconómico. Inten-

---

1. Véase el análisis de F. Brito Figueroa que bien podría aplicarse a nuestro caso, siendo Pereyra un visionario, un precursor de lo que pasaría tiempo después: "La sociedad global definida como régimen esclavista venezolano no fue un orden estático, por el contrario, sometido a contradicciones internas y a la dinámica de las relaciones exteriores que materializaban el dominio colonial y su dependencia del mercado único mundial capitalista, generó lentamente los elementos de su propia destrucción y su transformación en un régimen económico que no eliminó la fuerza productiva de los esclavos pero sí la sometió gradualmente a un nuevo tipo de relaciones de servidumbre y enfeudamiento, fenómeno que comenzó a manifestarse a partir de la quinta década del siglo XIII (1750-1770, aproximadamente) hasta predominar en las últimas décadas del siglo XVIII...." (*Historia económica y social de Venezuela. Una estructura para su estudio*, ob. cit., p. 1153).

tó vanamente Manuel Pereyra deconstruir la representación esclavista del negro para reconstruirla según esquemas que tendrían que esperar al siglo XIX para lograr alguna concreción.

Lo dicho sobre la demonización del negro Miguel y de Manuel Pereyra, así como sobre su visión profética nos invita a ir más allá, por el camino del filósofo francés René Girard, de la Universidad de Stanford.

De Miguel, rebelde a la violencia fundadora de la sociedad colonial, las crónicas hicieron un ser mítico (en el sentido negativo de la palabra) para justificar a posteriori su ejecución, transformándole en chivo expiatorio de la psicosis generada intrínsecamente por el sistema esclavista[2]. En este contexto, damos a la palabra "mito" el sentido explicitado por Mircea Eliade cuando habla de los mitos del mundo moderno. Para él, una de sus características consiste "en crear modelos ejemplares para toda una sociedad", transformando "una existencia en paradigma y un personaje en arquetipo"[3]. Bajo las plumas de los cronistas, Miguel vino a ser el arquetipo del mal. Fue el único cabecilla cimarrón de importancia sacrificado por los grupos de poder que se vieron obligados a negociar con Bayano en Panamá y Alonso de Illescas en Esmeraldas en la misma época, o con Yanga posteriormente en Nueva España.

En cambio, la actitud del capitán Miguel Pereyra en el último cuarto del siglo XVII obliga a plantear una interrogante si la comparamos con la del rey Miguel, que quizá pueda aclarar la enseñanza de Girard[4]. De entrada diremos que nos parece sumamente crística. Si el hijo del carpintero de Nazaret consiguió enseñar en las sinagogas y en el templo de Jerusalén, el humilde negro libre logró medrar por su comportamiento heroico, galardonado por las más altas autoridades. Jesús se negó a encabezar un movimiento nacionalista contra la ocupación romana, y Manuel no puso en tela de juicio la existencia del esclavismo, pilar de la sociedad colonial. Como el nazareno, era partidario de "dar al César lo que es del César". Lo que le interesaba al primero era establecer una nueva relación entre los hombres, basada en el amor. Lo

---

2. Véanse los desarrollos del filósofo sobre la "violencia fundadora" en *La violence et le sacré*, Paris: Grasset, 1972, p. 421. En cuanto al concepto de "chivo expiatorio", lo expuso detenidamente en el capítulo IX de *Le Boucémissaire*, Paris: Grasset, 1982. No dejó de evocarlo en sus siguientes obras, hasta las últimas.
3. Mircea Eliade, *Mythes, rêves et mystères*, Paris: Gallimard, 1957, p. 32.
4. *Le Bouc émissaire*, ob. cit.

que anhelaba el segundo era valorizar la dignidad de sus congéneres, en particular la de los más míseros, a saber, los cimarrones, probando a los mismos esclavistas que su interés iba en ello.

Jesús denunció el fariseísmo de los mercaderes del templo y Manuel delató la corrupción y la inepcia de los gobernantes de la provincia de Caracas. En los dos casos el discurso de ambos personajes molestó profundamente a la oligarquía local, la cual, por no poder sacrificarles en el altar de sus intereses, les acusó de traición al emperador o al rey ante el representante del poder político, Pilatos o Melo Maldonado. Ni el uno ni el otro renunciaron a su discurso por ello: Jesús reafirmó su realeza en el otro mundo y Manuel, su dignidad en éste. Los dos jueces, después de un momento de vacilación, acabaron por ceder a las presiones de la oligarquía[5]: a Jesús le clavaron en la cruz y a Manuel le condenaron a la muerte social encerrándole en un calabozo de El Morro de La Habana. Pilatos no tardó en admitir que había condenado a un inocente, y el Consejo de Indias, andando el tiempo, rehabilitó a Manuel. Pero no sirvió para nada: Jesús dio el último grito antes de volver hacia el Padre... según los cristianos, y Manuel... se esfumó.

Los apóstoles, después de un momento de duda, siguieron con la prédica del crucificado. Los amigos de Manuel, pese a las dificultades, intervinieron en la corte a favor de las ideas del deportado. De modo que su actuación dejó huellas: no las que anhelara, pero algo se hizo a favor de los cimarrones con la ayuda de los capuchinos.

Al fin y al cabo, lo más importante es que su comportamiento fue profético, dejando entrever la integración a largo plazo del hombre negro en la sociedad poscolonial, tiempo después de la abolición de la esclavitud por el libertador Simón Bolívar, el primero en haberla impuesto en el continente con su decreto de Carápano de 2 de junio de 1816[6]. Con el tiempo, la no violencia del capitán Manuel Pereyra de algún modo fue fructífera, anunciando la actuación de un gran defensor de los negros en el siglo XX, a saber, Martin Luther King. Pero, a diferencia de lo que pasó con el rey Miguel, el recuerdo de su lucha no llegó a nuestra época, quizá por no encontrarse en ella motivo de sublimación ideológica.

---

5. A esta presión Girard la califica de mimética en *La voixméconnue du réel*, Paris: Grasset, 2002, p. 185.
6. No hay que olvidar que el Libertador tenía ascendencia africana.

Bibliografía

Fuentes archivísticas

Archivo General de Indias, Sevilla (AGI)

Real Audiencia de Santo Domingo, legajo 212
Patrimonio, leg. 26, R2, en *Colección de documentos inéditos relativos al descubrimiento, conquista y organización de las antiguas posesiones españolas en América y Oceanía*, 1865, t. IV, pp. 462-466.
Caracas leg. 2, en: ob. cit.

Archivo General de la Nación, Caracas (AGNC)

Escribanías
107-B: 1671, Fernando Aguado de Páramo
108-B: 1671, íd.
109-B: 1671, Juan Rangel de Mendoza
110-B: 1671-1672, José de Andrade
111-B:1672, Fernando Aguado de Páramo
112 B: 1672-1676, Andrés de Landaeta
113 B: 1673, Fernando Aguado de Páramo
114 B: 1673, Andrés de Landaeta
115 B: 1674, Juan Rangel de Mendoza
116 B: 1674, Fernando Aguado de Páramo
117 B: 1675, íd.
118 B: 1675, Juan Rangel de Mendoza

119 B: 1675, íd.
120 B: 1675, íd.
121 B: 1676, íd.
122 B: 1676, Francisco Araujo de Figueroa
123 B: 1677, Bernabé de Meza
124 B: 1677, Juan Rangel de Mendoza
125 B: 1677, Francisco Araujo de Figueroa
129B: 1677-1680, Andrés de Landaeta
126B: 1678, Juan Rangel de Mendoza
127B: 1678, Francisco Araujo de Figueroa
128B: 1678, Bernabé de Meza
130 B: 1678, íd.
131 B: 1679, Juan Rangel de Mendoza
132 B: 1679, Francisco Araujo de Figueroa
133 B: 1680, Juan Rangel de Mendoza
134 B: 1680-1682, Francisco Araujo de Figueroa
135 B: 1681, Juan Rangel de Mendoza
136 B: 1681-1689, Francisco Araujo de Figueroa
137 B: 1682, Juan Rangel de Mendoza
138 B: 1683, Vicente Ferrer
139 B: 1683, Juan Rangel de Mendoza
140 B: 1684, Vicente Ferrer
141 B: 1684, Francisco Araujo de Figueroa
142 B: 1684, Juan Rangel de Mendoza
143 B: 1684, Vicente Ferrer

Colonia, Diversos
T. 1
8-fol. 91. Copias de Reales Cédulas sobre que se destinen varias fragatas para custodia de las costas de Venezuela, y que se proceda a la recaudación de impuestos para el sostenimiento de la Armada. Año de 1672.

33-fol. 409. Sobre la aprehensión de catorce negros fugitivos de la isla de Curazao. 1690.

T. 2
31-fol. 222. Sobre una noticia que el conde de Blenack, general de la Martinica, intentaba reunir todos los corsarios para invadir a Maracaibo e infestar sus costas. 1696.

Colonia, Real Hacienda, Libros de cargo y data, Caracas

Tomo 29, años 1657-1669: 01-04-50B-63-0024 / P1 S1 E48 P1 C8.
Archivo de la Academia de la Historia, Caracas
Secciones: Civiles, Criminales, Judiciales
Archivo Arquidiocesano de Caracas
Sección: Judiciales
Legajo 13 j: 1682-1689
Leg. 14 j: 1689-1690
Leg. 15 j: 1690-1699

FUENTES IMPRESAS

Actas del Cabildo de Caracas. Tomo XIII: 1669-1672, Tomo XIV: 1673-1676, Caracas: Concejo Municipal del Distrito Federal, 1952.

Actas del cabildo eclesiástico de Caracas. Compendio cronológico. T. I (1580-1770), Caracas: Biblioteca de la Academia Nacional de la Historia 64, 1963.

AGUADO, fray Pedro. *Recopilación Historial.* Segunda Parte, con introducción, notas y comentarios de Juan Friede, tomo III, Bogotá: Empresa Nacional de Publicaciones, 1956-1957, edición electrónica. Capítulo 16: "En el cual se escribe cierto alzamiento que los negros que andaban en las minas de Barquisimeto hicieron, y cómo fueron desbaratados".

— *Recopilación Historial de Venezuela,* edición de Guillermo Morón, Caracas: Biblioteca de la Academia Nacional de la Historia 62-63, 2 t.,1987.

ARELLANO Moreno, Antonio (recop.). *Relaciones geográficas de Venezuela,* Caracas: Biblioteca de la Academia Nacional de la Historia 70, 1964.

CADENA, Pedro de la. *Los actos y hazañas valerosas del capitán Diego Hernández de Serpa* (1563-1564). En: Ojer, Pablo/Subero, Efraín. *El primer poema de tema venezolano,* Caracas: Ministerio de Educación, 1973.

CARROCERA, P. Buenaventura de. *Misión de los capuchinos en los llanos de Caracas, I, Introducción y resumen histórico. Documentos (1657-1699),* Caracas: Biblioteca de la Academia Nacional de la Historia 139-140-141, 1972.

CASTELLANOS, Juan de. *Elegías de varones ilustres de Indias*. Parte II, Elegía III, Canto IV. Biblioteca de Autores Españoles, Madrid: M. Rivadeneyra, 1857.

Documentos para la Historia de la Iglesia colonial en Venezuela. Estudio preliminar por Guillermo Figuera, t. 1, Caracas: Biblioteca de la Academia Nacional de la Historia 74, 1965.

EXQUEMELIN, Alexander Oliver. *De Americaensche Zee-Roovers*. Amsterdam, 1678. [*Piratas de América*. Edición de Manuel Nogueira Bermejillo, Madrid: Dastin Historia, 2002.]

FERNÁNDEZ DE OVIEDO, Gonzalo. *Historia General y Natural de las Indias* (1535). Libro III, cap. IV, Biblioteca de Autores Españoles (B.A.E.), Madrid: Ediciones Atlas, 1992.

GAGE, Thomas. *Viajes por la Nueva España y Guatemala*. Edición de Dionisia Tejera, Madrid: Historia 16, 1987.

HERRERA, Antonio de. *Historia general de los hechos de los castellanos en las islas i Tierra Firme del mar Océano*. Edición y estudio de Mariano Cuesta Domingo, Madrid: Universidad Complutense, 1991.

LÓPEZ GARCÍA, Tomás. *Dos defensores de los esclavos negros en el siglo XVII: Francisco José de Jaca, ofm cap., y Epifanio de Moirans, ofm cap.*, Caracas: s. e., 1982.

LUCENA SALMORAL, Manuel. *Regulación de la esclavitud negra en las colonias de América Española (1503-1886): Documentos para su estudio*. Alcalá de Henares/Murcia: Universidad de Alcalá/Universidad de Murcia, 2005.

OVIEDO Y BAÑOS, José de. *Historia de la Provincia de Venezuela* (1723). En: *Historiadores de Indias*, t. III. Edición de don Guillermo Morón, B.A.E. 107, Madrid: Ediciones Atlas, 1965.

PONCE, Marianela/VACCARI DE VENTURINI, Laetizia (recop.). *Juicios de residencia en la provincia de Venezuela, t. II, Juan Pérez de Tolosa y Juan de Villegas*. Caracas: Biblioteca de la Academia Nacional de la Historia 145, 1980.

Recopilación de leyes de los reynos de las Indias. T. 2, Madrid, 1791, edición facsímil, Madrid: Centro de Estudios Políticos y Constitucionales/Boletín Oficial del Estado 1998.

SIMÓN, Pedro. *Noticias historiales de las conquistas de Tierra Firme en las Indias occidentales por Fr. Pedro Simón del orden de San Francisco del Nuevo Reino de Granada*. Primera parte. Edición hecha sobre la de Cuenca de 1627, Bogotá: Imprenta de Medardo Rivas, 1882. Edición electrónica.

Sínodo de Santiago de León de Caracas de 1687. Madrid/Salamanca: Centro de Estudios Históricos del CSIC/Instituto de Historia de la Teología española de la Universidad Pontificia de Salamanca, 1986.

Obras literarias estudiadas

AGUDO FREITES, Raúl. *Miguel de Buría*. Caracas: Alfadil Ediciones, 1991.

ANZOLA, Rosario. *Barro, manos y tierras de Lara*. Caracas: Gráfica Armitano, 1988.

ARROYO, Miguel. *El reino de Buría*. Caracas: Monte Ávila Latinoamericana, 1992.

GALLEGOS, Rómulo. *Cantaclaro* (1935). Caracas: Biblioteca El Nacional, 2002.

— *Pobre Negro* (1937). Buenos Aires: Espasa Calpe Argentina, 1965.

GORROCHOTEGUI, Abelardo. "El Negro Miguel. Poema histórico" (1917). En: Dávila, Vicente, *Investigaciones históricas*, Caracas, 1923-1927, pp. 221-226.

HERRERA LUQUE, Francisco. *La historia fabulada*. Caracas: Pomaire, 1983. Vol. 1: "Historia de San Miguel de Buría", pp. 50-53; vol. 3, "La trata de negros", pp. 393-397.

LAMEDA, Alí. "El negro Miguel". En: *El corazón de Venezuela: suma poética*. Caracas: Ediciones del Congreso de la República, 1978, pp. 52-64.

LISCANO, Juan. "Fresco de la muerte histórica", *Nuevo Mundo Orinoco*. En: *Fundaciones, vencimientos y contiendas*. Caracas: Biblioteca Ayacucho, 1991, pp. 61-62.

PÉREZ MORALES, J. M./Lluchs de Mons, Enrique. *Negro Miguel, el esclavo rey. Novela cinematográfica inspirada en un hecho histórico*. Ilustraciones de Moreno. Caracas: Estampados Sarda, 1956.

RIVERO CORDERO, Héctor. "El Caudillo de Buría". En: *La alborada de Tierra Firme*. Caracas: Fondo Cultural del Banco del Caribe, 1968, pp. 197-207.

RODRÍGUEZ CÁRDENAS, Manuel. *El estado de Yaracuy*. Caracas: Universidad Central de Venezuela, 1966.

— *Tambor. Poemas para negros y mulatos* (1938). Caracas: Ediciones de la Controlaría General de la República, 1972. "Poema de Tres Cantos, II-Raza".

— *Entonces el pueblo era pequeño*. Caracas: Ediciones de la Contraloría General de la República, 1972. ["El misterio de Buría", pp. 149-153; "Los Tambores de Miguel", pp. 183-188.]

Rugeles, Manuel. "El romance del rey Miguel". En: Ballagas, Emilio. *Mapa de la poesía negra americana*. Buenos Aires: Editorial Pleamar, 1946, pp. 213-215.

Sanoja, Eduardo. "Tierra Larense", *Oxido. Antología*. Barquisimeto: Los Rastrojos, 1993.

Uslar Pietri, Arturo. "La negramenta". En: *Red* (1936), <www.lahojaimpresa.com/.../arturo%20uslar%20p>, (4/12/2011).

Obras artísticas citadas

Pintura

Centeno Vallenilla, Pedro. *La Nacionalidad* (mural, 1956). Salón Carabobo del Círculo de las Fuerzas Armadas, Caracas.

López, Efraín. *Los precursores* (mural). Fuerte Tiuna del Ministerio de la Defensa de Caracas.

Muestra pictórica sobre movimientos populares preindependentistas, inaugurada el 5 de mayo de 2011, <www.avn.info.ve/node/57357>, (26/5/2012).

Rengifo, César. *Los Precursores* (mosaico, 1972-1973). Avenida Los Próceres, Caracas.

Tovar Pérez, Yaqueline. *El portal de la reina María Lionza. Tradición de Venezuela* (1999). Exposición *Los tejedores de sueños*, Galería de Arte Nacional de Caracas, 2012.

Cómic

Pérez Vila, Manuel (guión)/Bentivoglo, Galazzo (ilustraciones). *El rebelde Negro Miguel. Primer grito contra la esclavitud en Venezuela*. Barcelona: Ediciones Mario González, 1981.

Música

Cantata del negro Miguel, <www.iberescena.org/imagen2/file/cantata.pdf>, (21/5/2012).

Jurado Zabala, Tomás (libreto), Arroyo, Carlos (director), Teatro Negro de Barlovento. *La cantata del rey Miguel*, 2008, <www.corneta.org/No_19/corneta_Lacantata_del_rey_miguel.htlm>, (3/4/2012).

Pellegatti, Héctor. *El Negro Miguel* (ópera). Barquisimeto, 1973. <http://www.youtube.com/watch?v=¡EuMZOPAn4E, consultado el 25/3/2012, 10h 35>.

Coreografía
Sauce, Ángel (1911-1955). *Romance del Rey Miguel* (ballet). Caracas.

Cine
Grupo teatral Raíces Escénicas. Cortometraje *El rey Miguel, la historia*. Proyecto "Festival de Cine Comunitario en Puerto Cabello", junio de 2011, <www.youtube.com/watch2v=zaZ2iDB_eVU>, (21/5/2012).

Obras ideológicas citadas

Arrechedera Grillo, Iraima. Programa radial "Cuéntame del 10", capítulo n° 19, "Negro Miguel de Buría", <www.iraimaarrechedera.blogspot.com/2012/04/negro-miguel-de-buria.htm>, (13/6/2012).
Boletín Informativo. Embajada de Venezuela en Malí, concurrente en Burkina Faso, 26 de mayo de 2011, <www.venezuelamali.blogspot.com/2010/05/el-negro-miguel.html>, (23/6/2012).
Campero, Manuel David. "Despacho de Cultura participó en la Ruta de Cimarronas y Cimarrones de Venezuela", <www.davidcampero.bligoo.com.ve/despacho-de-cultura-participó>, (23/6/2012).
<Correodelorinoco.gob.ve/wp_content/uploads/<812/04/Co_Escolar_54pdf>, (26/5/2012).
Deronne, Thierry. "Venezuela-Hombres de verde y rojo frente a un árbol". Primera publicación: <www.larevolucionvive.org.ve/>, disponible en <www.alterinfos.org/spip.php?mot320>, (28/5/2012).
Exposición histórica de los sucesos de abril 2002 a partir de la realidad local (11, 12 y 13 de abril). Instituciones educativas. Exposición Todo 11 tiene su 13. El rescate de la dignidad popular, Caracas: Archivo General de la Nación, 2012.
Gaceta Oficial n° 39918, 1 de mayo de 2012, <www.noticierolegal.com/.../gobierno/.../11331>.
García, Jesús Chucho. "Del Rey Miguel de Buría al 4 de febrero de 1992", *América Latina en Movimiento* (ALAI), <www.alainet.org/active/36020&lang=es>, (30/5/2012).

"Las 20 claves del nuevo currículo", 1 de octubre de 2007, <www.noticias24.com/.../las-20claves-delnuevo-curriculo>.

"Nuestra lucha por la independencia", Colección bicentenario, *Correo del Orinoco*, Caracas, mayo de 2011, pp. 40-41.

Red de Organizaciones Afrovenezolanas, declaraciones de 17 de diciembre de 2007 y 23 de marzo de 2008, <www.afrocubaweb.com/news/venezuela/redafrovenezolana.htm>, (30/5/2012).

"Suplemento dominical" del *Correo del Orinoco*, n° 30, domingo 10 de octubre de 2010, p. 13, <www.correodelorinoco.gob.ve/wp-content/uploads/2010/10/web-LA3v.pdf>, (21/6/2012).

Obras de referencia

Estudios teóricos

ALTHUSSER, Louis. *Eléments d'autocritique*. Paris: Hachette, 1974.
BARTHES, Roland. *Le degré zéro de l'écriture*. Paris: Seuil, 1953.
— *Eléments de sémiologie*. Paris: Gonthier, 1965.
— "Introduction à l'analyse structurale des récits". En: *Communication* n° 8, Paris, 1966, pp. 60-69.
BOURDIEU, Pierre. "Une classe objet". En: *Actes de la recherche en sciences sociales* 52, 1977, pp. 2-5.
CARPENTIER, Alejo. *La música en Cuba*. México: Fondo de Cultura económica, 1979.
DERRIDA, Jacques. *De la grammatologie*. Paris: Editions de Minuit, 1967.
— <www.Jacquesderrida.com.ar/francés/deconstruction.htm>, (17-03-2012).
ELIADE, Mircea. *Mythes, rêves et mystères*. Paris: Gallimard, 1957.
FANON, Frantz. *Peau noire, masques blancs*. Paris: Ed. du Seuil, 1995.
GENETTE, Gérard. *Palimpsestes. La littérature au second degré*. Paris: Editions du Seuil, 1982.
GIRARD, René. *La violence et le sacré*. Paris: Grasset, 1972.
— *Le Bouc émissaire*. Paris: Grasset, 1982.
— *La voix méconnue du réel*. Paris: Grasset, 2002.
GOLDMANN, Lucien. *Sciences humaines et philosophie*. Paris: Gonthier, 1966.
— *Le Dieu caché*. Paris: Gallimard, 1959.

HEGEL, Friedrich. *Phénoménologie de l'Esprit*. Traducción de Jean-Pierre Lefebvre. Paris: Aubier, 1991.
HEIDEGGER, Martin. *Être et temps*. Traducción de François Vezin. Paris: Gallimard, 1986.
PROPP, Vladimir. *Morfologijaskazji*. Leningrad: s. e., 1928.
THOMAS, Louis-Vincent. *La mort africaine. Idéologie funéraire en Afrique noire*. Paris: Payot, 1982.

Estudios literarios, históricos y sociológicos

ABELLA, Rafael. *Los piratas del Nuevo Mundo*. Barcelona: Planeta, 1989.
ACOSTA SAIGNES, Miguel. *Vida de los esclavos negros en Venezuela*. La Habana: Casa de las Américas, 1978.
— "Vida en un cumbe venezolano". En: Price, Richard (comp.), *Sociedades cimarronas*. México: Siglo Veintiuno, 1981, pp. 64-71.
ALEGRÍA, Ricardo E. "El rey Miguel. Héroe puertorriqueño en la lucha por la libertad de los esclavos", *Revista de Historia de América* 85, enero-junio, 1978, pp. 9-26.
ALONSO LÓPEZ, Eugenio A. "Mohinas de la Inquisición", <http://www.kislakfoundation.org/prize/200201.htlm>, (8/4/2012).
AVELLÁN DE TAMAYO, Nieves. *La Nueva Segovia de Barquisimeto*. Caracas: Biblioteca de la Academia Nacional de la Historia 213-214, 1984.
BASTIDE, Roger. *Les Amériques Noires*. Paris: Payot, 1967.
BELROSE, Maurice. *Présence du Noir dans le roman vénézuélien*. Fort-de-France: Editions Caribéennes, 1981.
BEN-AMOS, Paula. *L'art du Bénin*. Paris: Rive Gauches Productions, 1979.
BOADAS, Aura Marina. "El negro y lo negro en la narrativa venezolana contemporánea", <www.saber.ula.ve/bitstream/.../2/articulos5-pdf>, (13/6/2012).
BORREGO PLÁ, María del Carmen. *Palenques de negros en Cartagena de Indias a fines del siglo XVII*. Sevilla: Escuela de Estudios Hispano-Americanos/CSIC, 1973.
BRITO FIGUEROA, Federico. *Las insurrecciones de los esclavos negros en la sociedad colonial*. Caracas: Editorial Cantaclaro, 1961.
— *El problema tierra y esclavos en la historia de Venezuela*. Caracas: Universidad Central de Venezuela, 1985.

— *Historia económica y social de Venezuela. Una estructura para su estudio*, T. IV. Caracas: Universidad Central de Venezuela, 1987.

Foro de Historia El Gran Capitán, <www.elgrancapitan.org/.../viewtopic.php?f...t>, *(20/7/2012)*.

Friedemann, Nina S. de/Arocha, Jaime. *De sol a sol. Génesis, transformación y presencia de los negros en Colombia*. Bogotá: Planeta Colombiana Editorial, 1986.

Fuente, Alejandro de la (coord.). "Su único derecho. Los esclavos y la ley". En: *Debate y perspectivas. Cuadernos de Historia y Ciencias Sociales* 4. Madrid: Fundación MAPFRE/Tavera, diciembre 2004, pp. 7-21.

García Jaspe, José. "Guatire y su gente", en <www.guatire.com>, (31/3/2012).

Herrera Salas, Jesús María. *El negro Miguel y la primera revolución venezolana*. Caracas: Vadell Hermanos Editores, 2003.

Lawo Sukam, Alain. "Reyes negros e identidad colonial africana en *Historia de Venezuela* de Fray Pedro de Aguado y *Noticias Historiales de las conquistas de Tierra Firme* de Fray Pedro Simón". En: *Revista Iberoamericana* LXXII (215-216), 2006, pp. 575-586.

Leslie B. jr. *The African Experience in Spanish America, 1502 to Present Day*. Cambridge: Cambridge University Press, 1976.

Liscano, Juan. *La fiesta de San Juan el Bautista*. Caracas: Monte Ávila Editores, 1973.

Llavador Mira, José. *La gobernación de Venezuela en el siglo XVII*. Caracas: Biblioteca de la Academia Nacional de la Historia 102, 1969.

Moreno-Uribe, E. A., "La cantata del rey Miguel", blog "El espectador venezolano", <www.corneta.org/No_19/corneta_La cantata_del_rey_miguel.htlm>, (3/4/2012).

Murillo Selva, Rafael. "'El otro lado lejano' (El Mundo de los Garífunas)", Coloquio Internacional de Estudios Afro-iberoamericanos, Alcalá de Henares, España, 24-27 de mayo de 1994.

Nectario María, hermano. *Historia de la fundación de la ciudad de Nueva Segovia de Barquisimeto*. Biblioteca de Cultura Larense, Edición conmemorativa del IV Centenario de la ciudad de Barquisimeto. Caracas: Editorial Ávila Gráfica, 1952.

Noriega, Simón. *El realismo Social en la pintura venezolana. 1940-1950*. Mérida: Universidad de los Andes, 1989.

Parrinder, Geoffrey. *La religion en Afrique occidentale*. Paris: Payot, 1950.

POLLAK-ELTZ, Angelina. *Cultos afroamericanos (vudú y hechicería en las Américas)*. Caracas: Universidad Católica Andrés Bello, 1977.

PRICE, Richard (comp.). *Sociedades cimarronas*. México: Siglo Veintiuno, 1981.

ROJAS, Reinaldo. *Historia social de la región de Barquisimeto en el tiempo histórico colonial. 1530-1810*. Caracas: Academia Nacional de la Historia, 1995.

— *La rebelión del Negro Miguel y otros estudios de africanía*. Barquisimeto: Zona Educativa del Estado Lara/Fundación Buría, 2004.

— "La rebelión antiesclavista del Negro Miguel", lección magistral dictada por el Dr. Reinaldo Rojas en el acto de inauguración de la X Jornada Nacional sobre Investigación y Docencia en la Ciencia de la Historia, Barquisimeto, 23 de julio de 2003, <www.simon-bolivar.org/bolivar/negro_miguel.htlm>, (1/4/2012).

SACO, José Antonio. *Historia de la esclavitud de raza africana en el Nuevo Mundo*. En: *Historia de la esclavitud desde los tiempos más remotos hasta nuestros días*, t. IV, La Habana: Editorial "Alfa", 1937.

SOJO, Juan Pablo. "Los abuelos de color. Apuntes generales sobre el folklore venezolano por Juan Pablo Sojo", *El Farol* V. 8 (85), Caracas, 1946, pp. 18-22.

STEVEN BERMÚDEZ ANTÚNEZ, Steven. "El negro como personaje en la narrativa corta venezolana: nudos ficcionales para la construcción de una visión", <www.crumrev.com/.../10-vol30-bermudez-pdf>, (13-6/2012).

TARDIEU, Jean-Pierre. *Le Noir dans la littérature espagnole des* XVIe *et* XVIIe *siècles*. Tesis doctoral, Universidad de Burdeos, 1977.

— *Los negros y la Iglesia en el Perú (ss. XVI-XVIII)*. Quito: Centro Cultural Afroecuatoriano, 1997.

— *Del diablo mandinga al muntú mesiánico. El negro en la literatura hispanoamericana del siglo* XX. Madrid: Editorial Pliegos, 2001.

El negro en la Real Audiencia de Quito. Siglos XVI-XVIII. Quito: Ediciones Abya-Yala/IFEA/COOPI, 2006.

— *Cimarrones de Panamá. La forja de una identidad afroamericana en el siglo* XVI. Madrid/Frankfurt: Iberoamericana/Vervuert, 2009.

TROCONIS DE VERACOECHEA, Ermila. *Documentos para el estudio de los esclavos negros en Venezuela*. Caracas: Biblioteca de la Academia Nacional de la Historia 103, 1969.

Tuttle, Carlson. *Compilación bibliográfica sobre el pueblo garífuna*, junio de 2012, <http://www.Ird.fr/afrodesc/>.

Vila, Marco Aurelio. *La Venezuela que conoció Juan de Castellanos. Siglo xvi (Notas geográficas)*. Caracas: Academia Nacional de la Historia, 1997.

Vila Vilar, Enriqueta. *Hispano-América y el comercio de esclavos. Los asientos portugueses*. Sevilla: Escuela de Estudios Hispanoamericanos/CSIC, 1977.

— *Un tratado sobre la esclavitud*. Madrid: Alianza Editorial, 1987.

Créditos de fotografías

1. Coronación de Miguel y Guiomar. Juan Pérez Morales y Enrique Lluch S. de Mons. *Negro Miguel, el esclavo rey. Novela Cinematográfica inspirada en un hecho histórico*. Ilustraciones de Moreno. Caracas: Estampados Sarda, 1956.
2./3. *La Nacionalidad*. Pedro Centeno Vallenilla
    Roldán Esteva-Grillet, *La decoración mural en Venezuela: apuntes para una historia*, 2000.
    <http://www.redalyc.org/redalyc/pdf/369/36907708.pdf>
4. *Los Precursores*. César Rengifo
    Foto del autor (Caracas, Avenida de los Próceres).
5./6. *El Rebelde Negro Miguel. Primer grito contra la esclavitud en Venezuela* (1981). Manuel Pérez Vila y Galazzo Bentivoglo.
7. *El Negro Miguel*. Opera de Héctor Pellegatti. El dúo de amor (1973).
    <http://www.youtube.com/watch?v=¡EuMZOPAn4E>
8. *La cantata del rey Miguel*. Tomás Jurado Zabala, director Carlos Arroyo, Teatro Negro de Barlovento. 2008.
    <http://www.corneta.org/No_19/corneta_La_cantata_del_rey_miguel.html>
9./10. "El rey Miguel, la historia". Vídeo del Grupo teatral *Raíces Escénicas*, 2011.
    Imagen capturada por el autor en internet.
    <http:// www.youtube.com/watch?v=zaZ2iDB_eVU>
11. *Correo del Orinoco en la escuela*-30/04/2012."La resistencia de las esclavizadas y los esclavizados. El Negro Miguel". Ilustración de César Mosquera.

<http://www.Correodelorinoco.gob.ve/wp-content/
    uploads/2012 /04/Co_Escolar_54pdf>
12. Exposición histórica de los sucesos de abril de 2002 a partir de la
    realidad local. Instituciones educativas, AGN, Caracas, 2012.
    Foto del autor.
13. El negro Miguel. *Boletín Informativo* de la embajada en Malí y
    Burkina Faso de 26 de mayo de 2011.
    <http://www.venezuelamali.blogspot.com/2011/05/el-negro-mi-
    guel.html>